U0732167

2014—2015年
中国工业和信息化发展
系列蓝皮书

2014-2015年中国中小企业发展蓝皮书

The Blue Book on the Development of SMBs
in China（2014-2015）

中国电子信息产业发展研究院　编著

主　编／　樊会文
副主编／　赵卫东

人民出版社

责任编辑：邵永忠

封面设计：佳艺堂

责任校对：吕　飞

图书在版编目（CIP）数据

2014～2015年中国中小企业发展蓝皮书/樊会文 主编；

中国电子信息产业发展研究院 编著 . —北京：人民出版社，2015.7

ISBN 978-7-01-014997-4

Ⅰ.①2… Ⅱ.①樊… ②中… Ⅲ.①中小企业－企业发展－白皮书－中国－

2014～2015 Ⅳ.①F279.243

中国版本图书馆CIP数据核字（2015）第141312号

2014-2015年中国中小企业发展蓝皮书

2014-2015NIAN ZHONGGUO ZHONGXIAOQIYE FAZHAN LANPISHU

中国电子信息产业发展研究院　编著

樊会文　主编

人民出版社 出版发行

（100706　北京市东城区隆福寺街99号）

北京艺辉印刷有限公司印刷　新华书店经销

2015年7月第1版　2015年7月北京第1次印刷

开本：710毫米×1000毫米　1/16　印张：14.5

字数：250千字

ISBN 978-7-01-014997-4　定价：68.00元

邮购地址　100706　北京市东城区隆福寺街99号

人民东方图书销售中心　电话（010）65250042　65289539

代　序

大力实施中国制造2025　加快向制造强国迈进
——写在《中国工业和信息化发展系列蓝皮书》出版之际

制造业是国民经济的主体，是立国之本、兴国之器、强国之基。打造具有国际竞争力的制造业，是我国提升综合国力、保障国家安全、建设世界强国的必由之路。新中国成立特别是改革开放以来，我国制造业发展取得了长足进步，总体规模位居世界前列，自主创新能力显著增强，结构调整取得积极进展，综合实力和国际地位大幅提升，行业发展已站到新的历史起点上。但也要看到，我国制造业与世界先进水平相比还存在明显差距，提质增效升级的任务紧迫而艰巨。

当前，全球新一轮科技革命和产业变革酝酿新突破，世界制造业发展出现新动向，我国经济发展进入新常态，制造业发展的内在动力、比较优势和外部环境都在发生深刻变化，制造业已经到了由大变强的紧要关口。今后一段时期，必须抓住和用好难得的历史机遇，主动适应经济发展新常态，加快推进制造强国建设，为实现中华民族伟大复兴的中国梦提供坚实基础和强大动力。

2015 年 3 月，国务院审议通过了《中国制造 2025》。这是党中央、国务院着眼国际国内形势变化，立足我国制造业发展实际，做出的一项重大战略部署，其核心是加快推进制造业转型升级、提质增效，实现从制造大国向制造强国转变。我们要认真学习领会，切实抓好贯彻实施工作，在推动制造强国建设的历史进程中做出应有贡献。

一是实施创新驱动，提高国家制造业创新能力。把增强创新能力摆在制造强国建设的核心位置，提高关键环节和重点领域的创新能力，走创新驱动发展道路。加强关键核心技术研发，着力攻克一批对产业竞争力整体提升具有全局性影响、带动性强的关键共性技术。提高创新设计能力，在重点领域开展创新设计示范，推广以绿色、智能、协同为特征的先进设计技术。推进科技成果产业化，不断健全以技术交易市场为核心的技术转移和产业化服务体系，完善科技成果转化协同推进机制。完善国家制造业创新体系，加快建立以创新中心为核心载体、以公共服务平台和工程数据中心为重要支撑的制造业创新网络。

二是发展智能制造，推进数字化网络化智能化。把智能制造作为制造强国建设的主攻方向，深化信息网络技术应用，推动制造业生产方式、发展模式的深刻变革，走智能融合的发展道路。制定智能制造发展战略，进一步明确推进智能制造的目标、任务和重点。发展智能制造装备和产品，研发高档数控机床等智能制造装备和生产线，突破新型传感器等智能核心装置。推进制造过程智能化，建设重点领域智能工厂、数字化车间，实现智能管控。推动互联网在制造业领域的深化应用，加快工业互联网建设，发展基于互联网的新型制造模式，开展物联网技术研发和应用示范。

三是实施强基工程，夯实制造业基础能力。把强化基础作为制造强国建设的关键环节，着力解决一批重大关键技术和产品缺失问题，推动工业基础迈上新台阶。统筹推进"四基"发展，完善重点行业"四基"发展方向和实施路线图，制定工业强基专项规划和"四基"发展指导目录。加强"四基"创新能力建设，建立国家工业基础数据库，引导产业投资基金和创业投资基金投向"四基"领域重点项目。推动整机企业和"四基"企业协同发展，重点在数控机床、轨道交通装备、发电设备等领域，引导整机企业和"四基"企业、高校、科研院所产需对接，形成以市场促产业的新模式。

四是坚持以质取胜，推动质量品牌全面升级。把质量作为制造强国建设的生命线，全面夯实产品质量基础，提升企业品牌价值和"中国制造"整体形象，走以质取胜的发展道路。实施工业产品质量提升行动计划，支持企业以加强可靠性设计、试验及验证技术开发与应用，提升产品质量。推进制造业品牌建设，引导企业增强以质量和信誉为核心的品牌意识，树立品牌消费理念，提升品牌附加值和软实力，加大中国品牌宣传推广力度，树立中国制造品牌良好形象。

五是推行绿色制造，促进制造业低碳循环发展。把可持续发展作为制造强国建设的重要着力点，全面推行绿色发展、循环发展、低碳发展，走生态文明的发展道路。加快制造业绿色改造升级，全面推进钢铁、有色、化工等传统制造业绿色化改造，促进新材料、新能源、高端装备、生物产业绿色低碳发展。推进资源高效循环利用，提高绿色低碳能源使用比率，全面推行循环生产方式，提高大宗工业固体废弃物等的综合利用率。构建绿色制造体系，支持企业开发绿色产品，大力发展绿色工厂、绿色园区，积极打造绿色供应链，努力构建高效、清洁、低碳、循环的绿色制造体系。

六是着力结构调整，调整存量做优增量并举。 把结构调整作为制造强国建设的突出重点，走提质增效的发展道路。推动优势和战略产业快速发展，重点发展新一代信息技术产业、高档数控机床和机器人、航空航天装备、海洋工程装备及高技术船舶、先进轨道交通装备、节能与新能源汽车、电力装备、新材料、生物医药及高性能医疗器械、农业机械装备等产业。促进大中小企业协调发展，支持企业间战略合作，培育一批竞争力强的企业集团，建设一批高水平中小企业集群。优化制造业发展布局，引导产业集聚发展，促进产业有序转移，调整优化重大生产力布局。积极发展服务型制造和生产性服务业，推动制造企业商业模式创新和业态创新。

七是扩大对外开放，提高制造业国际化发展水平。 把提升开放发展水平作为制造强国建设的重要任务，积极参与和推动国际产业分工与合作，走开放发展的道路。提高利用外资和合作水平，进一步放开一般制造业，引导外资投向高端制造领域。提升跨国经营能力，支持优势企业通过全球资源利用、业务流程再造、产业链整合、资本市场运作等方式，加快提升国际竞争力。加快企业"走出去"，积极参与和推动国际产业合作与产业分工，落实丝绸之路经济带和 21 世纪海上丝绸之路等重大战略，鼓励高端装备、先进技术、优势产能向境外转移。

建设制造强国是一个光荣的历史使命，也是一项艰巨的战略任务，必须动员全社会力量、整合各方面资源，齐心协力，砥砺前行。同时，也要坚持有所为、有所不为，从国情出发，分步实施、重点突破、务求实效，让中国制造"十年磨一剑"，十年上一个新台阶！

工业和信息化部部长 苗 圩

2015 年 6 月

前　言

　　中小企业是国民经济和社会发展的重要基础，在扩大就业、支撑增长、促进创新、增加税收等方面具有重要作用。在当前国际经济复苏疲弱"低增长、不平衡、多风险"特征明显，国内经济进入新常态、下行压力还在加大的背景下，党中央、国务院提出，要主动适应和引领新常态，着眼于"双目标"，坚持"双结合"，尤其要推动"大众创业、万众创新"，突出中小企业在"双创"中的重要地位，发挥中小企业在创新链中的重要作用，推动经济发展调速不减势、量增质更优，实现中国经济提质增效升级。这充分体现了党中央、国务院对中小企业发展的高度重视，也明确了新时期、新常态下中小企业的新角色。

　　2014年以来，针对中小企业发展中出现的新情况、新问题，党中央、国务院出台了一系列中小企业扶持政策，包括财税、融资、创业、创新、市场开拓和加强服务等方面。一是简政放权工作进一步推进。取消和下放了600多项行政审批事项，特别是商事制度改革以来，中小企业创业创新活力得到极大释放。2014年3月至2015年2月，全国新登记注册企业383.23万户，同比增长49.83%，平均每天新登记注册企业1万多户。二是财税支持和减负政策进一步强化。税收方面，"营改增"覆盖范围继续扩大，对月销售额2万—3万元的小微企业、个体工商户等免征增值税和营业税，将年应纳税所得额20万元以下（含20万元）的小型微利企业和核定征收企业纳入减半征收所得税优惠政策范围，并按20%的税率缴纳企业所得税。减负方面，实施企业收费目录清单制度，规范行政审批前置服务业项目及收费，将失业保险费率由3%统一降至2%，初步测算，仅这一减费措施每年将减轻企业和员工负担400多亿元。三是小微企业融资条件进一步改善。党中央、国务院密集出台多个文件，仅2014年就出台了国发17号、国发29号和国办发39号等文件，明确责任分工，定期督促检查，确保政策落实。四是政策落实力度进一步加大。2014年，国务院先后派出15个督查组，对多个省市、部门和单位，就《政府工作报告》部署的 2014 年重点工作和稳增长、促改革、调结构、惠民生等各项政策措施落实情况进行了全面督查，确保政策"抵达终点"，让企业得到更多实惠。这些政策对中小企业适应新常态、应对经济下行压力起到至关重要的作用。

展望 2015 年，中小企业发展仍有诸多机遇。政策红利不断释放，新一代信息技术加速与传统产业融合，生产的网络化、智能化、绿色化特征日趋明显，智能制造、网络制造、绿色制造、服务型制造等日益成为生产方式变革的重要方向，跨领域、协同化、网络化的创新平台正在重组创新体系，中小企业创业创新发展的潜力巨大。

基于连续多年对中国中小企业的持续关注和追踪研究，赛迪智库中小企业研究所编辑撰写了《2014—2015 年中国中小企业发展蓝皮书》。全书共分五篇十五章，第一篇为综述篇，涵盖第一章、第二章和第三章，分别从总括的角度论述了 2014 年中国中小企业发展背景、2014 年中国中小企业发展状况、2014 年中国中小企业发展存在的问题。第二篇为专题篇，涵盖第四章到第九章，内容涉及中小企业创业基地建设研究、中小企业知识产权发展质量测评研究、中小企业公共服务平台网络研究、中小企业政策性银行研究、中小企业私募债发展情况研究、云计算促进中小企业发展研究等中小企业热点领域的专题。政策篇是本书的第三篇，涵盖第十章和第十一章，分析了 2014 年促进中小企业发展的政策环境和 2014 年我国中小企业发展重点政策等相关内容。第四篇为热点篇，涵盖第十二章和第十三章，深度评述了 2014 年国内和国际中小企业领域热点事件。最后一部分是展望篇，包括第十四、十五章，分别就 2015 年国内外经济环境、2015 年中小企业发展态势进行了展望。

本书通过全面梳理和总结 2014 年中国中小企业发展状况以及展望 2015 年发展态势，旨在立足系统分析，全景展示中国中小企业发展状况，以期能为相关决策部门和研究机构深入研究提供参考。

工业和信息化部中小企业司司长

目　录

政 策 篇

热 点 篇

展 望 篇

综述篇

第一章　2014年中国中小企业发展背景

第一节　中小企业发展的国际环境

2014年，世界经济仍然处于危机后的深度调整期，增速略有回升，但经济复苏态势仍显疲弱，产出缺口仍然较高，劳动力人口老龄化、劳动生产率增长缓慢，"保增长"仍为多数国家首要任务，"低增长、不平衡、多风险"是世界经济主要特征。

一、世界经济增长速度缓慢

2015年初，各主要国际组织均下调了世界及主要经济体经济增长率的预测值。2014年底，联合国预测2014年世界经济增速为2.6%，比7月下调0.4个百分点；世界银行2015年初预测世界经济增速也为2.6%，比2014年6月下调0.2个百分点；英国共识公司2014年底预测世界经济增长2.6%，比11月下调0.1个百分点。

表1-1　各国际组织近期下调世界及主要经济体经济增长率预测值（％）

	2012年	2013年	2014年	与上次预测差值
联合国（2014年12月）				
世界	2.4	2.5	2.6	−0.4
发达经济体	1.1	1.2	1.6	−0.3
发展中经济体	4.8	4.8	4.3	−0.8
世界银行（2015年1月）				
世界	2.4	2.5	2.6	−0.2

（续表）

	2012年	2013年	2014年	与上次预测差值
英国共识公司（2014年12月）世界	2.4	2.6	2.6	−0.1

注：2014 年为预测数据。联合国、世界银行和共识公司上次预测分别为 2014 年 7 月、2014 年 6 月和 2014 年 11 月。世界总计均为按汇率法 GDP 加权。

数据来源：国家统计局。

从工业生产规模看，世界工业生产规模小幅增长。2014 年 1—11 月，世界工业生产同比增长 3.3%，比上年同期提高 0.6 个百分点。其中，发达国家同比增长 2.2%，发展中国家同比增长 4.9%。

二、国际经济复苏乏力，主要国家经济增长分化明显

金融危机以来，主要发达国家和新兴经济体国家经历了复杂的政策调整和经济恢复时期，呈现出复苏态势。2014 年，随着部分国家经济增长乏力，经济增速明显放缓，全球经济复苏的步伐明显放慢，情况更为复杂。从发达国家情况看，美、欧、日等国经济复苏速度有所加快，但各国经济发展状态出现明显差异。

（一）美国工业回归支撑经济强劲复苏

金融危机以来，美国为复苏国民经济高度重视实体经济发展，特别是提出制造业回归、实施能源自给计划、再工业化战略等措施。这些措施支撑美国经济从 2010 年以来逐步实现工业恢复和经济增长，有效提升了美国经济增速，帮助美国快速走出危机阴影。美国对高端制造业的重视和再工业化战略的实施，使美国工业生产再度占据世界工业发展格局领军地位，工业生产能力快速恢复到危机前水平。美国工业的新发展并非简单恢复到危机以前的状态，而是在更高技术起点、更高水平上夯实美国工业的全球竞争力。从产业布局上看，电子产业、信息通信技术、生物技术、高端医疗设备、新能源等已成为美国经济复苏的新增长点，并具有突出的比较优势。

2014 年前三季度，美国 GDP 环比增速折年率分别为 −2.1%、4.6% 和 5.0%，其中第三季度美国 GDP 增速达到了 2003 年三季度以来的最高增速，预计全年美国经济增长率将为 2.4%，比上年提高 0.2 个百分点。2010 年 1 月到 2014 年 9 月，美国经济连续实现同比增长态势。从图 1-1 可以看出，危机以来，美国工业生产

经过了大幅调整，前期刺激措施带来的经济快速增长逐步被消化，在底部充分调整后出现明显的上扬趋势，表明美国经济正在经历缓慢复苏阶段。

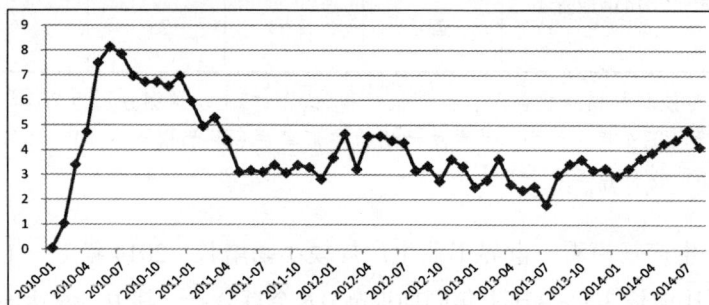

图1-1　美国工业生产同比增速（％）

数据来源：wind 数据库。

（二）欧元区多数国家出现经济停滞现象

整体来看，受危机带来的衰退影响，欧元区出现投资不足、出口不旺等现象，经济增长出现停滞。2014 年前三季度，欧元区 GDP 环比分别增长 0.3%、0.1% 和 0.2%。

从主要欧元区国家经济增长情况看，多数表现为波动明显。2014 年前三季度，德国 GDP 环比增速由一季度的 0.7% 大幅下降到二季度的 –0.2%，直到三季度才转正。二季度德国 GDP 环比增速的下滑为 2012 年以来首次下滑，表明德国经济复苏不稳。2014 年前两季度，法国 GDP 增长增为 0，直到三季度才实现 0.3% 的正增长。意大利 GDP 三个季度均呈现下跌趋势，增速分别为 –0.1%、–0.2% 和 –0.1%。英国经济呈现明显复苏态势，2014 年前三季度经济同比增长分别达到 2.9%、3.2% 和 3%。

（三）日本经济增速明显下滑

2014 年，日本经济增速先升后降。一季度 GDP 环比增长 1.4%，与其内需大幅提升有直接关系。4 月，日本上调消费税，其直接后果是日本国内消费规模的大幅缩水，二季度日本国内消费环比下降 5.1%，一改一季度环比增长 2% 的态势。受消费税上调和国内消费规模缩水影响，日本 GDP 增速环比大幅下降 3.2 个百分点，为 –1.7%，为 2009 年以来最大环比降幅。三季度，日本 GDP 增速继续下滑，环比下降 0.5%。国内消费需求规模大幅下降，加之外部国际环境不景气，日本经济再次陷入停滞。

（四）新兴市场国家经济复苏态势不一

2014 年年初，美国量化宽松政策退出，导致国际短期资本流动格局发生了不小的变化，新兴国家金融市场出现资本外流现象，直接传导至新兴国家经济增速上来，表现为经济增长普遍疲软。

以金砖国家为例，俄罗斯、巴西及南非经济复苏缓慢。其中，巴西经济增速明显放缓，GDP 增速由一季度的 1.9% 下降到二季度的 0.9%。南非前三季度 GDP 增速略有下降，增速稳定在 1% 以上，分别为 1.9%、1.3% 和 1.4%。受地缘政治影响，俄罗斯经济下行压力逐步加大，2014 年前三季度 GDP 增速均不超过 1%。

相比之下，印度经济呈现复苏态势，GDP 增速由二季度的 6.5% 上升到三季度的 8.2%。这与印度采取宽松政策推进经济特区建设以及放松对外资使用领域和条件的管制有直接关系。

表 1-2　世界及主要经济体 GDP 同比增长率（%）

	2012年	2013年	2014年	2013年		2014年		
				三季度	四季度	一季度	二季度	三季度
世界	2.4	2.5	2.6	3.3	2.8	1.7	2.3	3.0
美国	2.3	2.2	2.4	4.5	3.5	−2.1	4.6	5.0
欧元区	−0.7	−0.5	0.8	0.1	0.3	0.3	0.1	0.2
日本	1.5	1.5	0.2	0.4	−0.4	1.4	−1.7	−0.5
南非	2.5	1.9	1.4	1.8	2.9	1.9	1.3	1.4
巴西	1.0	2.3	0.1	2.4	2.2	1.9	−0.9	−0.2
印度	5.1	6.9	7.4	7.5	6.4	?	6.5	8.2
俄罗斯	3.4	1.3	0.7	1.3	2.0	0.9	0.8	0.7
墨西哥	4.0	1.4	2.1	1.6	1.1	1.9	1.6	2.0

注：2014 年为世界银行 1 月份预测数据。世界经济增长率按汇率法 GDP 加权汇总。印度数据为印度中央统计局修订后数据；印度由于基期从 2004—2005 年修订为 2011—2012 年，且核算方法及分类体系也有所改变，印度中央统计局上调了 2013 年和 2014 年数据。

数据来源：国家统计局。

三、世界经济面临通货紧缩压力

2014 年前 11 个月，世界经济总体 CPI 上涨 3.7%，其中，发达国家和发展中国家 CPI 同比分别上升 1.7% 和 7.4%。涨幅轨迹均呈冲高回落走势（如图 1-2）。

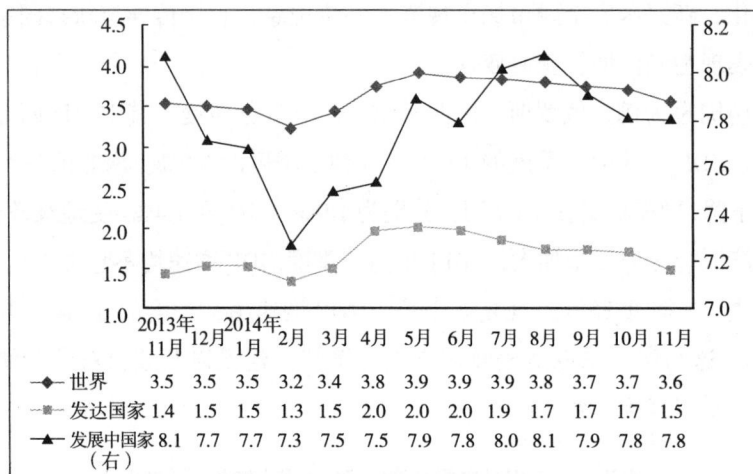

图1-2　世界、发达国家和发展中国家消费价格同比上涨率（%）

数据来源：国家统计局。

世界经济通胀回落带来了通货紧缩压力。一方面，大宗商品繁荣周期结束，价格水平趋于下降。2014 年以来，国际大宗商品价格下跌 5%，是 2011 年以来

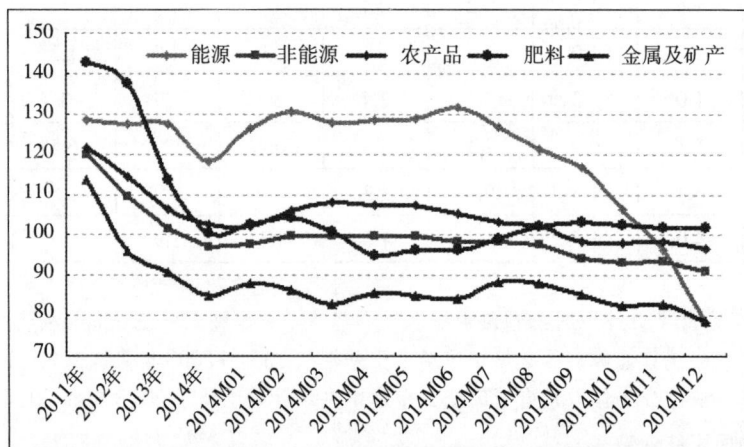

图1-3国际市场初级产品价格名义指数走势（2010＝100）

数据来源：国家统计局。

大宗商品价格登顶后连续第三年下滑。同时，随着全球需求结构发生变化，大宗商品供需出现缺口，增量需求大大放缓，直接导致全球价格总水平下降。据世界银行统计，2014 年，能源、非能源价格比上年分别下跌 7.2% 和 4.6%，均连续三年下跌。其中，农产品价格下跌 3.4%，肥料下跌 11.6%，金属和矿产下跌 6.6%。2014 年，欧佩克一揽子原油价格为 96.2 美元 / 桶，比上年下跌 9.2%；纽约期货市场轻质原油价格为 93 美元 / 桶，比上年下跌 3.6%。

另一方面，美国宽松货币政策退出，美元呈现坚挺态势，并通过国际贸易传导"输入型"通货紧缩压力。特别是对于新兴经济体而言，其外债压力加大。同时，全球跨境投资总体趋缓，国际资金活性明显降低，也带来紧缩压力。

四、世界贸易低速增长

2014 年，世界贸易规模有所回升，但仍表现为低速增长。据联合国最新预测，世界贸易量预计增长 3.4%，同比小幅提高 0.4 个百分点。据 IMF 预计，2014 年全球贸易将增长 3.8%，明显低于危机前年平均 7% 的贸易增长水平。

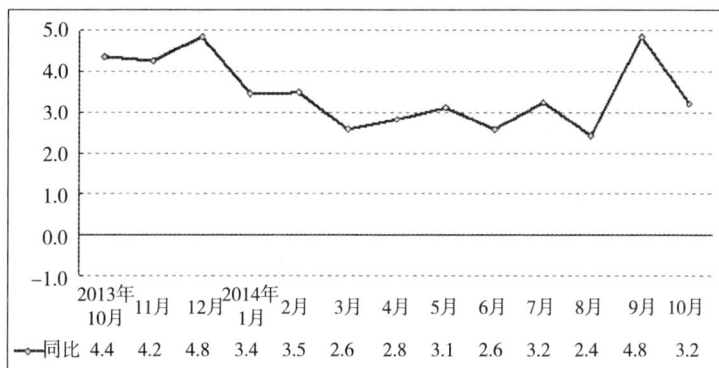

	2013年10月	11月	12月	2014年1月	2月	3月	4月	5月	6月	7月	8月	9月	10月
同比	4.4	4.2	4.8	3.4	3.5	2.6	2.8	3.1	2.6	3.2	2.4	4.8	3.2

图1-4 世界贸易量同比增长率（%）

数据来源：国家统计局。

贸易增速下降主要原因有：一是受国际经济疲软影响，贸易保护主义抬头，各国纷纷采取措施维护本国产业，设置层层贸易壁垒和贸易限制措施，严重阻碍贸易规模增加。二是受地缘政治，如俄乌冲突等影响，部分国家国际贸易规模大幅缩水，并影响周边国家和地区。特别是欧美国家对俄罗斯采取经济制裁，这种连锁反应将影响扩散到发达国家群体。三是美国实施再工业化战略，调整工业全球布局，部分工业生产环节回流美国国内，国民需求表现为自给自足状态，减少贸易需求。

五、世界就业状况总体稳定

整体来看,2014 年全球就业状况维持稳定。美国就业状况持续改善,2014 年,美国失业率为 6.2%,同比降低 1.2%。2014 年 1—11 月,日本和欧元区失业率分别为 3.6% 和 11.5%,同比均降低 0.4%。2014 年 10 月,英国失业率下降到 2.6%,基本恢复到 2007 年水平。其他主要经济体就业形势基本稳定。

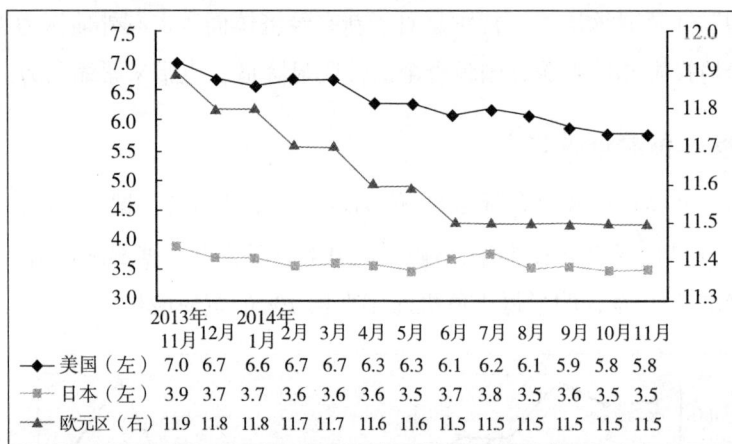

	2013年11月	2014年12月	1月	2月	3月	4月	5月	6月	7月	8月	9月	10月	11月
美国(左)	7.0	6.7	6.6	6.7	6.7	6.3	6.3	6.1	6.2	6.1	5.9	5.8	5.8
日本(左)	3.9	3.7	3.7	3.6	3.6	3.6	3.5	3.7	3.8	3.5	3.6	3.5	3.5
欧元区(右)	11.9	11.8	11.8	11.7	11.7	11.6	11.6	11.5	11.5	11.5	11.5	11.5	11.5

图1-5 美国、日本和欧元区失业率(%)

数据来源:国家统计局。

虽然全球就业市场整体有所改善,但青年失业问题不容忽视。2014 年 9 月,欧元区青年失业率为 23.3%。10 月,美国青年失业率为 18.6%,比 2007 年高 3.2 个百分点。

六、国际产业调整和新科技革命进程加快

金融危机以来,各国纷纷将信息技术、新材料、新能源、生物等多领域作为新的经济增长点,随着 3D 打印、工业机器人、云计算等新技术和智能装备的运用,传统的大批量标准化生产模式将会被小规模、定制化、分散式生产逐步替代。

以通信和信息技术的高速发展为特点的新一轮科技革命已给世界经济带来了深远影响。移动互联、物联网、云技术等新一代信息技术的快速发展,不仅促进了企业生产经营模式的变革,而且改善了创业创新发展环境。一是信息传输更为

高效、精准，云计算技术提供了获取各种资源的载体，同时通过免费或低价租用信息化产品和解决方案，租用云存储设备，大幅降低了硬件维护和软件更新的费用。二是移动互联等技术催生了众包营销、网络创新等新模式，在更大范围内实现资源共享与整合。互联网工具的高速发展孕育了新的商业模式和新兴业态，有利于打造更为开放、效率更高的交易和交流平台。三是信息技术与传统产业融合，互联网金融快速发展极大改善了融资环境，电子商务实现了物流、信息流与资金流的高速流通，实时信息交互通过实时反馈用户需求数据大大提升了传统行业的运营效率。

第二节　中小企业发展的国内环境

目前，我国经济正处于增速换挡期、结构调整阵痛期、前期刺激政策消化期"三期叠加"时期，国内经济发展进入"新常态"，投资增速持续放缓，消费需求难有大的提升，下行压力进一步显现，一些深层次结构性矛盾进一步暴露。

一、经济增长新常态下中小企业发展的大背景

2014年底的中央经济工作会议明确指出，我国经济已经进入新常态。主要表现在，增长速度从高速转向中高速，传统产业和房地产投资规模增长缓慢，外贸出口需求受国际经济影响增长乏力，工业增速已从两位数降到个位数。从产业结构看，传统产业不断呈现过剩态势，产品价格水平低迷不振，不少企业表示经营困难不断加大，社会总体投资意愿和能力不足。与此同时，新常态下新一代信息技术快速发展，并与传统产业不断融合，出现了新技术、新产品、新业态和新的商业模式，网络化、智能化、绿色化生产日益发达。从发展动力看，企业生产和经营的成本持续上升，在资源环境约束不断强化的大背景下，单纯依靠要素规模获得竞争优势的能力持续减弱，需要更为依靠人力、智力资源实现质量和技术进步，进而提升创新能力来激活消费需求，形成新的经济增长点。

为适应经济发展新常态，国家出台了一大批支持实体经济和中小企业发展的重大改革举措，逐渐形成一个更加宽松、公平和鼓励竞争的市场环境，更利于中小企业创新和发展。同时，发达国家经济复苏动力不足也为国内中小企业开拓国际市场、开展国际并购、吸引海外人才提供了难得机遇。大宗商品价格走低，则

为我们以较低的价格获取能源资源、降低企业成本提供了大好机会。

二、中小企业增长内需动力不足

2014 年前三季度，国内经济下行压力持续增大，从三季度看，我国 GDP 增长速度为 7.3%。根据国家统计局的数据，2014 年 8 月我国宏观经济预警指数为 77，达到 2014 年最低值，工业增加值 8 月同比增长 6.9%，累计同比增长 8.5%，皆创金融危机以来新低。再加上中小企业的主要投资需求（国内民间固定资产投资）、消费需求（社会消费品零售总额）增速的下滑趋势都比较明显，中小企业受宏观经济环境制约，外在增长空间有限，缺乏有效的动力支持。

一是民间固定资产投资仍是拉动中小企业经济增长的引擎，但增速呈现放缓迹象。截至 2014 年 8 月，民间固定资产投资累计同比增长将近 20%，与 1—6 月份累计同比增长 20.1% 相比处于下降的趋势，民间投资推动中小企业增长的力量正在持续减弱。

二是工业品出产价格指数（PPI）延续同比负增长的趋势，7、8 和 9 月当月同比分别为 –0.9%、–1.2% 和 –1.8%，已持续 31 个月当月同比负增长，这反映了国内需求不足，经济下行压力加大的趋势目前仍然没有减缓，中小企业生产经营压力依然较大。

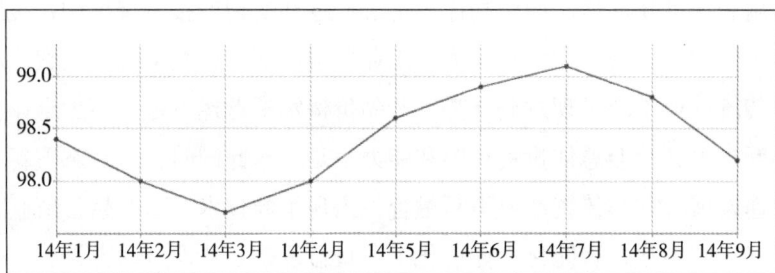

图1-6　2014年1月–9月工业品出厂价格指数（PPI）当月值
（上年同月=100）

数据来源：国家统计局。

三是社会消费品零售总额延续增速放缓趋势。2014 年 7 月，社会消费品零售总额较上年同期增速略有降低，8 月较上年同期降低 1.5%，拉动经济增长的力量明显减弱。

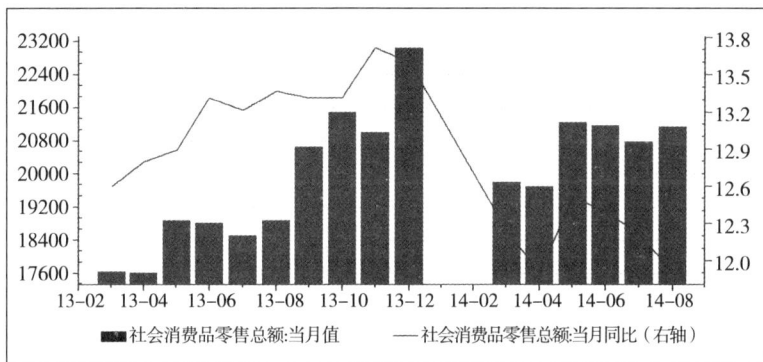

图1-7　2013年2月–2014年8月社会消费品零售总额（当月）增长情况

数据来源：wind 资讯。

三、中小企业贸易摩擦形势严峻

2014 年，我国主要贸易伙伴纷纷加大对我国出口产品的贸易救济调查，国际贸易摩擦加剧，增加了中小企业扩大外需的难度。根据 2014 年三季度统计数据，2014 年上半年 18 个国家地区对我国发起 53 起贸易救济调查，数量与 2013 年同期相比增长 20.4%，涉案金额 50 余亿元，比 2013 年同期增长 136%。美国对我国发起的"双反"调查案件数量最多，涉案金额最大，案件数量是 2013 年同期 4 倍，涉案金额达 13 倍多。除此之外，金砖国家涉华贸易摩擦案件和金额分别增长 90% 和 47.2%。

四、节能减排与转型升级约束进一步增强

我国中小企业中劳动密集型、资源依赖型、加工贸易型和"贴牌"生产型企业所占比例较高；大部分中小企业的生产技术和设备水平较为落后，缺乏专业人才和高端人才，技术创新能力不强，也缺乏自主知识产权和品牌，产品技术含量不高，附加值低。整体上，中小企业的增长方式粗放、结构不合理、资源利用率低、环境污染严重问题比较突出。现阶段的发展要求决定了企业节能减排与转型升级约束将进一步增强，传统的依靠要素驱动和粗放型的发展模式已难以为继，转型升级、创新发展已成为中小企业发展的必然选择。

第二章　2014年中国中小企业发展状况

中小企业是推动国民经济增长和社会进步的重要力量，是繁荣经济、吸纳就业、改善民生和推动创新的重要基础。2014年，世界经济格局经历深刻而复杂的变化，国内经济发展不平衡、不协调，中小企业发展稳中趋缓。

第一节　中小企业发展总体情况

一、中小企业数量不断增长

（一）中小企业总量不断增加

根据国家工商总局的统计数据，截至2014年12月底，全国有各类市场主体6932.22万户，比上年底增长14.35%，增速同比提高4.02个百分点。有各类企业1819.28万户，比上年底增长19.08%。其中，私营企业1546.37万户，增长23.33%。全国共有个体工商户4984.06万户，比上年底增长12.35%。

（二）新增中小企业数量较快增长

据统计，2014年1—12月，全国新登记注册市场主体1292.5万户，同比增长14.23%。其中，企业365.1万户，同比增长45.88%。

随着商事制度改革不断深化，新登记注册企业保持快速增长态势。据统计，商事制度改革以来，2014年3月至2015年1月，全国新登记注册市场主体1262.29万户，同比增长16.60%。其中，企业358.33万户，同比增长47.61%。平均每天新登记注册企业1.06万户。

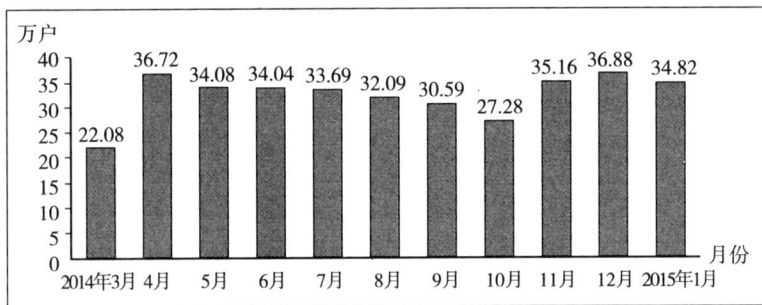

图2-1 2014年3月—2015年1月新登记企业数量变化情况

数据来源：国家工商总局。

如图 2-1 所示，商事制度实施以来，新登记注册企业数量保持着每月增长 30 万家左右的态势，除 10 月增加 27.28 万家外，其他月份新增企业数量均在 30 万家以上。充分表明商事制度改革中实施的降低门槛、"先照后证"等一系列措施对中小企业创业发展的刺激，极大释放了中小企业发展活力。

二、中小企业产业结构持续优化

2014 年 1—12 月，全国新登记注册企业在三次产业数量分别为 16.84 万户、60.83 万户、287.42 万户，同比增速分别为 42.77%、29.72%、50.03%。其中第三产业新增企业数量占 2014 新增企业总量的比重最高，达到 78.72%，表明企业逐渐进入服务业发展，产业结构持续优化。

与此同时，信息技术等现代服务业快速发展。2014 年，全国新登记注册现代服务业企业 114.10 万户，同比增长 61.41%，增速比上年同期增加 35.39 个百分点。

三、中小企业经济指标增长速度逐渐放缓

2014 年，我国民间固定资产投资增速放缓。截至 2014 年 8 月，民间固定资产投资累计同比增长 19%，较 2013 年三季度同期增速下降 4.3 个百分点，民间投资推动中小企业增长的力量持续减弱。同时，2014 年制造业采购经理人指数（PMI）持续低位运行。2014 年前三季度，PMI 在经历了 7 月的短暂上升之后，8 月再度下降，持续在低位运行。

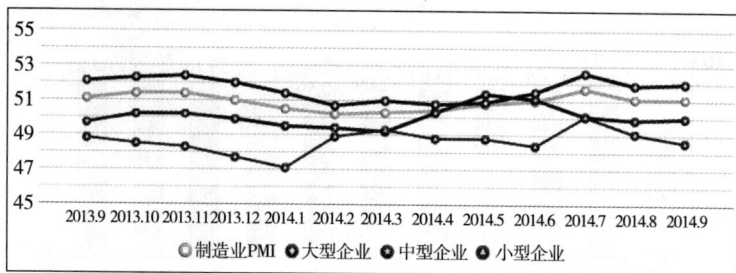

图2-2 2013年9月—2014年9月制造业采购经理人指数（PMI）

数据来源：国家统计局。

此外，中小企业的经济活跃度一再降低，内在融资需求出现下降趋势。据统计，2014年三季度，企业贷款总体需求指数为66.6%，较二季度下降4.9个百分点。其中，中、小微型企业贷款需求指数分别为62%和70.8%，较二季度分别下降2.9和2.1个百分点。

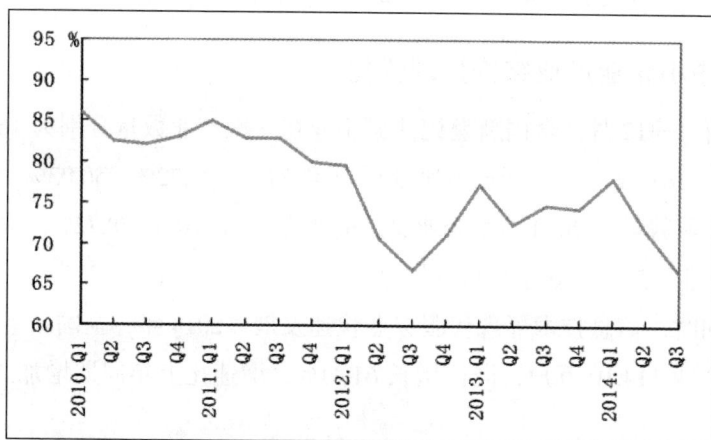

图2-3 2010年1月—2014年9月我国企业贷款总体需求指数

数据来源：人民银行《2014年第3季度银行家问卷调查报告》。

这些迹象反映了中小企业自身增长动力的不足。同时，受国内经济"三期叠加"的影响，中小企业转型升级难度较大，表明中小企业经济指标恢复还需要经历更长的时间。

四、中小企业出口贸易温和回升

出口贸易的统计按照企业类型划分为国有、外资和其他性质企业三类，其中其他性质企业的主体是中小企业。2014 年三季度，其他性质企业出口金额较二季度呈现明显增长，7 月出口同比增速 23.7%，8 月同比增速 22.3%。相比三季度我国整体出口情况而言，其他性质企业的出口情况明显好转，呈现温和回升迹象。

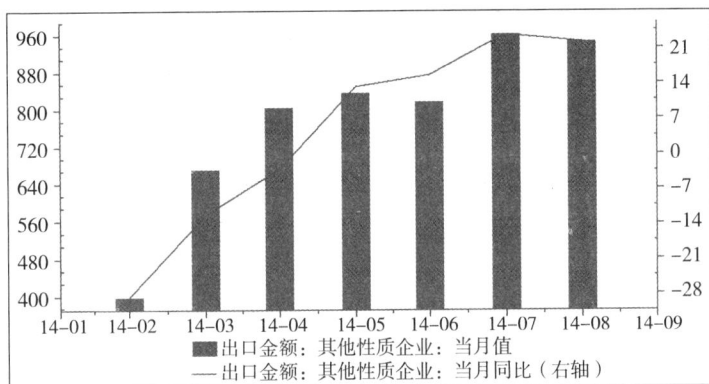

图2-4　其他性质企业（非国有且非外资）的当月出口情况
（单位：亿美元）

数据来源：wind 数据库。

但值得关注的是，2014 年以来，新出口订单指数作为制造业 PMI 的分项指标一直低于 PMI 整体水平，这说明出口已成为我国制造业扩张的不利因素。

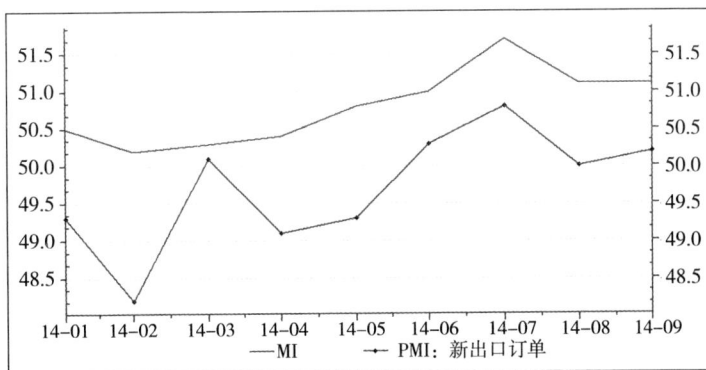

图2-5　2014年1月—2014年9月我国PMI及新出口订单情况

数据来源：wind 数据库。

第二节　中小企业发展政策状况

一、中小企业扶持政策不断强化，落实力度空前加大

近年来，党中央、国务院围绕财税、融资、创业、创新、市场开拓、加强服务等方面出台了一系列扶持和促进中小企业发展的政策措施，各部门积极落实，对中小企业平稳发展发挥了积极有效的作用。2014 年 4 月，国务院派出 7 个督查组，对 14 个省（区、市）支持小型微型企业健康发展政策措施落实情况进行了专项督查。2014 年 6 月底到 7 月初，国务院又派出 8 个督查组，对 16 个省（区、市）、27 个部门和单位，就《政府工作报告》部署的 2014 年重点工作和国务院出台的稳增长、促改革、调结构、惠民生等各项政策措施落实情况进行了全面督查，进一步推动各项政策的落实，确保政策"抵达终点"，解决政策落实中的问题，让企业和群众得到更多实惠。

二、深化改革步伐加快，中小企业发展环境进一步优化

2014 年，银监会印发了《关于 2014 年小微企业金融服务工作的指导意见》，从拓宽金融服务覆盖面、扩大信贷资金来源、完善融资增信服务和信息服务、拓展直接融资渠道、规范银行服务收费等方面改善小微企业金融服务。2014 年 4 月，李克强总理主持召开国务院常务会议，研究扩大小型微型企业所得税优惠政策适用范围和进一步减轻小微企业税负的措施，提出将小微企业现行的减半征收企业所得税政策的年应纳税所得额上限进一步提高，并将政策适用期限延长至 2016 年底。2014 年 6 月，国务院常务会议进一步提出，取消和下放"享受小微企业所得税优惠核准"等与创业投资有关的 34 个审批事项，减少中间环节，力求让优惠政策落地，释放市场活力。

2014 年以来，国务院共召开常务会议 20 多次，提及小微企业的就有 10 多次，这些会议从产业指向、融资方式、税收政策、创业政策、就业政策以及简政放权等六个方面提出具体措施，积极促进小微企业发展，政策密集程度高，突显了党中央、国务院对小微企业发展的重视。

三、财税支持力度加大，中小企业税费负担持续减轻

2014 年以来，按照公共财政体制改革的总体要求，财政部会同有关部门，对支持中小企业发展的多项资金进行整合，设立了中小企业专项资金，支持重点从直接支持企业项目转向支持服务体系建设和改善中小企业融资环境。2014 年中小企业专项资金规模达到 115 亿元。

在税收方面，继续扩大"营改增"覆盖范围，对月销售额 2 万—3 万元的小微企业、个体工商户等免征增值税和营业税。2015 年 2 月 25 日，李克强总理主持召开国务院常务会议，确定减税降费措施，支持小微企业发展和创业创新。要加强定向调控，加大财税政策支持力度，用减税降费来鼓励创业创新，带动社会就业和调节收入分配。继续加大减税降费力度。一是从 2015 年 1 月 1 日至 2017 年 12 月 31 日，扩大享受减半征收企业所得税优惠政策的小微企业范围，年应纳税所得额上限由 10 万元以内（含 10 万元）进一步提高到 20 万元以内（含 20 万元），并按 20% 的税率缴纳企业所得税。二是从 2015 年 4 月 1 日起，将个人以股权、不动产和技术发明成果等非货币性资产用作投资而带来的实际收益，由一次性纳税改为分期纳税的优惠政策推广到全国，激发民间投资活力。三是将失业保险费率由现行的 3% 统一降至 2%，单位和个人缴费的具体比例由各地在考虑提高失业保险待遇、促进失业人员再就业、落实失业保险稳岗补贴政策等基础上确定。这一减费措施每年将减轻企业和员工负担共计 400 多亿元。

在涉企收费方面，国务院明确提出建立和实施企业收费目录清单制度，切实规范行政审批前置服务业项目及收费，进一步减轻中小企业税费负担。

第三节　中小企业资金环境状况

小微企业融资难、融资贵一直是制约企业发展的突出问题。党中央、国务院对此高度重视，密集出台了多个文件，内容都涉及小微企业投融资政策问题，每个文件都有明确的责任分工，国务院要求定期督促检查，引入第三方评估，确保政策尽快落实，见到实效。

一、金融支持条件不断改善

2014 年 4 月 25 日，央行第一次"定向降准"，县域农村商业银行人民币存款

准备金率下调 2%，县域农村合作银行人民币存款准备金率下调 0.5%，广大县域中小企业受益。6 月 9 日，中国人民银行宣布决定从 2014 年 6 月 16 日起，对符合审慎经营要求，上年新增小微贷款占全部新增贷款的比例超过 50%，且上年末小微企业贷款余额占全部贷款余额的比例超过 30% 的商业银行，下调人民币存款准备金率 0.5 个百分点。

同时，小金融机构数量稳步提升。根据央行《2014 年小额贷款公司统计数据报告》，截至 2014 年年末，全国共有 8791 家小额贷款公司，贷款余额达到 9420 亿元，2014 年新增人民币贷款 1228 亿元。分地区看，江苏省、浙江省和重庆市的小额贷款公司贷款余额最多，分别为 1146.66 亿元、910.61 亿元和 743.13 亿元。从机构数量看，江苏省、辽宁省和河北省拥有的小贷公司数量最多，分别为 631 家、479 家和 473 家。

此外，中央财政持续安排担保资金支持担保机构为中小企业提供担保服务，所支持担保机构的新增贷款担保业务额达 8000 多亿元，受保中小企业近 20 万户，其中小微企业占 80% 以上。据统计，全国共有各类小微企业担保机构 3700 多家，担保总额接近 2000 亿元，累计为中小企业提供 1.35 万亿元贷款。

二、中小企业资本市场融资环境有所改善

目前，我国小微企业的直接融资门槛仍然很高。2013 年 7 月，国务院办公厅印发《关于金融支持经济结构调整和转型升级的指导意见》，提出要优化主板、中小企业板和创业板市场等的制度安排，将中小企业股份转让系统试点扩大至全国等要求。中小企业资本市场逐渐发展，中小企业直接融资环境有所改善。

我国中小企业资本市场主要由中小企业板、创业板和"新三板"为主。截至 2015 年 1 月，中小企业板共有 735 家上市企业，发行总股本达到 3484.8 亿元，总流通股本 2583.7 亿元。创业板上市公司共有 413 家，总发行股本 1091.3 亿元，总流通股本 711.3 亿元。"新三板"即全国中小企业股份转让系统于 2013 年 1 月正式运行至今，总市值已接近 6000 亿元。数据显示，截至 2015 年 1 月末，全国股转系统挂牌公司已逾 1800 家，总市值接近 6000 亿元，日均成交 2467 笔。

三、民间金融发展迅速

2014 年以来，国家积极引导民间资本进入银行业，并扩大民间资本参与机构重组的范围，不断推进银行业金融机构混合所有制改革，拓宽民间资本进入银

行业的渠道。2014 年年末，中国共有 5 家民营银行获准成立。同时，民间金融快速发展，对缓解中小企业融资难、融资贵起到积极作用。据统计，截至 2014 年年末，全国民间金融市场规模超过 5 万亿元，互联网金融规模突破 10 万亿元。

第四节　中小企业市场环境持续改善

随着全面深化改革进程的持续推进，中小企业发展的市场环境大大改善，市场活力空前释放。按照全面深化改革工作要求，政府职能逐步转变，简政放权不断推进，推行"权力清单"制度，明确"负面清单""责任清单"，强调政府的事中事后监管、维护市场秩序和促进改革创新的职能，真正赋予市场主体公平、公正竞争权利，激发中小企业创业创新热情。尤其是在工商登记制度等改革后，新设企业大幅增加，中小企业创业发展活力得以充分释放，创业发展潜力巨大。

2014 年，国务院不断推进简政放权、转变政府职能，取消和下放了 600 多项行政审批事项，极大地释放了中小企业创业创新发展活力，改革红利凸显。特别是 2014 年 2 月，国务院印发了《注册资本登记制度改革方案》后，各地积极稳妥推进工商登记制度改革，变注册资本实缴为认缴登记，实行"先照后证"改革，放宽住所登记要求，取消企业年检制度，切实降低了市场准入门槛，激发了中小企业发展活力，拓展了中小企业发展空间。

第三章　2014年中国中小企业发展存在的问题

2014年，尽管商事制度改革激发了新登记注册小微企业数量的急剧增长，但是制约中小微企业健康发展的"老"问题依然突出，经济发展新常态带来的"新"困难也集中凸显。最近几年，我国中小企业发展一直受"三高三难"老问题制约，即中小企业健康发展面临"用钱、用工、用料"的成本高和"融资、用工、用地"的困难。随着我国经济发展进入中短期的新常态，经济增速放缓、经济结构调整阵痛和前期刺激政策消化"三期"叠加，中小企业发展既面临难得的历史机遇也存在诸多风险挑战。而这些问题的存在从根本上了反映了我国中小企业公共服务的缺位，尤其高素质技术工人等高端人才匮乏、公共服务体系不完善和企业诉求解决渠道不畅、市场待遇不公等关键节点严重制约了中小企业健康发展。

第一节　融资难、融资贵问题依然突出

党中央、国务院高度重视缓解小微企业融资难的问题，近几年来出台了一系列的扶持政策。2013年7月，马凯副总理在全国小微企业金融服务经验交流电视电话会上发表了重要讲话，对加强小微企业金融服务提出了明确要求。国务院办公厅印发了《关于金融支持小微企业发展的实施意见》（国办发〔2013〕87号），从创新金融服务方式、降低融资成本、拓宽融资渠道等八个方面对金融支持小微企业发展提出了具体意见。各有关部门认真贯彻落实党中央和国务院部署，特别是金融部门做了大量的工作，采取了积极有效的措施。实行了针对小微企业的差异化监管和激励政策。据中国人民银行统计，截至2014年3月末，主要金融机

构及小型农村金融机构、外资银行人民币小微企业贷款余额 13.7 万亿元，同比增长 16.3%，增速比上年末高 2.1 个百分点，比同期全部企业贷款增速高 3.8 个百分点。[1] 2013 年，中央财政进一步安排 18 亿元担保专项资金，支持 816 家担保机构为 15.7 万户中小企业提供低保费担保服务，新增贷款担保业务额 8776 亿元。对符合条件的 321 家中小企业信用担保（再担保）机构免征 3 年营业税。截至 2013 年年底，中小企业板和创业板共上市 1056 家企业，首发融资 7103 亿元。"新三板"扩容至全国，已有 649 家企业挂牌。

但是由于制度与机制的约束，当前我国金融市场不成熟、价格机制不健全在短期内依然存在，小微金融机构发展滞后，信贷标准过高、信贷手续繁琐、中小企业融资供不应求以及金融资源的结构性错配等问题依然不容忽视。一方面，规模庞大的巨型金融机构掌控了大量的社会金融资源，可以轻松获取巨额收益，从而对中小微型企业的融资需求不屑一顾。另一方面，小微型金融机构发展不足，其提供的少量金融资源难以满足庞大的中小微型企业融资需求，导致中小企业获得金融资源更加困难的同时，也推升了融资成本。中小企业发展不仅面临融资难问题而且遭遇融资贵的约束。

第二节　中小企业公共服务质量有待提升

"十二五"期间，作为扶助中小企业成长的重要举措，我国中小企业公共服务质量建设取得显著成效，中小企业公共服务平台网络建设取得了实质性进展，公共服务内容涵盖了信息咨询、人员培训、技术支持、创业辅导、市场开拓、管理咨询、融资担保、法律维权等多方面，公共服务功能逐步健全，公共服务覆盖面显著扩大。各相关政府部门以建设中小企业公共服务平台网络和认定国家示范平台为抓手，积极推进中小企业服务体系建设，重点提升中小企业公共服务质量。2010 年，工业和信息化部会同国家发改委等七部门下发了《关于促进中小企业公共服务平台建设的指导意见》（工信部联企业〔2010〕175 号）和《国家中小企业公共服务示范平台管理暂行办法》（工信部企业〔2010〕240 号），分别就中小企业公共服务平台和国家级示范平台建设做出了更加详尽的规定。2011

---

[1]　赵宝华：《坚决落实中央决策，扎实做好各项工作——专访工业和信息化部中小企业司司长郑昕》，中国中小企业网，2013 年 5 月。

年，工业和信息化部与科技部等五部委联合印发了《关于加快推进中小企业服务体系建设的指导意见》（工信部联企业〔2011〕575号），对中小企业公共服务平台服务队伍培育、基础设施台建设、服务机制创新等方面提出了更加详尽的指导，有效地推动了中小企业公共服务体系发展。2011年以来，工业和信息化部分四批共认定了507家国家中小企业公共服务示范平台，中央财政累计安排9亿元用于各级平台建设，目前也已形成覆盖26个省（区、市）和5个计划单列市的中小企业公共服务平台网络，带动社会服务资源2.8万家，年服务中小企业124万家，培育和认定省级中小企业公共服务平台1700多家、小企业产业基地1600多家。[1]2012年，工业和信息化部会同国家工商总局、财政部印发了《关于大力支持小型微型企业创业兴业的实施意见》（工信部联企业〔2012〕347号），提出便捷市场主体准入、优化工商注册登记程序、支持建立小企业创业基地、促进集聚发展、营造创业兴业良好环境等14条政策措施，有力地促进了中小微企业创业兴业和创新发展。

但是，中小企业发展进程中不但融资难融资贵、技术创新与市场开拓能力低下等"老"问题并没有根本解决，而且转型升级发展的压力骤然加大，中小企业公共服务需要在质和量两个方面亟待提高，尤其是在服务内容上要重点关注融资、技术创新、市场开拓等制约中小企业健康成长的重点瓶颈，努力提升中小企业公共服务质量，全面优化中小企业发展环境，切实解决中小企业发展中"三难三贵"问题，缩短转型升级的进程。

第三节　中小企业法人治理结构不完善

"十二五"期间，国家中小企业银河培训工程成效显著，中小企业人员素质和经营管理能力大幅提升，但是中小企业法人治理机构建设远未完善。据统计，"十二五"期间，银河培训工程共培训中小企业经营管理领军人才5000余人次，经营管理骨干人才5万余人次，中层经营管理人才50万余人次，经营管理人才（远程教育）175万人次，创业培训25万人次，但有关中小企业法人治理结构完善方面的培训并没有启动，中小企业管理依然依靠创业者个人魅力。尤其是占比超

---

[1] 闵杰：《推动政策落实 改善公共服务》，《中国电子报》2013年10月11日。

过中小企业 90% 的民营企业,法人治理结构不完善、家族式管理的弊病更加突出。然而,经过数十年的发展,依靠第一代创业者个人魅力进行家族式管理的民营中小企业当前正面临接班换代的较大风险。据《中国民营企业发展报告》统计,每年新注册成立民营企业 15 万家,但同时破产民营企业数量也超过 10 万家,5 年内破产民营企业占 60%,10 年内破产民营企业占比超过 85%。由于现代企业治理结构缺失、一股独大、内部人控制、集权管理、产权流动性差等现象普遍存在,家族式管理的民营企业平均寿命只有 2 年零 9 个月。历经 30 多年来发展的中小企业第一代创业企业家面临集中退休局面,接班的"富二代"们能否完成守业创业的角色转变,能否领导中小企业持续发展等面临较大的不确定性,也是制约中小企业进一步发展的首要问题。

第四节　技术创新能力有待进一步提升

2009 年,工业和信息化部与国家知识产权局联合印发《关于实施中小企业知识产权战略推进工程的通知》(国知发管字〔2009〕238 号),2010 年又印发《关于确定"中小企业知识产权战略推进工程首批试点单位"的通知》(国知发管字〔2010〕109 号),确立了 32 个试点城市,重点在培育知识产权优势中小企业集聚区和中小企业、建立中小企业知识产权服务支撑体系、建立和完善中小企业集聚区知识产权保护机制等方面进行探索和实践。[1]

经过"中小企业知识产权战略推进工程"实践探索,我国中小企业知识产权质量显著增强,技术创新能力得到了一定程度的加强,知识产权意识进一步提高,一批知识产权优势企业初步培育形成,知识产权服务支撑体系逐步完善,促进了扶持中小企业自主创新政策的落地。但是,与国外知识产权发达国家相比,我国中小企业知识产权发展水平整体上还很滞后。尤其是小微型企业知识产权发展质量距离发达国家尚有较大差距。造成这种差距的原因是多方面的,既有研发人才短缺、产学研机制不健全、知识产权保护力度不够等制度机制掣肘,也有自主研发能力不强、核心技术缺乏等企业自身方面的问题。这些问题的存在从根本上削弱了中小企业健康发展的动力,尤其是技术创新能力不足严重制约了中小企业转

---

[1]　郑昕:《落实好助力中小企业发展政策》,《中国国情国力》2013年7月7日。

型升级发展的步伐，亟待进一步提升改善。据赛迪研究院中小所统计，2013 年，我国中小企业平均专利申请授权量已达 9.13 件，但绝大多数为外观设计、实用新型类，发明专利仅占 22.23%。加强中小企业知识产权建设，大力提升知识产权质量，尤其是提高发明专利占比应成为今后一段时间内中小企业工作的重点。

第五节　部分行业产能过剩压力加大

历经 30 多年高速增长后，中国经济当前正处在由高速增长到中速增长的换挡期，GDP 增长率将长期徘徊在 7.0% 左右。宏观经济下行等导致部分行业中小企业产能过剩的压力陡增。据国家工商总局 2013 年调查数据显示，46.84% 小型微型企业反映市场需求不足、产品销售困难，58.08% 反映市场竞争压力加大，23.74% 反映订单不足。[1]截至 2014 年三季度，工业品出产价格指数 (PPI) 延续同比负增长态势，已持续 31 个月当月同比负增长，民间固定资产投资、社会消费品零售总额、工业增加值等一系列经济数据也都呈现明显向下趋势，反映出经济下行压力逐渐加大。

国际经济增长预期放缓，国际贸易摩擦不断加剧，进一步削弱了我国的出口优势，中小企业扩大外需难度进一步加大，市场空间进一步压缩。2014 年三季度的统计显示，上半年 18 个国家地区对我国发起 53 起贸易救济调查，数量与上年同期相比增长 20.4%，涉案金额 50 余亿元，与上年同期相比增长 136%。美国对我国发起的"双反"调查案件数量最多，涉案金额最大，上半年美国涉华贸易救济案件数量是上年同期 4 倍，涉案金额是上年同期 13 倍多。除此之外，金砖国家涉华贸易摩擦案件和金额分别增长 90% 和 47.2%。

---

[1] 国家工商总局全国小型微型企业发展报告课题组：《全国小型微型企业发展情况报告(摘要)》，《中国工商报》2014年3月29日。

第六节　工资成本上升的压力进一步加大

随着刘易斯拐点的临近，人口红利消失殆尽。"用工荒""用工难"和"用工贵"问题势必将长期制约中小企业发展，尤其是用工成本的大幅上升直接威胁着中小企业的生存。据不完全统计，2014 年我国有 15 个省市上调了最低工资标准，上调幅度均超过 10%。2015 年伊始，广东省率先拉开了大幅提高最低工资标准的序幕，平均增幅高达 19%，其中深圳市最低工资标准提高至 2030 元。

受制度、信息等条件限制，我国中小企业及时应对国际市场变化的能力较弱，转嫁用工成本上涨的压力难以有效实现。而用工成本上升直接导致利润微薄中小企业的竞争力优势明显下滑，外贸压力势必会持续存在。

专题篇

第四章　小企业创业基地发展研究

第一节　小企业创业基地的现状分析

为了更加深入了解我国小企业创业基地的发展情况，赛迪智库中小企业研究所专门对我国的省级认定的小企业创业基地进行了问卷调查，以分析我国省级认定小企业创业基地的发展现状。

一、统计分析样本说明

本专题研究的调查对象为我国省、自治区、直辖市、计划单列市认定的省级认定的小企业创业基地。调研时间为 2004 年 8 月—2014 年 9 月。根据回收调查问卷情况，课题选取其中 19 个省份的 530 家省级认定的小企业创业基地的调查问卷作为统计分析样本，样本具体分布情况见表 4-1。

表 4-1　创业基地样本分布情况表

地区	样本数（个）	地区	样本数（个）
天津	41	海南	4
河北	49	四川	69
内蒙古	46	云南	9
吉林	36	甘肃	16
黑龙江	41	宁夏	10
浙江	44	新疆	16
江西	29	深圳	9
河南	9	大连	25

（续表）

地区	样本数（个）	地区	样本数（个）
湖北	16	青岛	16
湖南	45	合计	530

数据来源：赛迪智库中小企业研究所。

二、基地基本条件分析

（一）基地成立时间

根据调查，我国省级认定的小企业创业基地最早成立于 1991 年。在 20 世纪 90 年代小企业创业基地发展缓慢，在调研统计的 530 家创业基地中，仅有 20 家成立于 1991—1999 年期间，占 3.77%。2006 年之后小企业创业基地发展迅速，270 家创业基地成立于 2006—2010 年之间，占统计样本的 51%。2011—2013 年成立了 145 家。总体来说，小企业创业基地的发展与国家 2003 年以来开展鼓励创业基地建设与发展的政策密切相关。

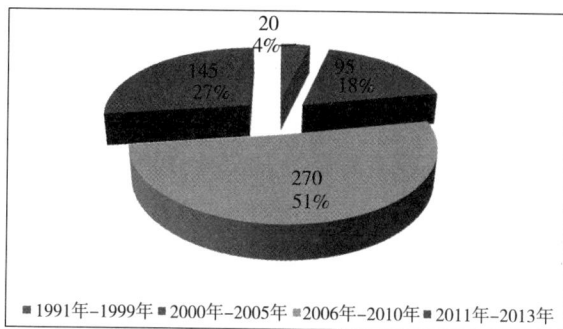

图4-1　创业基地成立时间分布图

数据来源：赛迪智库中小企业研究所。

（二）基地面积

根据样本显示，我国小企业创业基地平均面积为 401032 平方米，创业基地面积比较大，主要原因是由于我国省级认定的小企业创业基地有很大一部分是原来的工业园区、产业集聚区、经济技术开发区等。根据统计分析，创业基地的最大土地使用面积为 3800 万平方米，最小为 282 平方米。从基地面积分布情况来看，

1万平方米以下的小企业创业基地为 45 家，占统计样本的 8.49%。1万—10万平方米的基本分布最多，占统计样本的 58.49%。10万—50万平方米的基地占统计样本的 23.77%。50万平方米以上的创业基本就比较少了，仅有 49 家，占统计样本的 9.25%。创业基地详细面积分布详见图4-2。

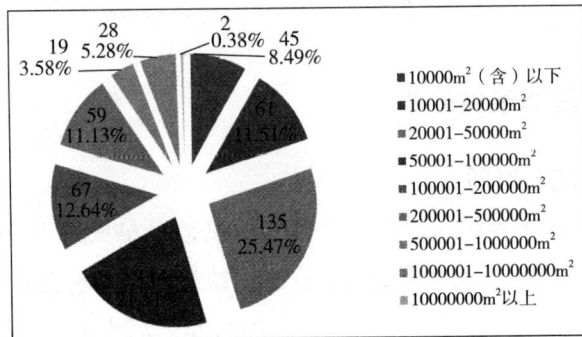

图4-2　创业基地面积分布图

数据来源：赛迪智库中小企业研究所。

（三）基地资产

根据样本统计，我国创业基地资产最低为 28 万元，最高为 76 亿元，平均资产为 20532 万。从资产分布情况来看，分布情况比较平均（详见图4-3），资产 1000 万元以下的有 54 家，占样本数据的 10.19%；1000 万元至 1 亿元的有 272 家，占样本数据的 51.32%；1 亿元至 10 亿元的有 188 家，占样本数据的 35.47%；10 亿元以上的仅有 16 家，占 3.02%。

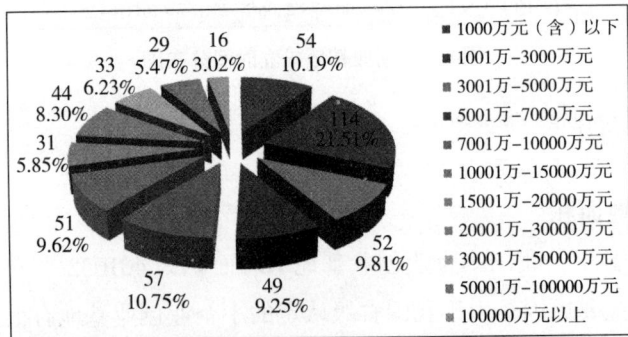

图4-3　创业基地资产分布图

数据来源：赛迪智库中小企业研究所。

三、基地入驻与毕业企业情况

（一）基地入驻企业情况

根据样本统计，创业基地入驻企业最少为 2 家，最多为 1502 家，平均入驻企业为 80 家。其中入驻企业 10 家以下的创业基地有 25 家，占统计样本的 4.72%；入驻企业在 20—60 家的创业基地最多，有 272 家，占统计样本的 51.32%；入驻企业 60—150 家之间的基地分布比较均匀；入驻企业 150 家以上的创业基地就比较少，共有 54 家，占统计样本的 10.19%。详细分布情况见图 4-4。

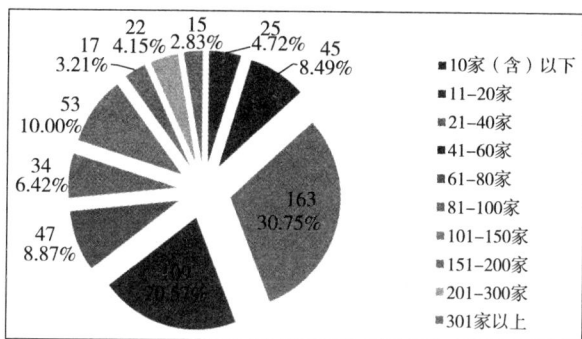

图4-4　创业基地入驻企业情况分布图

数据来源：赛迪智库中小企业研究所。

（二）基地入驻小微企业情况

根据样本统计，省级认定的小企业创业基地入驻小微企业最低为 1 家，最高位 1200 家，平均为 64 家。其中入驻小微企业 10 家以下的基地有 47 个，占统计样本的 8.87%；入驻小微企业 11 家至 20 家的基地有 80 个，占统计样本的 15.09；入驻企业 20 家至 60 家的创业基地比较多，有 252 个，占统计样本的 47.55%；入驻企业 60 家至 80 家的基地有 53 个，占统计样本的 10%；入驻小微企业 150 家以上的创业基本就比较少了，共有 36 个，占统计样本的 6.79%。详细分布情况见图 4-5。

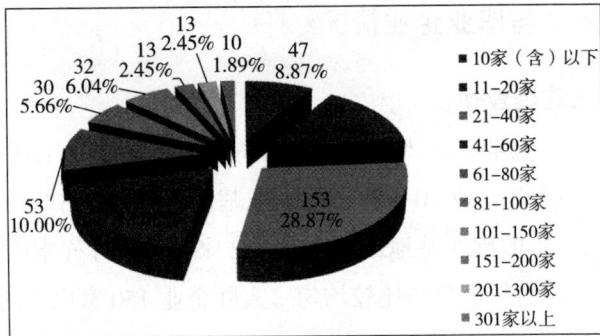

图4-5 创业基地入驻小微企业情况分布图

数据来源：赛迪智库中小企业研究所。

（三）基地入驻企业毕业情况

根据样本统计，小企业创业基地入驻小微企业最低毕业数为0家，最高为2260家，平均毕业企业数为34家。近20%的小企业创业基地不存在小微企业的毕业情况；毕业企业在10家以下的小企业创业基地共267个，占统计样本的50.38%；毕业企业在11家至20家、21家至50家的创业基地分别为86个、107个，占统计样本的16.23%、20.19%；毕业企业50家以上的基地有70个，其中毕业企业100家以上的仅仅35个，占统计样本的6.60%；仅有两个基地毕业企业数超过1000家，分别为1052家、2060家。

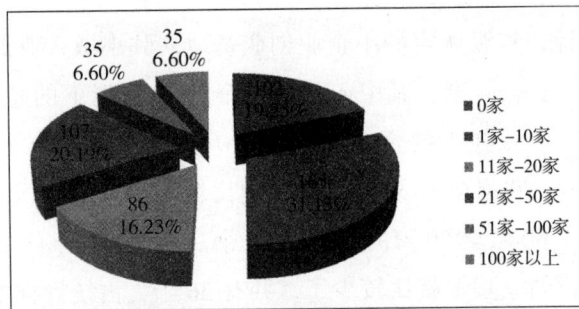

图4-6 基地入驻企业毕业情况分布图

数据来源：赛迪智库中小企业研究所。

四、基地就业情况分析

根据样本统计，创业基地最低就业人数为10人，最高为52000人，平均就业人数为 2134 人。其中就业低于 100 人的创业基地有 14 家，占样本的 2.64%；就业人数在 101—500 人的创业基地有 101 家，占统计样本的 19.06%；就业人数在 501—1000 人的创业基地有 96 家，占统计样本的 18.11%；就业人数在 1001—1500 人的创业基地有 102 家，占统计样本的 19.25%；就业人数 501—1500 人的基地最多，合计占 56.42%；就业人数 1501—2000 人、2001—3000 人、3001—10000 人的创业基地分别有 58、73、73 家；就业人数 10000 人以上的创业基地仅有 13 家，占样本的 2.45%（详见图 4-7）。

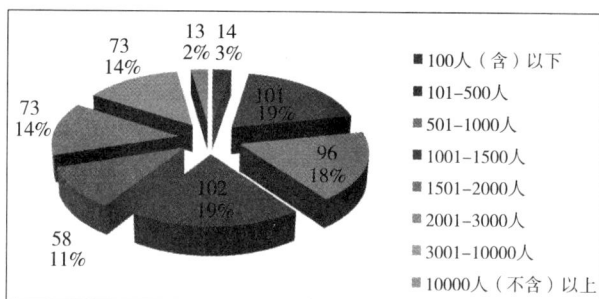

图4-7　创业基地就业情况分布图

数据来源：赛迪智库中小企业研究所。

五、基地服务功能分析

（一）基地服务内容

从创业基地提供的服务内容来看，主要包括信息服务、融资、贷款担保、创业辅导、政务代理、财务代理、人才引进、人才培训、技术服务、管理咨询、展览展销、市场开拓、法律服务、政府部门协调、物业管理以及其他等各项服务。

从服务提供情况来看，创业基地提供的信息服务（89.25%）、创业辅导（76.42%）、人才培训（76.42%）、物业管理（76.23%）、政府部门协调（65.06%）、管理咨询（62.64%）等比较多，60%以上的机构都提供这些服务。融资（51.70%）、政府代理（48.30%）、人才引进（49.43%）、技术服务（53.58%）、法律服务（55.83%）等服务有一半左右的基地在提供。贷款担保（29.81%）、财务代理（30.38%）、展览展销（32.83%）、市场开拓（32.08%）、其他（31.13%）等服务，基地提供的比例较低，基本在 30% 左右。

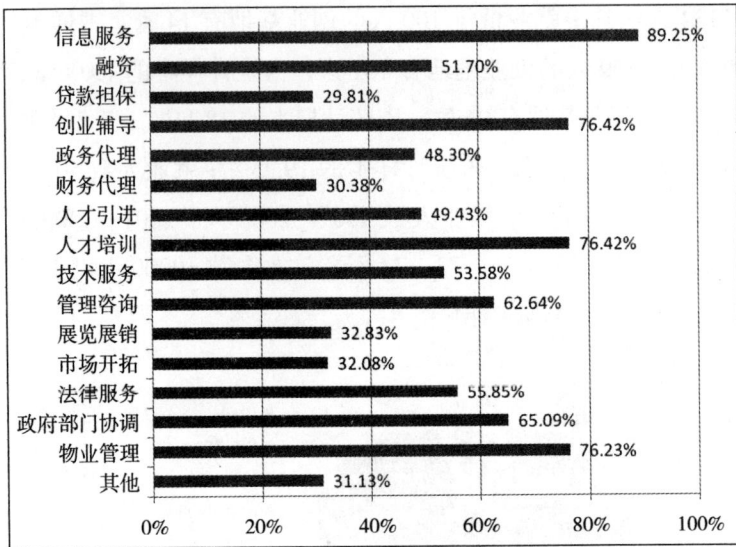

图4-8 创业基地服务内容情况分布图

数据来源：赛迪智库中小企业研究所。

（二）基地服务人员情况

根据样本统计，我国创业基地基本都有直接为入驻企业服务的人员，最低为3人，最高为500人，基地平均服务人员为29人。从服务人员数的分布情况来看，服务人数低于10人的基地有103家，占统计样本的19.43%；服务人数在11—20人、21—30人的基地最多，分别有103家、174家，合计占统计样本的54.15%；服务人数在31—40人、41—50人、51—100人的基地数分别为44家、33家、47家；服务人数超过100人的创业基地仅16家，占统计样本的3.02%。

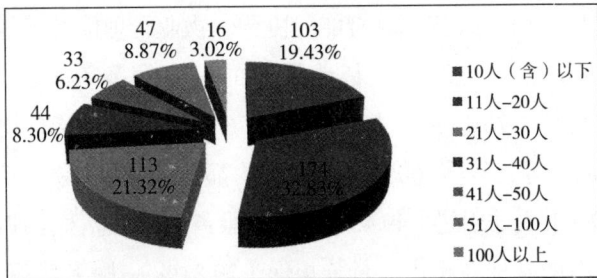

图4-9 创业基地服务人员数分布情况图

数据来源：赛迪智库中小企业研究所。

六、基地入驻企业获得的优惠政策

当前政府与创业基地对于入驻企业提供的优惠政策主要包括房租减免、政府财政补贴、规费减免、税收减免、融资支持及其他。从调研情况来看，入驻企业享受到的房租减免政策最多，75.47%的基地为入驻企业提供房租减免优惠。其次是融资支持，61.13%的基地入驻企业可以获得融资支持。入驻企业享受到财政补贴与税收减免的基地比较少，分别占45.47%与40.75%。入驻企业享受到规费减免服务比例最低，仅占32.83%。

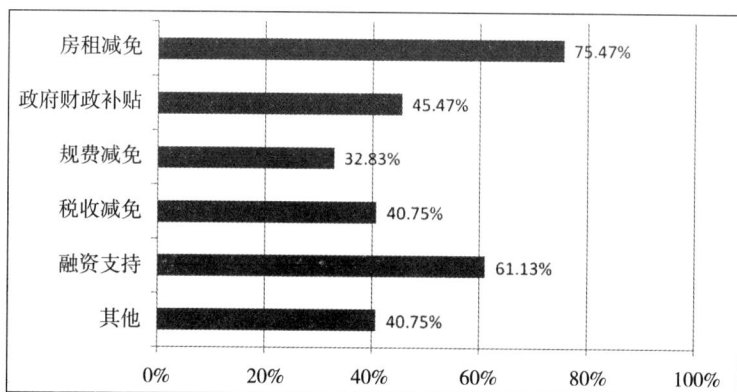

图4-10　入驻企业获得优惠政策情况分布图

数据来源：赛迪智库中小企业研究所。

第二节　各地促进小企业创业基地的发展政策分析

目前全国各地积极推进小企业创业基地建设，大部分省（市、自治区、国家单列市）都制定"小企业创业基地认定管理办法"或"促进小企业创业基地发展指导意见"等各类政策。这些政策对小企业创业基地的认定标准与扶持政策，以及运行管理都有明确详细的规定，但各地由于经济发展水平的不平衡，小企业创业基地的发展定位与思路差异，以及小企业创业基地建设推进的不平衡，导致各地在小企业创业基地的认定标准与扶持政策差异性很大，本章将具体细分各地小企业创业基地的具体认定标准与扶持政策。

一、各地小企业创业基地认定标准与条件分析

根据各地已出台的小企业创业基地认定管理办法与促进中小企业创业基地发展指导意见，各地对升级小企业创业基地认定标准主要依据以下几个方面：运营主体、定性条件（规划、布局、建设方案等）、基地面积、入驻企业、从业人数、孵化能力、服务能力等。但各地对小微企业创业基地认定标准的条件差异比较大。

（一）运营主体

各地认定省级中小企业创业基地，首先对运营主体有明确的规定与条件。如北京市规定"运营主体具有独立法人资格，且注册地在本市，成立时间两年以上，经营和信用状况良好，管理规范，具有滚动孵化小型、微型企业成长的功能"。江苏规定"创业基地运营单位具有独立法人资格，连续运营2年以上，有固定的工作场所和健全的财务管理制度，有较高素质的服务和管理队伍"。福建规定"运营单位应具有独立的法人资格，且营运2年（含）以上，财务收支状况良好，会计制度健全，会计核算规范，经营规范，具有良好的发展前景和可持续发展能力"。

（二）定性条件

在综合性定性条件上，主要强调了基地要有规划布局和具体建设方案。如福建规定"有规范的基地建设规划和中长期发展规划。其中基地建设规划应有合理的区域、功能布局和完善的配套设施，发展规划应有明确的发展目标和配套措施"。江西规定"有基地规划布局和建设实施方案"。山东规定"正式的规划布局和建设方案"。湖南规定"基地规划布局合理、建设方案切实可行"。

（三）基地面积

从基地的场地面积来看，各地对于固定创业场所的面积最低标准一般要求在3000—30000平方米以上，且有地区对创业基地不分类，有的省份将创业基地进行分类并规定相关的最低面积要求。如北京规定"楼宇型基地的建筑总面积在5000平方米以上；生产型基地的厂房总面积在20000平方米以上；综合型基地建筑总面积在20000平方米以上"。河北规定"基地标准厂房建筑总面积在3万平方米以上"。江苏规定"为入驻企业提供创业场所2万平方米以上，有公共配套服务设施，公共服务面积占基地总面积的5%左右"。浙江规定"科技孵化型基地房屋建筑面积5000平方米以上；制造配套型基地厂房20000平方米以上；设计创意型基地建筑面积8000平方米以上；产业物流型基地没有明确的面积要

求"。福建规定"综合型基地面积在 5000 平方米以上；楼宇型基地面积在 3000 平方米以上，营业面积占楼宇总面积的比率不应低于 50%；生产型基地厂房面积应在 3000 平方米以上"。另外，有些省份对创业基地公共服务面积占基地总面积也有具体比例要求。广东规定"制造业创业园区的建筑总面积在 1 万平方米以上，服务业创业园区的建筑总面积在 3 千平方米以上"。

（四）入驻企业

从入驻企业数量来看，对入驻企业数量基本上要求在 15 家以上，最高为 60 家以上。部分省份还对入驻企业规模做了规定。如新疆规定"楼宇型基地入驻（注册地及办公场所均在基地内）小企业不少于 20 户，生产型基地入驻小企业不少于 15 户，综合型基地入驻小企业不少于 20 户"。广东规定"入驻基地的小企业不少于 20 家，且符合产业定位"。湖南规定"入驻项目筛选严格，入驻企业不少于 20 家"。江西规定"综合型基地可入驻小企业数不少于 30 户，楼宇型基地可入驻小企业数不少于 40 户，生产型基地可入驻小企业数不少于 20 户"。江苏规定省级小企业创业示范基地"入驻企业 50 家以上，以新创办的小企业（年营业收入 2000 万元以下）为主"。内蒙古规定"入驻企业 20 家以上，以新创办的小企业（年营业收入 500 万元以下）为主"。北京规定"楼宇型基地入驻（注册地及办公场所均在基地内）小型、微型企业不少于 60 户，生产型基地入驻小型、微型企业不少于 30 户，综合型基地入驻小型、微型企业不少于 50 户"。

（五）从业人员

从创业基地对从业人员的最低数量要求来看，各地的标准相差较大，有些省市对从业人员没有相关规定，有些省份有相关规定，但人数差别也比较大，有的省份根据基地的分类对从业人数也有不同的要求。如内蒙古规定"基地内企业从业人员 400 人以上"。江苏规定省级小企业创业示范基地"基地内企业从业人员 1000 人以上"。湖南规定"从业人员不少于 300 人"。黑龙江规定"工业加工型安排就业 500 人以上；科技孵化型无具体要求；市场牵动型综合安排就业 1000 人以上；商贸物流型综合提供就业岗位 300 个以上；龙头带动型安排就业 1000 人以上"。厦门规定"生产加工型孵化基地带动就业 300 人以上；楼宇型孵化基地带动就业 120 人以上；门面型孵化基地带动就业 120 人以上，市场型孵化基地带动就业 320 人以上。其他类型的孵化基地带动就业在 50 人以上"。

（六）孵化能力

从孵化能力来看，各地认定标准不一致，有的省份没有要求，如北京、辽宁、黑龙江、浙江、江西。有具体规定的一般从创业成功率、培育成规模以上企业数、毕业企业数方面有规定，在创业成功率方面，基本上要求在70%以上。如内蒙古规定"入驻小企业创业成功率在85%以上，基地每年有5%企业新入驻或培育成规模以上企业，具有连续滚动育成小企业成长的功能"。江苏规定省级小企业创业示范基地"入驻小企业创业成功率在90%以上，基地每年有10%企业新入驻或培育成规模以上企业，具有连续滚动育成小企业成长的功能"。福建规定"省级小微企业创业基地每年新入驻企业不少于5家，孵化成功率在70%以上"。山东规定"小企业创业成功率在80%以上"。湖南规定"创业成功率不低于70%，每年毕业企业不少于在孵企业的10%"。广东规定"入驻基地的小企业或创业人员创业成功率在70%以上"。新疆规定"连续两年入驻基地的小企业或创业人员创业成功率在70%以上；入驻企业一般不少于30家，具有连续流动孵化能力"。

（七）服务能力

从服务能力来看，各地一般都要求创业基地具有服务于中小企业的专职服务人员；具备一定的公共服务面积与公共服务配套设施，具有或组织社会中介服务机构为小微企业提供政务代理、创业策划、融资担保、人才培训、技术支持、市场开拓等各类创业服务的能力。如北京规定"基地拥有完整的运营管理团队，管理人员大专以上学历的占50%(含)以上"。"基地能够为创业小型、微型企业提供相关创业服务，且企业服务满意度不低于80%"。"基地内基础设施和相应的公共服务配套空间较为完善，且公共创业服务面积不低于500平方米"。内蒙古规定"公共服务设施配套，公共服务面积占基地总面积5%以上"。"有为基地内企业定向服务的机构并整合一批社会中介服务机构资源，为企业提供政务代理、创业策划、融资担保、人才培训、技术支持、市场开拓、物管后勤等服务。该基地至少提供5类以上的公共服务，并采取适当形式向基地内企业公开服务内容和流程"。辽宁规定"拥有一定的公用设施和必要的硬件设备，有公用的会议室、辅导教室、有免费使用的信息查阅系统等"。"有为创业辅导基地定向服务的服务管理机构和拥有一批社会中介服务机构资源"。"具有创业策划、管理咨询、技术支持、资金融通、人才培训、信息查询、市场开拓、事务代理（主要包括：工商登记、财税申报、人事管理、劳动保险、法律咨询、财务代理、年检等）等服务功能，能及时为入驻小企业提供所需服务，服务的满意率在85%以上"。江苏规定省级小企业创业示范基地"公共服务设施配套，公共服务面积占基地总面积5%以上"。"有为基地内企业定向服务的机构并整合一批社会中介服务机构资源，为企业提供政务代理、创业策划、融资担保、人才培训、技术支持、市场开拓、物管后勤等服务。该基地至少提供5类以上的公共服务，并采取适当形式向基地内企业公开服务内容和流程"。福建规定"有独立的工作机构。专职服务人员不少于5人，且大专以上学历和具有专业技术职称的服务人员比例应在60%以上"。"有固定的办公场所和相对固定的专业服务机构。有完善的管理制度和服务措施，能够为创业者和基地内企业提供创业辅导、人员培训、政务代理、小额贷款、融资担保、信息咨询、企业管理咨询和政策、法律、财务等各类咨询服务"。

（八）各地小企业创业基地认定标准与条件差异大

从这些认定标准可以看出，各地基本上都已经形成了一套相对比较完善的创业基地认定办法。但各地小企业创业基地认定标准与条件差异比较大，一方面，体现在各地对小企业创业基地的分类上，各地基地分类不尽相同。有些地区创业基地没有细分，如河北、内蒙古、辽宁、江苏、山东、湖南等。很多地区将创业基地进行了划分：江西分为综合型基地与楼宇型基地；广东分为制造业创业园区与服务业创业园区；北京分为楼宇型基地、生产型基地与综合型基地；浙江分为科技孵化型、设计创意型、现代服务型、制造配套型；黑龙江分为工业加工型、科技孵化型、市场牵动型、商贸物流型、龙头带动型等。另一方面，由于经济发展水平的差异，以及对小企业创业基地的发展定位和管理思路不同，导致各地对小企业创业基地的具体认定标准与条件上，尤其是基地面积、入驻企业、从业人数、孵化能力等定量指标差异相对比较大。

由此可见，在国家层面制定统一的小企业创业基地认定标准已非常迫切，它为中央扶持小企业创业基地的发展提供了政策导向，有利于小企业创业基地今后健康可持续发展。

二、各地促进小企业创业基地的扶持政策分析

（一）各地小企业创业基地主要扶持政策

目前，全国各地已出台的各类促进中小企业创业基地发展指导意见与中小企业创业基地认定管理办法中对中小企业创业基地建设扶持政策的点位主要集中在以下几个方面：

1. 财政扶持

大部分省、市、自治区、计划单列市在已经发布并实施的创业基地发展指导意见与创业基地认定管理办法，以及省级中小企业发展专项资金中都对小微企业创业基地建设有财政专项资金的支持。如北京市财政局与经信委出台了《北京市支持小企业创业基地资金管理实施细则》（京财企〔2012〕2681号）。山西省中小企业局与财政厅出台的《关于进一步推进我省中小企业创业基地建设》（晋企发〔2014〕50号）规定："省级中小企业创业基地专项资金列入财政预算，重点支持以实体经济为主导的工业制造业或物流、设计、研发、科研、文化创意、电子商务、金融等生产性服务业，且入驻企业以小微企业为主的创业基地，暂不支持各类种植、养殖基地和各类以个体户为主的、单一型的商场、市场，重点帮助提升省级中小企业创业基地的场地供给能力、公共服务能力和管理运营能力，支持创业基地内生产厂房、创业场地、公共服务场所的基础设施建设及创业辅导服务等运营管理工作"。重庆市发布的《推进小企业创业基地建设意见》（渝办发〔2011〕205号）规定："加大对小企业创业基地的资金扶持。从2011年起，每年从市级中小企业发展专项资金中安排部分资金重点支持小企业创业基地进行环境整治、基础设施和公共服务平台建设。有条件的区县（自治县）人民政府也应安排小企业创业基地建设专项资金，用于配套支持小企业创业基地建设"。

2. 土地供应保障支持

如《浙江省中小企业局〈关于加快推进小企业创业基地建设的指导意见〉》"建议各县（市、区）用于创业基地建设的土地指标不低于当年工业用地总指标的5%"。湖南省《关于大力推进中小企业创业基地建设的意见》（湘经信中小企业〔2013〕362号）规定："保障用地。创业基地应符合土地利用总体规划。各级人民政府应优先将创业基地建设用地纳入土地利用计划。对符合土地划拨目录的采取划拨方式供给土地；不能采取划拨方式的国家、省级创业基地，按同等别工业用地最低价优惠30%供地"。青岛《关于加快小企业产业园和创业基地建设的通知》（青政办发〔2012〕30号）规定："编制全市小企业产业园和创业基地建设规划。规划内的小企业产业园，纳入全市重点项目用地保障范围，每年单列用地指标。在确定土地出让底价时，按照全国工业用地出让最低价标准以不低于所在地土地等级的70%执行。从2013年开始，崂山、黄岛、城阳、高新区投资总额低于 3000 万元以及单独供地不足 15 亩的工业项目，各市投资总额低于 5000 万元以及单独供地不足 30 亩的工业项目，原则上要进驻小企业产业园，采取自建、购置或租用标准厂房形式解决用地问题"。

3. 税费优惠

税费优惠政策既有针对中小企业创业基地本身的，也有针对入驻创业基地的小微企业。如湖南《关于大力推进中小企业创业基地建设的意见》（湘经信中小企业〔2013〕362 号）规定："新建中小企业创业基地报建费按综合费率不超过 40 元 / 平方米征收；利用闲置场所改造建设创业基地，免征各项报建费。创业基地缴纳房产税、土地使用税确有困难的，可向主管税务机关申请减免，由县以上地方税务机关按照税收减免管理权限审批"。黑龙江《关于推进黑龙江省中小企业创业（孵化）基地建设的指导意见》（黑工信创发〔2010〕346 号）规定："各地要从实际出发，积极协调税务部门支持，对各级各类创业基地的自用和通过出租方式提供给初创企业使用的房产、土地，参照财政部、国家税务总局《关于科技企业孵化器有关税收政策问题的通知》的有关规定，争取对房产税和城镇土地使用税给予适当减免"。《重庆市人民政府办公厅转发市中小企业局关于〈推进小企业创业基地建设意见〉的通知》（渝办发〔2011〕205 号）规定："在符合相关规定的情况下，给予入驻小企业创业基地的企业西部大开发企业所得税优惠政策"。

4. 其他扶持政策

其他扶持政策主要涉及费用减免、融资支持等方面。如《重庆市人民政府办公厅转发市中小企业局关〈推进小企业创业基地建设意见〉的通知》（渝办发〔2011〕205 号）规定："能源供应单位要优先保障小企业创业基地企业水、电、气等能源供给，并按规定标准的最低价收取开户费用"。黑龙江《关于推进黑龙江省中小企业创业（孵化）基地建设的指导意见》（黑工信创发〔2010〕346 号）规定："探索试营业制度。对大中专和技校毕业生，科技人员，海外留学人员，就业困难群体，下岗失业人员，复员退役军人，农民，返乡农民工，党政机关公务员和事业单位工作人员在各级各类创业基地开展创业的，除经营前置审批的事项外，有条件的地方，积极协调工商管理部门，参照省工商局《关于贯彻〈黑龙江省人民政府关于促进非公有经济（中小企业）加快发展的实施意见〉的实施细则，在各级各类创业基地内探索实行试营业制度，在试营业期内，免收各种费用"。"金融机构要创新服务产品，对小企业创业基地入驻企业积极开展农村集体房屋产权等抵押贷款业务，或实行无抵押授信。享受国家相关扶持政策的各融资担保机构要按优惠费率优先为小企业创业基地入驻企业提供担保服务"。《浙江省中小企业局〈关于加快推进小企业创业基地建设的指导意见〉》规定："积极引进政策性银行为创业基地中的小企业提供开发性金融新产品。中小企业信用担保机构要积极为创业基地提供融资担保的服务，多途径帮助解决小企业融资困难"。

（二）各地政策支持力度不统一，差距大

目前，全国各地已出台的各类促进中小企业创业基地发展指导意见与中小企业创业基地认定管理办法对中小企业创业基地建设扶持政策也不统一，各地的差距很大。如湖南省发布的《关于大力推进中小企业创业基地建设的意见》（湘经信中小企业〔2013〕362号）由湖南省经济和信息化委员会、湖南省财政厅、湖南省国土资源厅、湖南省住房和城乡建设厅、湖南省地方税务局、湖南省工商行政管理局等6个部门联合签发，对中小企业创业基地建设的"保障用地、税费减免、资金支持"规定明确具体。重庆市发布的《重庆市人民政府办公厅转发市中小企业局关于〈推进小企业创业基地建设意见〉的通知》（渝办发〔2011〕205号）对"加强规划引导和用地保障、资金扶持、水、电、气等能源供给收费、小企业税收优惠"规定比较详细具体。青岛市发布的《关于加快小企业产业园和创业基地建设的通知》（青政办发〔2012〕30号）尤其对土地供应保障方面规定明确具体。

同时，有些省、市、自治区以及计划单列市对支持政策的规定就相对比较简单，如内蒙古《关于印发〈内蒙古自治区小企业创业示范基地认定办法〉的通知》（内经信服指字〔2010〕396号）规定："对认定的自治区级小企业创业示范基地，在资金、政策上给予重点支持"。《云南省工业和信息化委关于印发〈云南省省级小企业创业示范基地认定管理办法〉的通知》（云工信企服〔2013〕680号）规定："对经认定的省级小企业创业示范基地，在申报中央资金和省级资金扶持方面，优先推荐省级小企业创业示范基地"。

第三节　我国小企业创业基地发展存在的问题

当前，由于国家的重视，地方政府积极推进，我国小企业创业基地进入了加速发展的阶段，但是，从全国各地的情况来看，我国小企业创业基地的发展中仍

存在着一些制约因素：

一、基地政绩效应不明显，地方政府建设动力不足

近年来，跨越发展必须主攻工业已得到社会广泛认可，平台建设、项目建设、园区建设也取得了很大成绩。各地为加快经济发展速度，政府的主要精力放在"大平台、大行业、大企业、大园区"上，对小企业发展重视程度不够。尤其是小企业创业基地带有公益性投资项目，对小企业多采用廉价出租的形式，前期投入大，投资回收期长，没有大企业、大项目产出大、见效快。因此很多地方没有引起足够重视。各地土地计划指标少，主要用于大项目的上马，很多小企业创业基地、标准厂房的建设因没有土地指标而搁置。如江苏盐城全市每年用地只有1200亩，包括大项目、商业用地等，因而用于小企业创业基地建设的土地很少。

二、各地小企业创业基地层次不齐，发展很不均衡

根据课题统计样本，我国小企业创业基地发展很不均衡。创业基地的最大面积为3800万平方米，最小面积仅仅为282平方米，平均面积为401032平方米；创业基地资产最低为28万元，最高为76亿元，平均资产为20532万；创业基地入驻企业最少为2家，最多为1502家，平均入驻企业为80家。创业基地入驻小微企业最低毕业数为0家，最高为2260家，平均毕业企业数为34家。近20%的小企业创业基地不存在小微企业的毕业情况；创业基地最低就业人数为10人，最高为52000人，平均就业人数为2134人。同时，各地在制定"小企业创业基地指导意见"，"省级小企业创业基地认定与管理办法"等相关支持政策上也不一致，有的省份已在多年前开展各项工作，有的省份刚刚起步，有些地区还没有开始。总体来说，各地在推进小企业创业基地建设与发展方面不一致，各地发展很不均衡。

三、部分基地发展定位不清，缺乏小企业孵化能力

我国部分小企业创业基地发展上的定位不够清晰，具体表现为：一是有的地方政府将部分小企业创业基地打造成招商引资的平台，宣传推介侧重点在招商。部分较为成熟的企业也被盲目引进入，导致应该被扶持的创业型小企业不能进入基地，没有真正起到扶持创业、生成中小企业的功能作用。二是将小企业创业基地当成争取资金、项目的平台。一些地方政府为争取上级政策，小企业创业基地没有经过充分的设计和论证，在方向、目标、任务不够明确的情况下，仓促上马，

存在短期行为。三是为了享受小企业创业基地的有关政策，一些基地在某种程度上不是以扶持小企业生存发展壮大为根本，而是变成了大中型企业的"避风港"。

四、基地用地难、用地成本高，土地问题比较突出

小企业创业基地的土地问题主要体现在用地紧张、使用成本高。由于国家土地政策的严格限制，用地指标主要用于大项目，小企业创业基地建设用地难以解决。根据调研，全国多地反映存在土地短缺问题。目前，企业用地主要通过招挂拍流程获取，但小企业创业基地项目具有公益性质，且投资大，回收周期长，政府土地出让没有价格优惠，更不存在土地对创业基地划拨的政策优惠，创业基地土地使用成本太高。

另一方面，小企业创业基地还存在面积大的情况，根据调研的 530 家省级认定的小企业创业基地，基地平均面积为 40 多万平方米。一方面原因是部分创业基地原是工业园区，同时也存在有些创业基地圈地的现象，占地面积很大，但入驻企业数量却不多。

五、基地建设运营成本高，政府扶持政策不到位

小企业创业基地前期建设投资大，对入驻的很多小微企业都提供房租优惠或减免政策，运营成本高，导致很多小微企业创业基地多处于微利运营，自我发展能力比较弱。如山东泰安世界之窗小企业创业辅导基地 2013 年度为入驻小企业减免租金就达 52 万，物业费补提 30 万，基地运营全靠租金收入，而税费比率达 17.65%。浙江华都科技创业园小企业创业示范基地积极扶持入园小企业，标准厂房前二年租金全免，以后减半收取房租，所有配套设施、生活设施、公共设施、娱乐设施、市场拓展、产品研发、技术服务、人员培训、管理等全部由公司免费提供服务。浙江省规定，对认定的省级小企业创业基地，其多层标准厂房的租赁收入及占地，自新认定年度起 1—3 年内，报经地税部门批准，可给予减征房产税、城镇土地使用税的照顾，但基地本可享受土地使用税的减免，尚未享受到土地使用税减免和其他任何扶持政策。山东泰安天龙小企业创业辅导基地总体税赋为基地收入 24%，其中租金税赋近 20%。因此，对小企业创业基地应给予财政、税收、土地等多方面的扶持。同时，基地入驻的小微企业，基本处于初创期，自身在发展过程中也需要资金、税费减免方面的政策支持。

目前，全国各地已经出台促进小企业创业基地指导意见中基本都包括"财政

资金扶持、土地供应、税收减免、融资"等方面的支持条款。但很多扶持政策难以落实。首先，中小企业和创业基地的扶持政策涉及财政、税务、土地、经信委、中小企业主管部门等多个部门，部门间缺少协调与联动机制，致使政策落地的操作办法和实施细则规定不明确。其次，地方财力有限，在政策导向上，以规模较大的企业为主要扶持对象，集中财力培育重点，难以惠及小微企业。最后，受土地资源限制，有限的土地资源一般向大企业、大行业、大平台倾斜。

六、基地配套设施建设滞后，服务功能较弱

通过各地调研来看，创业基地建设缺乏统一的规划、指导，基地建设存在只重视厂房、道路建设等"硬件"设施建设，而忽视创业服务功能建设的问题。根据对省级认定小企业创业基地的调研，作为各地最为优秀的小企业创业基地，仅有一半左右的基地提供融资、政务代理、人才引进、技术服务、法律咨询等创业服务;仅有30%左右的基地开展贷款担保、财务代理、展览展销、市场开拓等服务。可见，未被认定为省级基地的大部分创业基地，创业服务功能体系建设更不完善。

七、新形势与新情况对创业基地提出了新要求

目前，一些新的形势与情况的出现对创业基地提出了新要求。《注册资本登记制度改革方案》出台，极大地激发了社会的创业热情，小微企业出生率提高，如何保证成活率和成功率？信息技术快速发展，网络创业成为小微企业创业发展的新渠道与趋势，网络虚拟创业基地如何去建设与管理？ 80、90后的创业群体思维更为活跃，更具创新意识和创业意识，创业动机逐渐由生存型向机会型转变，变被动创业为主动寻找市场机会，实现自身价值，创业服务如何跟进？面对这些新形势与新的情况，作为促进小企业创业的主要载体与服务模式，如何适应新情况与形式，需要去探索与创新。

第四节　促进我国小企业创业基地发展的政策建议

为进一步推动和促进我国小企业创业基地健康发展，提升其创业、创新、就业能力，特提出以下政策建议：

一、加强国家层面统一指导与管理

创业基地是创业的重要载体，也是各地中小企业管理部门促进创业工作的抓手。创业基地建设不仅解决了创业场地、集聚了各类创业服务资源，也降低了创业风险与成本，提高了创业成功率。目前全国各地都在积极推进小企业创业基地建设，但由于对创业基地的认识、定位、发展思路的差异，以及经济发展水平的不平衡，导致各地创业基地发展严重不平衡。因此，很有必要从国家层面加强政策引导，制定国家层面的小企业创业基地发展指导意见，加强统一指导；建立国家级小企业创业示范基地，加强示范带动作用。国家层面政策的制定，第一，要有利于各地政府部门与中小企业主管部门进一步提高认识，加强推进创业基地建设。第二，小企业创业基地建设与发展是一项复杂的系统工程，涉及多个部门，国家层面指导意见的出台，有利于协调部门与整合资源，解决创业基地建设与发展的制约因素。第三，有利于对创业基地的发展目标、功能、内涵、服务功能体系建设、扶持政策等给予国家层面上的统一指导，进一步规范小企业创业基地发展。

二、适度放宽小企业创业基地用地政策

小企业创业基地建设都涉及土地问题，国家一方面鼓励建设小企业创业基地，一方面又严格限制土地供应。2012年出台的"国发14号文"指出："统筹安排产业集群发展用地。规划建设小企业创业基地、科技孵化器、商贸企业集聚区等，地方各级政府要优先安排用地计划指标。"因此，化解土地制约是促进小企业创业基地建设发展的一项重要任务。第一，建议各地政府在制定土地利用总体规划和年度土地利用计划时，划取一定比例用于小企业创业基地建设，以满足创业基地用地需求。第二，鼓励各地充分利用闲置的厂房、仓库、学校等土地资源，改造建设小企业创业基地。第三，加强园区配套改造，以工业园区、经济技术开发区、高新技术经济区、工业集中区等为依托，专门切出一块土地配套建设小企业创业基地，或将原有园区直接整体改造为小企业创业基地。第四，加强创业基地土地使用优惠政策的实施。符合土地划拨目录的采取划拨方式供给土地；不能采取划拨方式的，按同等别工业用地最低价给予优惠；新建小企业创业基地给予报建费优惠，利用闲置场所改造建设创业基地，免征各项报建费；缴纳房产税、土地使用税有困难的创业基地，适当给予减免。

三、加强创业基地的服务功能建设

小企业创业基地作为中小企业服务体系建设的重要组成部分，不仅仅提供创业的空间和场所，更是小企业发展的壮大的"摇篮"，更应集聚各类服务资源，为入驻的创业者和初创企业提供融资、协调政府、信息、管理咨询、培训、市场、法律、财务代理等服务内容。目前我国小企业创业基地普遍存在硬件设施比较完备，服务功能体系建设比较滞后的问题。为了进一步完善服务功能体系建设，首先，应加强创业基地专业服务队伍建设。通过业务指导、专业培训、业绩考评等，要求并帮助创业基地建设高水平的专业服务队伍。其次，加强创业基地社会专业服务资源的集聚能力。鼓励创业基地引进各类专业化的社会服务机构，为基地小企业提供高品质、全面的创业服务。最后，努力提升创业基地的服务能力与水平。在提供信息、创业辅导、人才培训、物业管理等基础服务基础上，加强融资、人才引进、技术服务、法律服务、市场开拓等增值类服务的服务能力与水平。

四、加大财政、税收政策扶持力度

建议国家中小企业发展专项资金设立专门扶持小企业创业基地的专项计划，重点支持小企业创业基地的基础设施与配套公共服务设施建设，以及创业基地服务功能建设，同时加强地方各级中小企业发展专项资金给予小企业创业基地建设的扶持。建议国家在小企业创业基地建设运营过程中，给予土地使用税、房产税、土地租金收益所得税等方面的减免优惠。建议国家参照国家科技企业孵化器的税收优惠政策，扶持小企业创业基地发展，以调动社会力量参与建设小企业创业基地建设的积极性。建议国家对入驻基地的小微企业给予所得税、增值税和营业税的减免优惠，同时各级中小企业发展专项资金给予入驻基地小微企业或小微企业项目优先扶持。

五、实施创业基地的分区域、分类认定管理

基于目前在各地推进的小企业创业基地发展过程中，各地由于发展思路、目标、定位的差异，以及全国东部、东北、中西部地区发展的不平衡。因此，建议对小企业创业基地认定与管理考虑区域发展差异的因素。

同时，由于小企业创业基地建设与发展过程中，部分地区实行分类管理，如综合型基地、楼宇型基地、生产型基地；部分地区根据产业选择导向，将小企业

创业基地分为科技孵化型、制造配套型、设计创意型、产业物流型等。因此，建议国家在小企业创业基地认定与管理上，充分考虑各地创业基地发展过程中特色产业与优势产业发展导向，对基地进行科学、合理的分类管理，并制定有针对性的扶持政策。

六、加强建立创业基地的绩效评估考核机制

目前，全国大部分省、区、市都进行小企业创业基地认定工作，建议实施小企业创业的绩效评估考核机制，通过对省级创业基地定期评估考核，实施动态化管理，进一步提升小企业创业基地的创业服务能力与水平。以基地的基础与公共服务设施建设、创业服务队伍建设、创业服务资源集聚、创业服务功能、小微企业创业成功率、创业企业成长速度、科技资源的聚集与转化、创业资本的吸引与使用、创业企业对基地的评价，以及基地对当地优势特色产业的发展、产业结构调整、创造就业机会等方面的贡献定期对创业基地进行绩效评估，并将考核结果与政府的资金扶持、政策支持相结合，以此不断推进小企业创业基地的功能完善。

第五章　我国中小企业知识产权发展质量测评研究

第一节　中小企业知识产权发展质量测评概况

据对 32 试点城市的 632 家中小企业知识产权发展质量问卷调查（以下简称调查）显示，我国中小企业知识产权发展质量整体较好，知识产权投入较大，知识产出较为丰富，知识产权运用能力较高，知识产权保护较好，享受知识产权优惠政策较为普遍，但是东部与中、西部和东北的差异较大。

2010—2014 年，632 家中小企业累计研发经费投入户均达到 4500 万元，其中 2013 年户均投入约 1220 万元；中小企业研发经费投入占产品销售收入的比重户均达到 13.23%，户均研发人员超过 60 人，约占受访中小企业平均职工总数的 25.55%。

2010—2014 年，632 家中小企业户均申请专利 46.54 件，户均获得专利授权 32.21 件，专利申请授权率约为 69.21%。2013 年，受访 632 家中小企业户均申请专利 12.68 件，户均获得专利授权 9.13 件。目前，中小企业户均拥有版权登记 6.63 件、注册商标 11.76 件、驰名商标 0.18 件、研发或技术转移合作机构 2.90 家，平均单件知识产权投入达到 60.83 万元，户均知识产权实施率和产品贡献率分别达到 75.17%、60.52%。

中小企业平均知识产权存续时间为 7.29 年，与企业外部发生知识产权纠纷 0.67 件。建立知识产权管理制度和管理部门的中小企业分别为 88.45% 和 84.65%，建立技术保密制度和对研发人员激励制度的中小企业比重分别为 93.83% 和 95.57%，中小企业平均拥有专职知识产权管理人员 5.56 人。

目前，中小企业享受高新技术企业所得税优惠政策和研发费用所得税加计扣除政策，分别占比 56.17% 和 56.01%；2010—2014 年户均获得各级财政支持 230.79 万元，其中 2013 年户均获得各级财政支持 102.82 万元。

第二节 中小企业知识产权发展质量测评分析

目前，32 家试点城市都积极实施中小企业知识产权战略推进工程，高度重视中小企业知识产权发展质量，加大中小企业知识产权投入和扶持力度，不断提升中小企业知识产权产出能力和服务能力，取得了显著成效。

2014 年，32 家试点城市城均中小企业投入达到 2147.7 万元，出台中小企业知识产权战略推进工程"配套政策"、设立"专项资金"以及建立中小企业知识产权"市级以上服务平台"和"统计制度"的比重分别高达 90.63%、75%、90.63% 和 78.13%。2012 年，宁波、青岛、杭州、成都和武汉等城市专利申请量同比增长分别为 54.8%、37.9%、32.1%、30.5% 和 10.2%；青岛、杭州、成都、大连和武汉等试点城市发明专利申请量分别增长 127.2%、23.2%、38.3%、50.3% 和 26.9%，杭州和武汉等城市发明专利授权量分别增长 22.3% 和 23.6%。

一、中小企业知识产权投入测评

中小企业知识产权投入指标包括中小企业研发经费投入指标、研发经费投入占产品销售收入比例指标、研发人员数量指标和研发人员占职工总人数比例指标四个评价指标。从统计结果看，中小企业知识产权投入的整体力度较大，但科技型中小企业与制造类企业差别非常大。

（一）企业研发经费投入及其占销售收入比例

中小企业研发经费整体投入较大，研发经费投入占产品销售收入比例较高，企业之间的差距并不显著。2010—2014 年中小企业累计研发经费投入超过 284 亿元，户均研发经费投入达到 4500 万元，变异系数为 4.41。其中 2013 年研发经费投入总额接近 77.13 亿元，户均研发经费投入约 1220 万元，变异系数为 11.19；研发经费投入占产品销售收入比例户均达到 13.23%，变异系数为 1.62。

从区域分布看，东、中、西部和东北地区中小企业研发经费投入水平整体较高，区域差距并不明显。2010—2014 年，东、中、西部和东北地区户均研发经费投入分别为 6360.29 万元、4601.63 万元、3182.91 万元和 1929.13 万元；中小企业研发经费投入占产品销售比重分别为 8.69%、12.66%、16.49% 和 19.74%。其中 2013 年分别为 1777.22 万元、1252.92 万元、774.23 万元和 556.08 万元。东、中、西部和东北之间户均研发经费投入、研发投入占销售收入比重的绝对值上尽管不均衡，但基本反映了各地区经济发达程度，若扣除经济发达程度差异，东部与中、西部和东北中小企业研发经费投入的差别不大（如图 5-1 所示）。

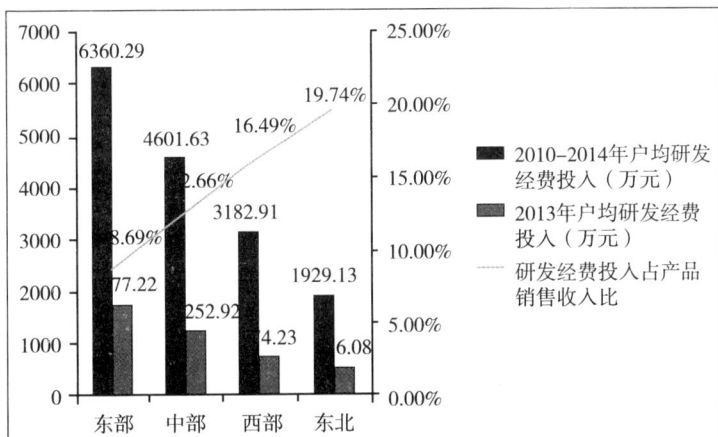

图5-1　2010—2014年中小企业户均研发经费投入区域分布

数据来源：赛迪智库中小企业研究所。

（二）企业研发人员数量及其占职工总人数的比例

中小企业研发人员总量可观，占职工总数的比例较高，但科技型企业与一般制造类企业的差别巨大。632 家受访中小企业的研发人员总计达到 38215 人，户均 60.47 人；其中，东、中、西部和东北中小企业户均研发人员分别为 66.98 人、88.29 人、49.39 人和 38.16 人，变异系数分别为 1.51、2.46、1.80 和 1.11。中小企业的研发人员整体较为充足，区域内企业之间的差距不大，而区域之间的差距主要是由于各区域内试点城市上报的较大型企业拥有较多研发人员所致，如中部武昌船舶重工集团有限公司、九州通医药集团股份有限公司、江汉石油钻头股份有限公司、九芝堂股份有限公司和常熟开关制造有限公司等分别有研发人员 1768 人、982 人、430 人、324 人和 387 人。研发人员占职工总人数的比重户均达到 25.55%，但扣除该项指标较高的科技型企业后，该指标估计不会超过 10%，一般制造类的中小企业则需要进一步加大研发人员占职工总人数的比重。从统计结果看，科技型企业研发人员占职工总数的比重一般都会超过 50%，如沈阳拓荆科技有限公司、吉林省凯帝动画科技有限公司、成都汉康信息产业有限公司、成都地联科技有限公司和贵州广思信息网络有限公司等科技型企业分别高达84%、78%、83%、82%和79.88%，而制造类企业研发人员占职工总数的比重一般在10%以下，如贵阳南明春梅酿造有限公司、四川得益绿色食品集团有限公司、四川省汇泉罐头食品有限公司和长春百克生物科技股份公司等分别只有3.5%、0.02%、2%和0.2%。

二、中小企业知识产权产出测评

中小企业知识产权产出较为丰富，专利及发明专利的申请量较大，专利及发明专利的授权量较多，专利申请授权率较高，版权登记、注册商标和驰名商标以及研发或技术转移合作机构和平均单件知识产权投入等数量适中。

（一）专利和发明专利申请量

中小企业专利申请量普遍较大，但是区域之间分布不均。2010—2014年，632家受访中小企业累计专利申请量达到29414件，户均申请专利46.54件，变异系数为3.0；其中2013年专利申请量为8016件，户均申请专利12.68件，变异系数为2.35。从整体看，无论是专利申请总量，还是户均专利申请量，都达到了较大值，但是较大的变异系数也显示了中小企业之间在专利申请量上存在较大的差异。从试点城市看，在专利申请量指标上，东部试点城市整体优于中、西部和东北的试点城市（如图5-2所示）。2010—2014年，30家上报中小企业调查数据

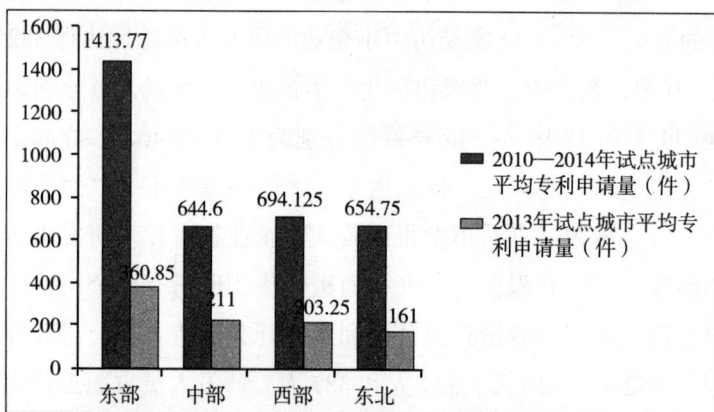

图5-2　2010—2014年试点城市平均专利申请量区域分布

数据来源：赛迪智库中小企业研究所。

的试点城市平均专利申请量达到980.47件，东部13家试点城市平均专利申请量达到1413.77件，西部8家试点城市平均专利申请量为694.125件，中部5家试点城市平均专利申请量为644.6件，东北4家试点城市平均专利申请量为564.75件；其中2013年30家试点城市平均专利申请量达到267.2件，东部13家、西部8家、中部5家、东北4家试点城市平均专利申请量分别为360.85件、203.25件、211件和161件。

从区域分布看，中小企业专利申请量指标呈现东部优于中、西部和东北的显著特征（如图5-3所示）。2010—2014年，632家受访中小企业的平均专利申请量达到46.54件，东部258家受访中小企业平均专利申请量达到71.24件，西部196家受访中小企业平均专利申请量为28.33件，中部89家受访中小企业平均专利申请量为36.21件，东北89家受访中小企业平均专利申请量为25.38件，变异系数分别为2.94、1.73、1.36和1.30；其中2013年632家受访中小平均专利申请量达到12.68件，东部258家、西部196家、中部89家、东北89家受访中小企业平均专利申请量分别为18.18件、8.30件、11.85件和7.24件，变异系数分别为2.36、1.74、1.36和1.32。

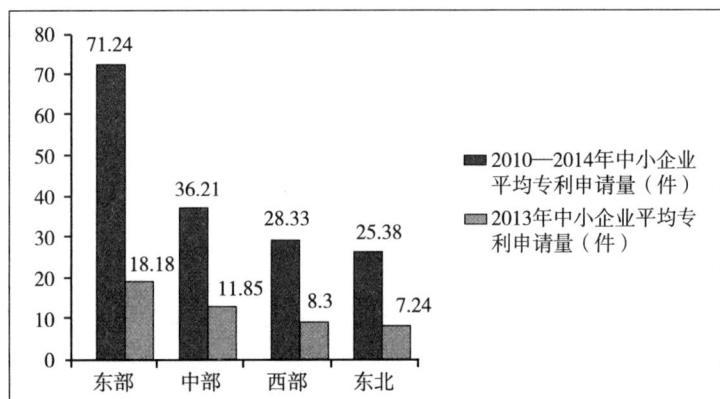

图5-3　2010—2014年中小企业平均专利申请量区域分布

数据来源：赛迪智库中小企业研究所。

（二）专利和发明专利授权量

中小企业获得专利授权数量较多，区域差异较大（如图5-4所示）。2010—2014年，632家受访中小企业户均获得专利授权32.21件，变异系数为2.82，其

53

中 2013 年户均获得专利授权 9.13 件，变异系数为 2.66。从整体看，无论是累计专利授权总量，还是户均获得专利授权数，都得到了稳定增长，但是较大的变异系数也显示了中小企业之间在获得专利授权数量上存在较大的差异。

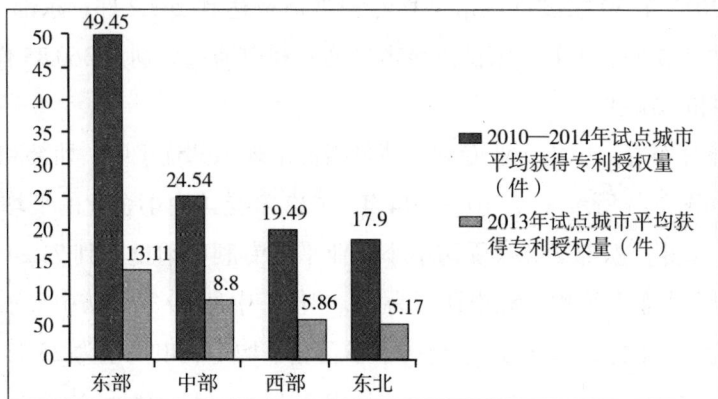

图5-4　2010—2014年中小企业平均发明专利授权量区域分布

数据来源：赛迪智库中小企业研究所。

　　从区域分布看，在获得专利和发明专利的授权数指标上，东部受访中小企业也显著优于中、西部和东北的中小企业，但东部中小企业间差距大于西、中部和东北。2010—2014 年，632 家受访中小企业的平均获得专利授权数量达到 32.21件，东部 258 家受访中小企业平均获得专利授权数量达到 49.45 件，西部 196 家受访中小企业平均获得专利授权数量为 19.49 件，中部 89 家受访中小企业平均获得专利授权数量为 24.54 件，东北 89 家受访中小企业平均获得专利授权数量为 17.90 件，变异系数分别为 2.71、2.01、1.43 和 1.44；其中 2013 年 632 家受访中小平均获得专利授权数量达到 9.13 件，东部 258 家、西部 196 家、中部 89 家、东北 89 家受访中小企业平均获得专利授权数量分别为 13.11 件、5.86 件、8.80件和 5.17 件，变异系数分别为 2.67、2.16、1.36 和 1.41。

　　2010—2014 年，632 家受访中小企业平均获得发明专利授权数量为 7.16 件，东部 258 家受访中小企业平均获得发明专利授权数量达到 10.83 件，西部 196 家受访中小企业平均获得发明专利授权数为 3.79 件，中部 89 家受访中小企业平均获得发明专利授权数量为 7.40 件，东北 89 家受访中小企业平均获得发明专利授权数量为 3.69 件；其中 2013 年 632 家受访中小企业平均获得发明专利授权数量达到 2.0 件，东部 258 家、西部 196 家、中部 89 家、东北 89 家受访中小企业平均获得发明专利授权数量分别为 2.80 件、0.96 件、2.89 件和 1.09 件，变异系数分别为 7.29、35.25、19.45 和 16.14。

（三）版权登记、注册商标和驰名商标

目前，中小企业拥有的版权登记、注册商标和驰名商标的数量稳定增长，但企业间差距大。632 家受访中小企业总计实现版权登记 4191 件、拥有注册商标 7430 件、驰名商标 115 件，户均分别达到 6.63 件、11.76 件和 0.18 件，变异系数分别为 4.79、4.07 和 4.06，中小企业之间的差距较大。从区域分布看，东部 258 家受访中小企业实现版权登记 1312 件、注册商标 2554 件和驰名商标 52 件，户均分别达到 5.09 件、9.09 件和 0.20 件，变异系数分别为 4.01、2.63 和 2.0；而西部 196 家、中部 89 家和东北 89 家则分布实现版权登记 1428 件、868 件和 583 件，户均分别达到 7.29 件、9.75 件和 6.55 件，变异系数分别为 4.64、5.77 和 2.69；拥有注册商标分别为 1947 件、2625 件和 304 件，户均分别达到 9.93 件、19.49 件和 3.42 件，变异系数分别为 3.40、3.63 和 2.21；获得驰名商标分别为 42 件、10 件和 11 件，户均分别达到 0.22 件、0.11 件和 0.12 件，变异系数分别为 5.41、2.91 和 2.75。从调查数据的统计结果看，在版权登记数指标上，东部中小企业逊于西部、东北和中部的中小企业，但东北中小企业之间的差距较小，而中、西和东部中小企业之间的差距较大。在注册商标数指标上，中部的中小企业明显优于西部、东部和东北的中小企业，但东北和东部中小企业间的分布较中西部中小企业间更加均衡。在驰名商标数指标上，东、中、西部和东北的中小企业差距不大，但西部中小企业之间分布极不均衡。

（四）单件知识产权投入

目前，中小企业获得单件知识产权的投入适中，但区域差异较大。632 家受访中小企业实现单件知识产权平均投入 60.83 万元，变异系数为 4.15。其中，东部 258 家受访中小企业单件知识产权平均投入 90.30 万元，变异系数为 4.22；西部 196 家受访中小企业单件知识产权平均投入 51.66 万元，变异系数为 1.99；中部 89 家受访中小企业单件知识产权平均投入 20.19 万元，变异系数为 2.10；东北 89 家受访中小企业单件知识产权投入 36.24 万元，变异系数为 1.36。从调查数据的统计结果看，东部受访中小企业获得单件知识产权的平均投入是中部中小企业的 4 倍以上、东北中小企业的近 3 倍、西部中小企业的近 2 倍；变异系数也

在中、西部和东北中小企业的 2 倍以上。这说明东部受访中小企业获得单件知识产权的平均投入远远超过中、西部和东北地区中小企业获得单件知识产权平均投入，东部地区中小企业之间获得单件知识产权平均投入差距也较中、西部和东北地区中小企业之间的差距大得多。

（五）研发或技术转移合作机构数

目前，中小企业研发或技术转移合作机构数较少，分布较为均衡。632 家受访中小企业共有研发或技术转移合作机构 1835 家，户均研发或技术转移合作机构达到 2.9 家，变异系数为 1.10，整体分布较为均衡。从区域分布看，东部 258 家中小企业共有研发后技术转移合作机构 795 家，户均研发或技术转移合作机构达到 3.08 家，变异系数为 1.02；西部 196 家中小企业共有研发或技术转移合作机构 567 家，户均研发或技术转移合作机构达到 2.89 家，变异系数为 1.19；中部 89 家中小企业共有研发或技术转移合作机构 245 家，户均研发或技术转移合作机构达到 2.75 家，变异系数为 1.22；东北部 89 家中小企业共有研发或技术转移合作机构 228 家，户均研发或技术转移合作机构达到 2.56 家，变异系数为 1.05。东、中、西部和东北中小企业的研发或技术转移合作机构数差别不大，区域分布较为均衡。

三、中小企业知识产权运用测评

632 家受访中小企业知识产权效益较为显著，知识产权实施率较高，知识产权贡献率较大。从整体看，632 家受访中小企业户均知识产权实施率达到 75.17%，户均知识产权产品贡献率超过 60.52%，中小企业知识产权运用能力整体水平较高。

（一）专利实施率普遍较高，但区域差距依然存在

632 家受访中小企业户均知识产权实施率达到 75.17%，整体形势大好，但是东部与中、西部和东北中小企业的专利实施率之间存在明显差距。东部 258 家受访中小企业的平均专利实施率达到 82.26% 的高点，而变异系数只有 0.374，说明东部中小企业之间专利实施率并没有显著的差异，整体较高且分布均匀。西部 196 家受访中小企业的平均专利实施率为 73.26% 的较高水平，变异系数也只有 0.473，说明西部中小企业之间专利实施率的差别不大，整体处于较高水平且分布均匀。东北 89 家受访中小企业的平均专利实施率为 73.28% 的次高点，变异系

数也只有 0.479，说明东北中小企业之间专利实施率也没有太大的差别，整体处于较高水平且分布均匀。中部 89 家受访中小企业的平均专利实施率为 60.70% 的较低位，变异系数也只有 0.626，说明中小企业之间专利实施率虽有待进一步提升，但分布的整体差异较小。

（二）中小企业专利产品贡献率较大，但区域分布不均

中小企业专利产品贡献率较大，整体形势较好，东部明显好于中、西部和东北地区。632 家受访中小企业户均专利产品贡献率达到 60.52%，其中东部 258 家受访中小企业平均专利产品贡献率达到 68.35%，而变异系数只有 0.45，说明东部中小企业专利产品贡献率整体较高，分布均匀。西部 196 家受访中小企业的平均专利产品贡献率为 56.12%，变异系数为 0.63，说明西部中小企业之间专利产品贡献率较东部小，分布也没有显著的差异。东北地区 89 家受访中小企业的平均专利产品贡献率为 60.88%，变异系数为 0.57，说明东北地区中小企业之间专利产品贡献率较东部也存在一定的差距，整体仍需进一步提升。中部 89 家受访中小企业的平均专利产品贡献率为 47.17%，变异系数为 0.68，说明中小企业之间专利产品贡献率整体需要进一步改进。

四、中小企业知识产权保护测评

中小企业知识产权保护整体较好，但保护意识仍有进一步提升的空间。632 家受访中小企业知识产权存续时间平均为 7.29 年，变异系数为 0.694；与企业外部发生知识产权纠纷户均 0.67 件，变异系数为 10.418；88.45% 的受访中小企业建立了知识产权管理制度；84.65% 的受访中小企业设立知识产权管理部门，专职知识产权管理人员户均达到 5.56 人，变异系数为 14.392；604 家受访中小企业建立了对研发人员的知识产权激励制度，占 95.57%；593 家受访中小企业建有技术保密制度，占 93.83%。

（一）中小企业知识产权存续时间平均较短，与外部发生知识产权纠纷案件较少

中小企业知识产权存续时间平均低于法律规定时限，较少与企业外部发生知识产权纠纷案件。632 家受访中小企业知识产权存续时间平均为 7.29 年，与企业外部发生知识产权纠纷户均 0.67 件，变异系数分别为 0.694 和 10.418。东北 89 家中小企业知识产权存续时间平均为 7.64 年，与企业外部发生知识产权纠纷户

均为 0.03 件，变异系数分别为 0.575 和 10.667；西部 196 家中小企业知识产权存续时间平均为 7.62 年，与企业外部发生知识产权纠纷户均为 1.06 件，变异系数分别为 0.715 和 9.472；中部 89 家中小企业知识产权存续时间平均为 6.54 年，与企业外部发生知识产权纠纷户均为 0.40 件，变异系数分别为 0.843 和 4.35。东部 258 家中小企业知识产权存续时间平均为 7.14 年，与企业外部发生知识产权纠纷户均为 0.69 件，变异系数分别为 0.674 和 9.377。从知识产权存续时间看，东部与中、西部和东北中小企业的差距并不明显，但是企业间的分布存在较大差异。从与企业外部发生知识产权纠纷案件数量看，东、西部与东北和中部中小企业之间存在明显的差距，东部中小企业与企业外部发生知识产权纠纷案件数量仅次于西部，但是显著高于中部和东北地区的中小企业，需要进一步加强知识产权保护意识，努力降低与企业外部发生知识产权纠纷案件的频率。

（二）知识产权管理制度、管理机构建设较为完善，管理人员较为充足

中小企业比较重视知识产权管理制度和管理机构建设，知识产权管理人员配置到位，中小企业知识产权保护的基础条件坚实。在 632 家受访中小企业中，559 家明确建立了企业知识产权管理制度，占 88.45%；535 家企业设立了专门的知识产权管理部门，占 84.65%，平均配置专职知识产权管理人员户均达到 5.56 人。东部 258 家中小企业中，有 246 家中小企业"建立了知识产权管理制度"，234 家"设立了专门知识产权管理部门"，分别占比 95.35% 和 90.70%，户均配置了 2.73 名专职的知识产权管理人员。中部 89 家中小企业中，有 68 家中小企业"建立了知识产权管理制度"，63 家"设立了专门的知识产权管理部门"，分别占比 76.40% 和 70.79%，户均配置了 2.58 名专职的知识产权管理人员。西部 196 家中小企业中，有 169 家中小企业"建立了知识产权管理制度"，161 家"设立了专门的知识产权管理部门"，分别占比 86.22% 和 82.14%，户均配置了 12.12 名专职的知识产权管理人员。东北 89 家中小企业中，有 76 家中小企业"建立了知识产权管理制度"，77 家"设立了专门的知识产权管理部门"，分别占比 85.39% 和 86.52%，户均配置了 2.28 名专职的知识产权管理人员。

（三）高度重视对研发人员的激励以及技术保密工作

中小企业普遍高度重视对研发人员激励制度及技术保密制度建设。在 632 家受访中小企业中，有 604 家受访中小企业建立了对研发人员的知识产权激励制度；593 家受访中小企业建有技术保密制度，占比分别为 95.57% 和 93.83%。东部 258 家中小企业中，有 253 家建立了对研发人员的激励制度、245 家设立了技术保密制度，分别占比 98.06% 和 94.96%，变异系数分别为 0.32 和 0.23。中部 89 家中小企业中，有 84 家建立了对研发人员的激励制度，81 家设立了技术保密制度，分别占比 94.44% 和 91.01%，变异系数分别为 0.24 和 0.32。西部 196 家中小企业中，有 186 家建立了对研发人员的激励制度，185 家设立了技术保密制度，分别占比 94.90% 和 94.39%，变异系数分别为 0.23 和 0.24。东北 89 家中小企业中，有 81 家建立了对研发人员的激励制度，82 家设立了技术保密制度，分别占比 91.01% 和 92.13%，变异系数分别为 0.32 和 0.29。从统计结果看，632 家中小企业从整体上都高度重视对科研人员激励制度和技术保密制度的建设，东、中、西和东北没有显著的差异，分布较为均匀。

五、中小企业享受知识产权优惠政策测评

中小企业知识产权优惠政策享受情况整体较好，东部明显优于中、西部和东北地区。632 家受访中小企业中，597 家明确表示当地政府对中小企业知识产权发展有扶持政策，355 家享受了高新技术企业所得税优惠政策，354 家享受了研发费用所得税加计扣除政策，分别占比 94.46%、56.17% 和 56.01%，变异系数分别为 0.24、0.89 和 0.89；2010 年—2014 年累计获得各级财政支持 14.54 亿元，户均获得各级财政支持 230.79 万元，其中 2013 年获得各级财政支持 6.48 亿元，户均获得各级财政支持 102.82 万元。从统计结果看，试点城市的政府对中小企业知识产权发展支持情况整体较好，超过半数以上的受访中小企业享受高新技术企业所得税优惠政策和研发费用所得税加计扣除政策，获得各级财政支持额度较大，对推动中小企业知识产权发展具有重要意义。

（一）试点城市普遍有中小企业知识产权发展扶持政策

试点城市在中小企业知识产权发展支持政策方面的认识高度一致，支持中小企业知识产权发展普遍成为各地方政府的重要施政内容。

632 家受访中小企业中，597 家明确表示当地政府对中小企业知识产权发展有扶持政策，占比达 94.46%，试点城市中小企业知识产权发展扶持政策建设卓有成效。东部 258 家受访企业中，248 家明确表示当地政府有中小企业知识产权发展扶持政策，占比达 96.12%，变异系数为 0.20。中部 89 家受访中小企业中，

83 家认为当地政府有中小企业知识产权发展扶持政策，占比达 93.26%，变异系数为 0.27。西部 196 家受访中小企业中，184 家认为当地政府有中小企业知识产权发展扶持政策，占比达 93.88%，变异系数为 0.26。东北 89 家受访中小企业中，82 家认为当地政府有中小企业知识产权发展扶持政策，占比达 92.13%，变异系数为 0.29。

（二）中小企业获得知识产权财政支持的规模整体可观

集聚区中小企业在知识产权方面获得各级财政支持的规模总体较大，但是企业之间有一定的差距。632 家受访中小企业 2010—2014 年在知识产权方面获得各级财政支持 14.54 亿元，户均获得 230.79 万元，变异系数为 9.87，其中 2013 年获得 6.4778 亿元，户均 102.82 万元，变异系数为 13.05。东部 258 家中小企业 2010—2014 年在知识产权方面获得各级财政支持 46045 万元，户均获得财政支持 178.47 万元，变异系数为 10.56，其中 2013 年获得 34150 万元，户均支持 132.36 万元，变异系数为 14.11；中部 89 家中小企业 2010—2014 年在知识产权方面获得各级财政支持 4284.8 万元，户均获得财政支持 48.14 万元，变异系数为 4.55，其中 2013 年获得 1985.7 万元，户均支持 22.31 万元，变异系数为 5.29；西部 196 家中小企业 2010—2014 年在知识产权方面大约获得各级财政支持 3.95 亿元，户均获得财政支持 203.55 万元，变异系数为 8.45，其中 2013 年获得 18740 万元，户均支持 96.60 万元，变异系数为 9.49；东北 89 家中小企业 2010—2014 年在知识产权方面获得各级财政支持 5.56 亿元，户均获得财政支持 624.51 万元，变异系数为 7.15，其中 2013 年获得 9902.3 万元，户均支持 111.26 万元，变异系数为 8.09。

（三）中小企业享受高新技术企业所得税优惠和研发费用所得税加计扣除政策的比例有待进一步提高

中小企业享受高新技术企业所得税优惠和研发费用所得税加计扣除政策的比例并不太高，尚有提升的空间，需要进一步加强政策的贯彻落实。632 家受访中小企业中，355 家享受了高新技术企业所得税优惠政策、354 家享受了研发费用所得税加计扣除政策，分别占比 56.17% 和 56.01%，变异系数同为 0.89。东部 258 家受访中小企业中，仅有 144 家享受高新技术企业所得税优惠政策、165 家享受了研发费用所得税加计扣除政策，分别占比 55.81% 和 63.95%，变异系数分别为 0.89 和 0.75；中部 89 家受访中小企业中，仅有 44 家享受高新技术企业所得税优惠政策、43 家享受了研发费用所得税加计扣除政策，分别占比 49.44% 和 48.31%，变异系数分别为 1.02 和 1.04；西部 196 家受访中小企业中，仅有 108 家享受高新技术企业所得税优惠政策、96 家享受了研发费用所得税加计扣除政策，分别占比 55.10% 和 48.98%，变异系数分别为 0.91 和 1.02；东北 89 家受访中小企业中，仅有 59 家享受高新技术企业所得税优惠政策、50 家享受了研发费用所得税加计扣除政策，分别占比 66.29% 和 56.18%，变异系数分别为 0.73 和 0.89。

第三节　中小企业知识产权发展测评发现的主要问题

一、区域差异大

试点城市知识产权发展水平区域差异较大，东部明显优于中、西部和东北地区。从知识产权投入情况看，东部和中、西部地区试点城市 2010—2014 年中小企业知识产权投入资金规模平均分别为 145.3 亿元、4199.8 万元和 3094.6 万元，其中 2014 年城均中小企业知识产权投入分别为 3512.2 万元、1348 万元和 643.7 万元，东部试点城市平均知识产权投入明显优于中西部地区试点城市。从知识产权产出看，东、中、西部和东北地区试点城市 2010—2014 年累计专利申请平均分别达到 10.0683 万件、1.564 万件、1.741 万件和 1.4475 万件，其中 2013 年城均申请专利分别为 3.1949 万件、4165 件、6506 件和 4180 件；东、中、西部和东北地区试点城市 2010—2014 年获得专利申请授权分别为 6.2534 万件、1.0398 万件、1.1376 万件和 9256 件，其中 2013 年城均获得申请专利授权 1.8135 万件、1.4716 万件、2730 件和 2468 件；东部试点城市知识产权产出水平整体表现好于中西部和东北地区的试点城市。此外，在知识产权服务机构数量、从业人数等指标上，东部试点城市从整体上对中西部和东北地区试点城市也具有显著的优势。由此可见，东、中、西部和东北试点城市知识产权产权发展水平整体差异较大，中西部和东北地区试点城市要进一步加大对中小企业知识产权发展的支持力度。

二、中小企业知识产权专项资金较难实施

设立中小企业知识产权专项资金较建立统计制度、配套政策和服务平台更难以实施。32 家试点城市中，29 家建有中小企业知识产权配套政策、24 家设立了

中小企业知识产权专项资金、25 家建立了中小企业知识产权统计制度、29 家建立了市级以上中小企业知识产权服务平台，分别占比 90.625%、75%、78.125% 和 90.625%。从统计结果看，试点城市更青睐构建中小企业知识产权配套政策、建立市级以上中小企业知识产权服务平台，而设立中小企业知识产权专项资金尚需要进一步推进。

三、集聚区研发投入规模的区域差异大

不同区域集聚区研发投入规模差异大，中西部地区知识产权成果转化效果相对不佳。从研发投入情况看，东、中、西部和东北地区集聚区平均研发投入分别为 14.01 亿元、42.67 亿元、4 亿元和 27.88 亿元，西部集聚区平均表现最差，东部各集聚区研发投入规模也相对较小。从企业知识产权收入占总收入比重情况看，东、中、西部和东北各集聚区企业的知识产权产品收入占比分别为 57.77%、38.76%、38.28% 和 53.66%。可见，中部和西部集聚区在知识产权转化效果上明显落后于东部发达城市。

四、政策支持力度小

集聚区获得政策支持力度较小，中小企业享受税收优惠政策覆盖率较低。推进工程实施以来，集聚区内获得政策支持的企业占企业总量的比例仍然较低。目前，集聚区内享受高新技术企业所得税优惠政策的中小企业仅占企业总量的 5.27%，享受加计扣除政策的企业仅占企业总量的 4.67%。东北各集聚区内享受税收优惠政策和加计扣除政策的企业比例最低仅为 1.73% 和 1.4%。东部发达地区各集聚区享受两类政策的企业比例分别为仅为 4.56% 和 4.37%。政策覆盖面仍然过窄，政策执行力度亟待加强。

五、服务低端化

据调查，各中小企业知识产权服务机构平均固定资产为 358 万元，仅有 13 家服务机构的固定资产在平均水平以上，多数服务机构固定资产仅为几万到十几万。表明中小企业知识产权服务机构一般规模较小，所能提供的服务多为代理申请类服务，难以承担对固定资产规模要求较高的服务。同时，服务机构的专业水平不高，高素质专业人员缺乏。如在专利信息收录、翻译等具有很强专业技术性的环节上，服务机构能力明显不足，难以充分满足相关企业的特定需求。

六、优惠政策少，扶持力度弱

扶持服务机构的优惠政策较少，力度亟需加大。从政策覆盖情况看，各地虽然大都出台了扶持服务机构的政策，但仍有相当比例的机构表示不清楚有类似政策或不了解政策内容，这表明在政策执行和宣传力度上仍显不足。据调查，仅阳泉、包头等 11 个城市的服务机构全部表示当地有扶持政策，仅占 32 个试点城市的 34.4%。而洛阳和西宁上报的服务机构则全部表示当地没有扶持政策。从政策力度上看，各地对服务机构的资金支持规模较小，力度不够。如东部地区获得资金扶持的机构最多，但 2013 年每家机构平均获得资金额度仅为 12.4 万元。中、西部和东北地区分别为 9.3 万元、11.9 万元和 9.7 万元。

七、知识产权运用水平区域差异较大

中小企业知识产权运用水平区域差异较大，中部地区中小企业需要进一步提升知识产权运用水平。部分企业满足于获得专利证书，没有从战略上认识知识产权工作，缺乏专利运营意识，在专利分析、专利预警、专利保护、专利融资等方面处于低端水平。632 家受访中小企业户均知识产权实施率达到 75.17%，其中东部与中、西部和东北分别为 82.26%、60.70%、73.26% 和 73.28%，东、中西部和东北中小企业知识产权运用水平存在明显差异，中部地区中小企业需要进一步加大提升知识产权运用水平。东部地区中小企业专利产品贡献率达到 60.52%，明显好于中、西部和东北地区的 68.35%、56.12% 和 60.88%。

八、知识保护能力尚需进一步加强

由于知识产权保护投资大、回报周期长，许多企业不愿在知识产权上多投入。许多中小企业尤其缺乏对知识产权国际规则的及时、全面地了解和掌握，导致其参与国际市场竞争中常常处于知识产权劣势和不利地位。据统计，88.45% 的受访中小企业建立了知识产权管理制度，84.65% 的受访中小企业设立了知识产权管理部门，专职知识产权管理人员户均 5.56 人，中小企业知识产权保护能力需要进一步加强。

第四节　提升中小企业知识产权发展质量的政策建议

一、不断优化中小企业知识产权制度环境

一是进一步改革完善我国知识产权管理制度，尤其是中小企业知识产权管理制度。建立健全中小企业知识产权内部管理机制，包括人才奖励制度、保密制度、成果归档制度、市场跟踪制度、劳动合同制度等，不断完善对科技人员流动中知识产权的保护与管理机制，促进技术合同管理制度不断完善，切实保障中小企业在转让技术成果、科技人才流动过程中获得相应收益，全面营造知识产权保护环境。二是完善知识产权领域专业人才培养制度。建议设立更加专业的高级专利工程师，纳入国家专业技术职称体系，完善专业人才培养制度。三是建立有效的中小企业知识产权保护制度。加大对知识产权外部执法的监督力度，不断提高执法人员的综合素质，消除地方保护主义，发挥舆论监督作用。四是建立国家级和省级"知识产权优势中小企业"的常规性评比表彰制度，定期评选出知识产权优势中小企业并给予资质认定，对企业重视知识产权发展给予正向激励。

二、加大中小企业知识产权政策扶持力度

一是针对中小企业知识产权管理和保护中存在的成本高、时间长、环节多、专业人员力量不足等问题，出台更有针对性和更具操作性的中小企业知识产权工作指导意见，进一步明确和落实财政税收配套措施，鼓励地方主管部门因地制宜，采取有力措施，帮助中小企业提升管理和保护知识产权的水平。二是加大战略性新兴产业、现代服务业、先进制造业、传统产业升级等领域的支持力度，引导中小企业增强自主创新实力，细化支持措施，强化政策执行，确保政策落到实处。三是加大对中小企业知识产权的财政资金支持力度，推动设立国家层面的中小企业知识产权专项资金，支持中小企业提升创造、运用、管理和保护知识产权的能力。加大对拥有自主知识产权的初创期小微企业研发资金支持，引导政府性天使基金、风险投资、创业投资基金等，加大对中小企业的支持力度。四是对中小企业知识产权保申请、保有、质押融资、维权费用等活动给予补贴，顺畅企业资金流动，解决企业资金困难，提高知识产权成果转化率。

三、进一步加强中小企业知识产权服务体系建设

一是大力加强中小企业知识产权服务队伍建设。建立健全中小企业知识产权服务机构绩效评估制度，鼓励和引导社会化服务机构为中小企业提供专业、系统和高质量的知识产权服务。对中小企业知识产权服务机构服务数量、服务质量、专业程度、服务内容进行及时的绩效评估。对为中小企业知识产权提供的专业服务，服务质量好、专业水平高的服务机构，用政府委托任务，购买服务的方式给予一定奖励和服务补助。二是不断提升知识产权服务水平。加强专利数据库、检验检测实验室、专家数据库等的建设，集聚社会服务力量，为中小企业提供专业服务，降低中小企业获得服务的成本，提高服务水平。三是改善知识产权托管机构服务质量。考虑产业集群特点和区域经济发展状况，在托管机构之间建立竞争机制，大力提升托管机构的服务质量。

四、完善中小企业知识产权质押融资

借鉴国外经验，健全中小企业知识产权质押融资渠道，缓解企业在研发阶段的资金压力，有效保护知识产权相关权益。日本主要借助政策性金融机构、产业扶持发展基金和信托保障协会等支持中小企业知识产权融资，促进中小企业知识产权质量提升。从1995年开始，日本开发银行对"年销售收入在20亿—30亿日元，从业人员达到100人左右的企业和技术倾向性较高的企业"（高成长性中小企业）提供知识产权质押贷款服务，有效地推动了高成长性中小企业知识产权发展。为加强知识产权评估和贷后管理工作、有效降低知识产权融资风险，日本开发银行与美国高登兄弟集团合作建立高登兄弟日本公司，专职负责相关担保资产的评估和管理工作，包括评估和筛选知识产权质押贷款业务中的出质知识产权标的，以及贷后知识产权管理工作等。[1]知识产权质押融资有效缓解了中小企业的融资压力，提高了知识产权价值的流动性，有效促进了创新型企业发展。为此，我国可借鉴成功经验，完善知识产权质押融资相关法规政策，引导金融机构和社会化服务机构为中小企业提供知识产权质押融资服务，创新融资方式，积极拓宽融资渠道，大力缓解中小企业保护、维持和管理知识产权的资金压力。

---

[1] 冯晓青：《国家知识产权战略视野下我国企业知识产权战略实施研究》，《湖南大学学报(社会科学版)》2010年第1期。

五、加强中小企业知识产权风险预警机制建设

完善中小企业知识产权风险预警机制是提升中小企业知识产权管理和保护水平的重要手段，也是推动中小企业知识产权工作有序开展的重要内容。建立健全中小企业知识产权预警机制，需要政府、协会和企业共同努力。政府负责预警战略的制定和预警技术体系的构建，同时制定和实施必要的法规等。行业协会负责建立本行业的知识产权预警机制，为企业在相关信息交流方面提供极大便利，在企业遭受知识产权侵权风险时提供保护和支持。中小企业要根据自身情况，依托产业链、产品、区域等关联性，建立互助式知识产权风险预警机制。

一是要建立知识产权信息情报收集机制。围绕国家重点领域，充分利用国内信息情报力量，全面、及时、准确地收集信息。二是完善知识产权信息分析处理机制。通过全面而严密的知识产权信息分析，对企业可能遭遇的专利障碍、技术壁垒提出预警。三是发挥地方政府的积极作用，依据试点先行、示范带动的原则，依托地方支柱产业、特色产业建立健全地方知识产权预警公共服务平台和预警机制，不断完善多层次知识产权预警体系。四是加强知识产权风险预警服务体系建设。扶持和发展专业化、高水平的中小企业知识产权中介服务机构。进一步完善知识产权服务体系构架，提高知识产权服务深度。加大财政资金向中小企业知识产权服务方面的倾斜力度，通过设立基金、服务补助、项目补贴等方式，支持服务机构完善服务项目，增强服务功能。

六、加大培训和宣传，提高中小企业知识产权意识

一是要进一步加大中小企业知识产权保护的宣传力度。针对中小企业知识产权意识不强、专业知识缺乏和存在恶意侵权等现象，进一步加强宣传，使中小企业了解知识产权的重要性和专业性，提高对管理和保护知识产权的重视程度，营造有效保护知识产权的良好社会舆论氛围。二是加大中小企业知识产权的专项培训力度。为中小企业提供专利申请、知识产权诉讼、知识产权许可经营、海外申请和维权等多方面的培训和交流，提高中小企业知识产权管理人员的知识产权水平和专业素养，帮助中小企业建立健全知识产权管理制度体系。

第六章　中小企业公共服务平台网络研究

中小企业公共服务平台网络建设是"十二五"期间推进中小企业服务体系建设的重要工作。当前，建设和发挥中小企业公共服务平台网络的主导作用，提高平台网络的辐射带动作用，已经成为深化推进中小企业服务体系建设的核心任务。2011 年以来，工信部会同财政部分三年批复了 30 个省（自治区、直辖市）和 5 个计划单列市（以下简称省市）的平台网络建设方案，计划总投资合计 54.21 亿元，截至 2014 年三季度，35 个省市已完成投资 42 亿元，占总投资的 77.55%。[1] 然而，在全国平台网络建设工作取得积极进展的同时，各地区中小企业公共服务平台网络建设存在建设运营相对独立，资源整合有待提升等问题，因此，推动各省（区、市）中小企业公共服务平台网络互联互通，促使全国中小企业服务资源在更大平台上实现资源整合与共享，已经成为当前平台网络工作的重要内容。

第一节　中小企业公共服务平台网络概念与特征

一、平台网络主要特征

（一）基本概念

中小企业公共服务平台网络是一个集聚公共服务资源的平台，是一个互联互通、服务协同的服务平台，其中既包括政府部门的资源、公益性服务机构的资源，也包括专业性服务机构的资源。中小企业公共服务平台网络建设不局限于网站建

---

[1]　工业和信息化部中小企业司副司长在中小企业公共服务平台网络建设工作座谈会上的讲话，2014年11月20日。

设，平台网络建设是要把各种中小企业服务资源积聚起来，建成一个省平台和窗口平台互联互通的服务网，为中小企业提供全面共享的优质服务。

（二）发展目标

2011年9月，工业和信息化部发布了《"十二五"中小企业成长规划》，明确提出到"十二五"末，80%以上的省（自治区、直辖市、计划单列市）基本形成信息畅通、功能完善、服务协同、资源共享、供需对接便捷的中小企业公共服务平台网络。到2015年末，要形成以中小企业服务机构为核心，以行业协会（商会）和专业服务机构等为依托，各层级服务机构纵向贯通、横向协同、各类服务资源开放共享的中小企业服务体系。

"十二五"期间，中小企业公共服务平台网络建设总体目标是，以省级公共服务平台为枢纽，以主要城市和重点产业集群公共服务平台为"窗口"，通过互联互通、资源共享、功能互补、服务协同，形成信息畅通，供需对接便捷，具有较强社会影响力的平台网络。

（三）运行要求

各省级中小企业主管部门负责服务平台网络建设，各级中小企业主管部门通过业务指导、政策引导、资源统筹、任务委托、规范管理和运营监督，推动服务平台网络高效运转与服务协同。服务平台网络要有统一的服务规范，实行服务标准、服务流程、服务功能、服务收费和服务办理时限"五公开"，建立健全服务质量、服务客户回访、服务评价等管理制度，培育服务品牌。各服务平台通过有效运用共享资源，完善服务功能，提供有市场需求的优质服务，实现自身可持续发展。

省级服务平台负责服务平台网络系统建设与运营维护，提出"窗口"服务平台资源组织与互联互通的技术要求；通过协议联合、招标、提供服务项目机会等形式，组织带动优质服务资源和优质服务项目，实现资源共享与功能互补；通过技术指导和培训服务，对经核定达到技术要求并签订联合服务协议的"窗口"服务平台，实施互联互通。"窗口"服务平台负责收集服务需求，组织开展直接服务；提供及时、规范、标准化的咨询服务。

二、平台网络服务领域

中小企业服务平台体系建设的基本框架是：构建信息服务、投融资服务、创业服务、人才培训服务、技术创新和质量服务服务、管理咨询服务、市场开拓服务、政策法律服务等八个平台服务子体系，每个子体系都有若干核心服务机构支撑。由核心服务机构发起，联合社会中介机构组建服务联盟，形成服务网络。

（一）信息服务平台

信息服务平台主要负责在网上发布与中小企业密切相关的政策法规和行业发展动态，为中小企业提供市场信息，建立并完善中小企业技术成果转让库、人才库等各类信息库。同时，与专业市场功能改造相结合，为中小企业提供技术、项目信息，以及为企业提供产品交易的平台，在政府、企业和服务机构间搭建一个信息有效沟通的桥梁。

（二）投融资服务平台

投融资服务平台主要负责帮助中小企业解决融资难题。发展融资信用担保、会计、律师等中介机构，为有条件的企业提供融资咨询和辅导服务，帮助中小企业提高融资能力。包括完善中小企业信用担保体系，引导社会资本进入，构建政策性担保机构、商业性担保机构、互助性担保机构和再担保机构互为补充的中小企业担保体系等内容。

（三）创业服务平台

创业服务平台通过组建创业培训师资和咨询队伍，为创业企业提供大规模、分层次的培训，旨在提升创业人员的整体素质。尤其为初创期企业提供策划咨询、手续代理、税务、运输、就业、社保等方面的政策咨询和服务。同时不断丰富创业项目库，为创业者储备良好的创业项目。

（四）人才培训服务平台

人才培训服务平台通过整合培训资源，充分利用大专院校、技工学校和专业培训机构的人力资源优势，通过基地的带动和辐射作用，构建中小企业培训网络。建立和完善在线培训课程库，结合中小企业工作实际，推广远程教育、网络教育等信息化培训手段，提高中小企业整体素质和核心竞争力。

（五）技术创新和质量服务平台

技术创新和质量服务平台以提高中小企业整体技术水平和自主创新能力为目标，主要为中小企业提供设备检测、研究开发和试制等服务，通过整合科研院所、大专院校等机构的研究资源，积极推动企业与研究机构合作，促进科技成果尽快转化为生产力，通过开展技术指导，帮助企业提高技术水平。

（六）管理咨询服务平台

管理咨询服务平台主要为中小企业提供组织设计、制度建设、财务分析、统计技术等方面的咨询服务，通过整合社会管理咨询机构的服务资源，为中小企业管理水平和管理效率的提升提供服务。

（七）市场开拓服务平台

市场开拓服务平台主要为企业提供参加展销会、产品交易会、供求洽谈会等商务活动的机会，旨在帮助企业扩大销售渠道，完善品牌推广，指导企业参加政府采购投标等活动。

（八）政策法律服务平台

政策法律服务平台主要为中小企业提供政策法律咨询和法律援助等服务。通过建立网上法律咨询平台以及咨询服务热线，广泛提升中小企业的法律意识和法律知识储备。

三、平台建设主要模式

根据主体的不同，逐渐形成四种中小企业公共服务平台。每种类型的平台各具特点，呈现出相互补充、共同发展的态势。

（一）政府主导型

主要由政府支持兴建和运营维护，由财政资金投入，平台具有体现政府意图、与各级政府联系紧密，资金来源有保障，运行状况稳定，规模和实力较强，技术水准较高的特点。但是这类平台资金来源单一，主要依赖政府大量投资，同时管理体制不够灵活。其典型代表有工信部所属国家软件与集成电路公共服务平台（CSIP）和上海市政府成立的扶植国产自主软件的 CAE 技术公共服务平台等。

（二）产业园区主导型

主要依托产业园区，由园区管理机构倡导、建设和运营管理，主要为园区内相关中小企业服务，平台具有符合园区发展规划要求、贴近园区企业实际需求、便于企业得到服务、财政投资相对较低的特点，但平台服务对象一般局限性于本园区，并且各地方园区的平台建设水平参差不齐。其典型代表有苏州软件园公共技术服务平台、苏州集成电路产业园技术服务平台等。

（三）共建共享型

由政府部门、中介服务机构和企业等多方共同发起组建、运营、维护的平台，平台具有公益性、实用性较强、共建各方联系紧密、资源共享、优势互补的特点，但是平台往往需要较大投入，运营维护成本高，管理能力要求高。其典型代表有长沙国家生物产业基地实验动物公共服务平台、南京软件公共技术服务平台等。

（四）企业自建型

由企业根据市场需求而自筹资金、自发建设的平台，平台具有市场嗅觉敏锐，运作效率较高的特点，但是平台的服务性和共享性、公正性不足，也受限于创建企业自身的规模和实力。其典型代表有微软中国技术中心和长沙国家生物产业基地内的生物合成和天然产物药物工程研究中心等。

第二节　中小企业公共服务平台网络发展现状

一、平台网络政策环境不断完善

我国政府已把建立和发展中小企业公共服务平台作为国家战略，并视其为重要的战略性资源投入、国家自主创新战略和提高国家竞争力的重要内容。2006年，《中长期科学和技术发展规划纲要（2006—2020年）》中明确提出要加强科技创新服务平台建设。2010年工业和信息化部等7部门联合印发《关于促进中小企业公共服务平台建设的指导意见》，这是国家首次以"专门文件"阐述中小企业公共服务平台建设的重大意义，并界定了其内涵，提出了其建设的原则和目标以及保障措施等内容。

2011年工业和信息化部等五部委联合下发了《关于加快推进中小企业服务体系建设的指导意见》（工信部联企业〔2011〕575号），从指导思想、基本原则及建设目标、加快服务平台建设等六个方面提出了加快推进中小企业服务体系建设的具体意见，以进一步完善中小企业公共服务平台建设，促进中小企业服务体系的有效发展。

2012年国家提出支持建立和完善800家中小企业公共服务平台，认定第二批200家国家中小企业公共服务示范平台，将中小企业公共服务平台建设和示范平台认定与产业基地公共服务能力提升工程有机衔接，大力推动中小企业发展壮大。2012年4月，国务院下发《关于进一步支持小型微型企业健康发展的意见》（国发〔2012〕14号）文件提出，要大力推进服务体系建设，支持建立和完善公共服务平台，实施中小企业公共服务平台网络建设。至此，我国中小企业公共服务平台网络相关政策体系已基本完善，具体见下表：

表 6-1　国家中小企业公共服务平台相关政策

发布时间	法律法规	发布单位
2004	《中央补助地方中小企业平台式服务体系建设专项资金使用管理办法》（财建〔2004〕317号）	财政部
2006	《国家中长期科学和技术发展规划纲要（2006—2020年）》	国务院
2009	《国务院关于发挥科技支撑作用促进经济平稳较快发展的意见》（国科发高〔2009〕379号）	科技部
2009	《国家技术创新工程总体实施方案》（国科发政〔2009〕269号）	科技部
2010	《关于促进中小企业公共服务平台建设的指导意见》（工信部联企业〔2010〕175号）	工信部
2010	《国家中小企业公共服务示范平台管理暂行办法》（工信部企业〔2010〕240号）	工信部
2011	《"十二五"中小企业成长规划》	工信部
2011	《国家中小企业公共服务示范平台（技术类）进口科技开发用品免征进口税收的暂行规定》（财关税〔2011〕71号）	财政部
2011	《关于加快推进中小企业服务体系建设的指导意见》（工信部联企业〔2011〕575号）	工信部
2011	《首批"国家中小企业公共服务示范平台"名单的通告》（工信部企业〔2011〕127号）	工信部
2011	《关于印发2011年中小企业服务体系发展专项资金项目申报指南的通知》（工信厅联企业〔2011〕82号）	工信部
2011	《关于建立首批中小企业公共服务平台网络建设项目协调制度的通知》（工信厅企业函〔2011〕846号）	工信部
2012	《关于印发2012年中小企业服务体系发展专项资金项目申报指南的通知》（工信厅联企业〔2012〕18号）	工信部
2012	《关于印发《国家中小企业公共服务示范平台认定的管理办法》的通知》（工信部企业〔2012〕197号）	工信部
2012	《工业和信息化部关于印发中小企业服务年活动方案的通知》（工信部企业〔2012〕121号）	工信部

（续表）

发布时间	法律法规	发布单位
2012	《关于推荐第二批国家中小企业公共服务示范平台的通知》（工信厅企业函〔2012〕427号）	工信部
2012	《关于印发中小企业服务年活动方案的通知》（工信部企业〔2012〕121号）	工信部
2012	《关于建立首批中小企业公共服务平台网络建设项目协调制度的通知》（工信厅〔2012〕846号）	工信部
2012	《国务院关于进一步支持小型微型企业健康发展的意见》（国发〔2012〕14号）	国务院

在国家政策不断完善的背景下，地方政府也不断出台具体的管理条例，中小企业公共服务平台网络相关的政策体系不断完善。如辽宁省要求有立法权的地市出条例，没有立法权的出办法；广东省对平台采用统一服务标准、统一运营模式、统一数据库建设的办法进行管理等。

二、平台网络主体要素基本完成

我国目前已建立了具有广泛服务对象的中小企业公共服务平台，涉及国民经济30个以上的行业，包括纺织、设备制造、食品加工、金属制品、电气制造、农副产品加工、电子信息制造等。我国中小企业公共服务平台的服务范围日趋多样化，已推广至企业产品检验检测、技术质量培训、新产品（新技术、新工艺）开发、技术信息等领域。目前，公共服务平台的服务范围已从最初以研发、设计、试验、生产加工、产品检测等技术服务为主逐步转向与信息、咨询、培训、管理提升、市场开拓等综合服务有机结合，为中小企业提供全程服务。

目前各省、区、市基本都已建立了省级中小企业公共服务总平台和多个窗口平台，平台能够连接大量的服务机构。平台主要以基础和应用两大类为主，通过成立相应的视频、应用、呼叫三大中心，初步完成系统门户架构设计，中小企业公共服务平台网络的主体要素已经基本建设完成。如湖北省第一期10个窗口有8个已建成实体，重庆市已投资完成60%的基础设施建设。2011年2月、2012年11月、2013年10月、2014年11月工信部分别公示确认了首批99家、第二批208家、第三批105家、第四批99家国家中小企业公共服务示范平台名单，这些示范平台代表着我国现有中小企业公共服务平台体系中"国家队"的水平。

三、平台网络资源整合取得一定进展

2011 年以来，工信部会同财政部分三年批复了 30 个省（自治区、直辖市）和 5 个计划单列市（以下简称省市）的平台网络建设方案，计划总投资合计 54.21 亿元，截至 2014 年三季度，35 个省市已完成投资 42 亿元，占总投资的 77.55%，从中央财政已拨付的 12 亿元资金使用情况看，共使用资金 7.36 亿元，占拨付额的 61.33%。[1] 在财政部门的大力支持下，在各级中小企业主管部门的共同努力下，平台网络建设工作取得了积极的进展。从首批开展平台网络建设的 10 个省市来看，在支持建设的 243 个窗口平台中，集聚了 3600 多家服务机构。已有 211 个平台开展了各类服务，服务企业 44 万家，122 万人次。为缓解当前中小企业特别是小型微型企业的生产经营困难、开拓市场、推动企业转型升级发挥了积极作用。

目前各省份普遍以省级服务平台为中心，连接现有社会中介服务机构资源、技术中心、专业咨询管理机构，在资源整合上取得了一定进展。如江苏省平台实现了科技厅孵化器、生产力促进中心、工业园区的创业服务中心、留学生创业园、质检检验中心等服务资源的互联互通。另一方面，各地在平台建设过程中充分与行业协会合作，按行业划分打造行业技术平台，并充分发挥各地高校等研究机构在特定领域的专业优势。如上海市与法官协会合作，聘请退休法官为专家，鼓励开展针对小微企业的志愿者服务，政府为活动提供资金；辽宁省为打造服务平台基础，与省教育厅 4 所大学建立中小企业技术服务中心，及时公布新的技术进展。

四、平台服务模式和内容不断创新

目前中小企业公共服务平台尚没有统一的运营模式，各省结合本地具体情况正在探索适合本地的运营模式，主要有以下两类：

一是建立一般性的公共服务平台，分为核心层、紧密层、松散层，其中核心层是与省级平台建设密切相关的单位，紧密层是主要的服务机构，松散层是一些相关的社会组织。如吉林省以省级平台加 27 个单位作为服务平台网络的核心层，以 200 家服务机构作为平台建设的紧密层，以 300 家社会组织作为平台连接的松散层，通过有效连接众多中小企业服务机构的服务资源来实现服务平台网络的资

---

[1] 工业和信息化部中小企业司副司长在中小企业公共服务平台网络建设工作座谈会上的讲话，2014年11月20日。

源整合。

二是建立专业性的服务平台，主要以提供特色服务为主，平台的重点向地方主导产业优势产业倾斜、向核心企业中心倾斜，如江西省萍乡电子产业服务平台和景德镇陶瓷产业服务平台，黑龙江产业集群平台主要依托科研院所，其建立的焊接平台、仪表平台在国内处于领先地位。

三是服务内容和服务方式不断丰富。公共服务平台的服务内容随着平台建设的不断完善也日益丰富，不仅包括一般性的信息服务，其提供的专业技术支撑服务所占比例也在不断上升。同时，随着服务平台不断成熟，专业性的服务开始进行适当收费，由最初的纯公益性向弱盈利性发展过渡，并呈现出以市场机制运行的发展趋势。

五、平台网络建设存在的主要问题

（一）资源整合进展有待提速

从第一批中小企业公共服务平台建设情况来看，平台在整合资源、实现互联互通方面进展较为缓慢。究其原因主要有以下几方面：一是对协调服务的认识仍不充分，平台建设的基础差，起步晚，目前主要处于建设的初级阶段，资源整合多数处于协调阶段，而且对整合的模式、方法认识尚不清晰。二是缺乏统一的平台服务绩效考核制度，缺乏有效的奖惩激励措施，导致平台建设进展仍然相对缓慢。三是平台人才相对缺乏。尤其对于属于事业单位的服务平台，受制于事业单位分类改革编制冻结，引入人才很难，导致平台的专业人才不足。

（二）平台建设亟待规范

一是平台网络建设项目前期准备不够充分，方案分解和细化不够深入，阶段性建设目标不甚明确，只注重了建设的内容和目标，而忽略了通过互联互通、共享资源实现这些目标的方式。二是公共服务平台建设初期各窗口平台方案编制的盲目性较大，没有一个统一明确的标准，如"窗口"平台对平台网络建设的认识不到位，只停留在"互联网联通""呼叫联通"的层面，没有向平台网络提出共享资源的需求，预期效果的实现方式不明确。三是平台的运营管理制度跟不上平台建设的步伐，搭建平台相对容易，平台建成后的运行直接面临满足需求和成本控制的冲突，管理运营亟需规范。

（三）服务功能有待提高

近年来各级政府比较重视平台的建设，逐渐增加了对平台的财政支持力度，但是由于缺乏客观、有效的中小企业公共服务平台的绩效评估机制，导致产生"重投入、轻产出、重立项、轻服务"的现象。部分平台机构热衷于"跑政府、要项目"，而不是紧紧盯住市场变化趋势，努力满足中小企业需求，扎实提高服务水平。

具体来说，服务平台在以下四个方面仍存在不足：一是当前服务平台仍存在服务信息渠道不畅，服务资源辐射带动性不强，缺乏协同机制等问题，中小企业存在"找不着"服务的问题；二是平台服务能力较弱，服务基础设施不完善，服务环境有待改善，服务机构呈现"小、散、弱"现象，企业存在"不敢用"平台服务的问题；三是平台服务功能较少，服务领域不丰富，个性化、特色化、专业化服务不足，企业反映平台服务"不好用"的问题；四是平台服务机制不完善，服务质量管理有待进一步加强，平台存在对中小企业的服务还不能够做到"有保证"的问题。

（四）资金投入普遍不足

由于公共服务平台的公益性特征，其社会效益大于经济效益，创收盈利能力不强。而且平台建设初期往往需要较大的投资额度，购置必要的大型昂贵的技术装备，也需要较高的运营维护成本。相对于政府主导型平台和园区主导型平台，企业自建型和共建共享型平台则更缺乏稳定的资金投入保障，受市场波动因素影响较大。由于缺乏后续投入等因素，制约了平台建设的可持续发展能力，技术改造升级和功能完善进程缺乏保障，发展后劲不足。另一方面，平台对国家公共财政资金使用程序不熟悉，资金拨付速度较慢，与平台网络建设进度不协调。

第三节　国外公共服务平台的成功经验及启示

中小企业公共服务平台是一国政府支持和促进中小企业发展的重要手段，从国外的实践经验来看，建立一批运作规范、服务能力强的公共服务平台，是促进中小企业发展的有力支撑和重要保障。美国、欧盟等经济发达国家和地区，巴西、印度等"金砖"国家都为支持本国中小企业设立了相应的服务机构和组织，尽管名称和组织形式不尽相同，但是扮演的角色、提供的服务内容多有相似之处，既包括为中小企业提供某一领域专业服务的专业性服务平台，也包括提供一揽子服务的综合性服务平台。通过研究国外比较成功和具有特色的中小企业公共服务平台的成功经验，可以为完善我国的中小企业公共服务平台和构建层次化的中小企业社会化服务体系提供重要借鉴。

一、美国

（一）组织形式

美国已经形成层次化的服务中小企业的社会化组织体系，美国小企业管理局（SBA）和小企业投资公司、小企业发展中心、美国出口援助中心、美国小企业信息中心、退休经理服务团和在职经理服务团、妇女商业中心等社会性的机构，共同为小企业搭建了创业、管理、投资、出口、培训等各种服务平台，为小企业的健康发展发挥了重要的推动和保障作用。SBA 一方面通过官方网站为中小企业提供系统而细致的在线信息和服务，对处于从筹备到关闭各阶段的小企业可能面临的各种问题提供完备的信息，并提供部分在线专业服务（包括创新项目支持、贷款担保、政府采购、培训项目等);另一方面充分发挥各种社会资源的作用，包括退休经理、中介服务组织、大学及科研机构等，并与其合作推出针对中小企业的服务项目。例如 SBA 管理的小企业发展中心（SBDCs）目前已形成庞大的全国性网络，共有 57 个州中心和 950 个分中心。每个州有一个牵头组织，负责为 SBDCs 提供赞助和管理该计划，协调为小企业提供项目服务。

（二）服务内容及特色

美国的中小企业服务平台形式多样，服务内容丰富，以美国小企业管理局（SBA）管理的小企业发展中心（SBDCs）为例，SBDCs 为个人和小企业提供一站式帮助，服务内容包括金融、市场营销、生产、组织、工程和技术问题以及可行性研究。SBDCs 也使用付费顾问、咨询工程师以及来自私营部门的检测实验室，以帮助客户提供需要的专门知识。通过高等院校、商业联合会、行业协会等组织，为小企业管理提供各方面培训和技术辅导，通过讲座、讨论会和配发出版物的形式为企业提供更多的资讯。SBDCs 的其他特色方案和活动还包括国际贸易援助、技术援助、采购协助、风险资本运作和农村发展。同时，SBDCs 还为申请小企业创新研究（SBIR）项目的小企业提供帮助。

二、欧盟

（一）组织形式

欧盟中小企业公共服务平台发展相对比较成熟，主要由五个层次构建中小企业服务体系：第一层是各级政府设立的中小企业公共服务平台，主要有咨询平台、融资平台以及政府和大学提供的科研平台；第二层是行业协会、商业联合会设立的中小企业公共服务平台；第三层是跨行业的专业服务平台，主要有提供出口服务或税务服务的咨询平台、融资平台以及设立在国外的有关服务平台；第四层是由中小企业联营自办的区域性公共服务平台；第五层是由私人创办，主要提供中介服务的中小企业促进平台。

（二）服务内容及特色

中小企业公共服务平台的任务主要是为中小企业提供咨询服务，协助中小企业解决困难，帮助中小企业打通和政府的交流渠道。在一定情况下，平台能够参与银行对企业的资信评估，为中小企业做贷款担保。同时，帮助一些优秀企业寻找联合伙伴，向其提供市场信息，帮助国内中小企业到海外投资和推广产品。例如，德国充分发挥各类商会协会作用，为中小企业提供全面的社会化服务，在法律事务、评估、会计、审计、公证、招标、人才市场、人员培训、企业咨询等方面提供服务。全德国有150多个不同的商会、协会，围绕中小企业的需求，开展各类业务活动。

三、巴西

（一）组织形式

创建于1972年的巴西小企业服务中心（简称"SEBRAE"）一开始是作为政府机构的一个部门为中小企业提供服务，1990年，SEBRAE从联邦政府里分离出来，成为一个非营利机构，但依然与政府中各个与中小企业相关的部门保持紧密联系，政府从财政税收中拨出一定的比例给予资金支持。SEBRAE设有全国理事会以及在各州的分部。SEBRAE在全国都统一名称和标识，自上而下形成一个体系，使自己的影响力做到最大，需要帮助的企业在第一时间就能想到这个机构。

（二）服务内容及特色

巴西 SEBRAE 为小企业提供全方位的服务，并根据环境变化不断调整扩大服务范围，包括争取建立有利的法律架构，宣传政府对于中小企业的优惠政策，协助小企业获得贷款，推动小企业之间建立战略联盟，促进企业研发，并提供管理、技术、形象设计等方面的咨询服务以及培训服务，尤其在技术支持、融资支持、培训服务等方面取得了显著成果。巴西小企业服务中心的独特之处在于善于联合其他为中小企业提供服务的机构，包括与大学、行业协会、银行等签订合作协议，使全国面向中小企业服务资源实现整合和有效利用，例如 SEBRAE 与工业小企业研究与开发协会共同制定并实施了技术动员计划，由一批专业顾问和技术人员帮助企业进行技术诊断、技术咨询和技术调整，如帮助企业提高产品质量、采用新的生产工艺等；同时 SEBRAE 也联合各地高等院校和科研机构共同为小企业提供简单的技术方面的指导与咨询服务。另外，SEBRAE 还积极开展针对中小企业的法律援助服务，与巴西商业联合会（The Brazilian Confederation Of Commercial Associations）共同开发了一个项目，低成本地帮助中小企业解决一些法律问题。

四、印度

（一）组织形式

成立于 1954 年的印度小产业发展组织（SIDO）是印度政府小型产业部的一个主要组成部门，是印度的全国性小企业服务机构，为全国各地的小型企业提供服务。SIDO 的资金主要由印度政府提供，但目前所开展的一些活动（如工具室、测试中心和咨询服务）越来越多地实现了资金自筹。SIDO 在全国共有近100 个办事处 / 服务中心，员工数目超过 2500 人，其中大部分是技术人员。SIDO与其他为中小企业提供支持和金融服务的全国性机构，如印度小产业发展银行（SIDBI）、国家小产业公司（NSIC）、印度标准局（BIS）、印度储备银行（RBI）（即印度的中央银行），以及 28 个邦政府和 7 个直辖区的相关机构建立了合作关系或联系。

（二）服务内容及特色

印度小产业发展组织（SIDO）为全国各地的小型产业提供全面的服务，包括发展创业精神、工具室服务、测试中心、研发服务、咨询服务、政策开发等。其中知识产权培训是 SIDO 近年来开展的很有特色的服务之一，它属于实现国际化、提高印度中小企业在全球化市场中的竞争力这一大计划中的一个部分。2000年，SIDO设立了知识产权小组，2001年开始为中小企业举办知识产权讲习班，延续至今，受到了中小企业的大力欢迎。在开展这项工作时，SIDO也积极利用一些相关的资源，包括科技部、各地中小企业协会和商会等，以及与WIPO密切合作。

五、几点启示

（一）充分利用社会资源提供市场主导服务

从代表性国家的中小企业公共服务平台发展实践来看，包括美国和欧盟等对中小企业服务力量较强的国家和地区，都是以政府为引导，充分发挥各种社会资源的服务能力，包括各类商会、协会、大专院校、图书馆、社区组织等，政府对中小企业以间接服务为主，主要是通过协调和管理分散于社会各层次、多种形式的小企业服务机构，推动和参与商业性、公益性小企业服务机构的活动来实现。另外，重视协调和整合针对中小企业的服务内容，例如美国商贸信息中心（TIC）由20家联邦政府机构组成，为中小企业开拓国际市场提供一站式服务，美国小企业管理局宣传和维权办公室则是协调中小企业与其他政府部门利益关系的一个重要途径。

（二）贴近中小企业需求提供全面便捷的服务

从服务内容上看，发达国家对中小企业的服务是全方位的，包括技术服务、金融服务、法律援助、信息咨询服务、人力资源和管理培训服务以及海外市场拓展服务等。而在服务方式上力求形式多样、方便快捷，例如在促进出口方面，美国商务部设立的贸易数据库存有与228个国家和地区的117个行业的信息资料，小企业可以在商务部73个地区办事处和公共图书馆中任意免费获取。英国则把所有政府支持中小企业发展的信息汇总在一起，企业通过访问Business Link来获取帮助。

（三）针对企业面临的普遍问题提供专业细致服务

中小企业所涉及的行业、规模、业务覆盖领域广泛，面临的问题多种多样，既包括技术方面、融资方面、培训方面，又包括信息咨询、管理咨询、法律咨询方面，因此面向中小企业的公共服务平台必须在保证服务内容全面性的同时针对专业问题提供系统的专业服务，或者通过专业的服务平台来作为补充，只有提供专业细致的服务才能真正帮助中小企业解决面临的问题。从国外的经验来看，美国在促进中小企业出口服务方面，在全国设立了19个出口援助中心直接为小企业出口商品提供丰富的支撑服务，并以互联网为基础建立了外贸风险在线评估分析平台，帮助小企业规避出口风险，另外政府有时还直接代表小企业进行国际贸易谈判，直接降低小企业进入国外市场的贸易壁垒。从印度来看，20世纪90年代后期，与知识产权相关的各种问题成为印度中小企业面临的重要问题，这时，SIDO决定将教育和帮助该国中小企业最大限度地利用知识产权制度的好处作为该组织的首要重点工作，并逐步建立了系统化的中小企业知识产权培训和服务体系，受到中小企业的普遍欢迎。

（四）打造品牌化的中小企业公共服务平台

目前，尽管我国已经建立了一些中小企业公共服务平台，另外也有一些中介机构为中小企业提供服务，但是相对我国数量庞大、分布广泛的中小企业来说，平台的覆盖面还很有限，而且公共服务平台的知名度和影响力还很有限，当中小企业遇到资金、技术、管理、培训等方面的问题时，并不是总能想到求助于中小企业公共服务平台。相对而言，部分国家在打造品牌化的公共服务平台方面的经验值得借鉴。例如，巴西SEBRAE在各州设立分部，SEBRAE在全国都统一名称和标识，自上而下形成一个体系，使自己的影响力做到最大，需要帮助的企业在第一时间就能想到这个机构。美国小企业管理局（SBA）管理的950个小企业发展中心（SBDCs）遍布全国，为各行业的小企业提供一站式服务。

第四节　对策建议

我国中小企业公共服务平台网络建设大致可以分为三个阶段：第一阶段是边建设、边服务；第二阶段是成熟完善规范标准，注重资源整合；第三阶段是在平台管理运行方面注重发挥市场机制的作用，实现可持续发展。

目前我国平台网络的发展基本上处于第二阶段，虽已建立了一定数量的区域性、行业性的中小企业公共服务平台，并取得了明显进展，但距离充分满足中小企业日益提高的现实需求还有不小差距，尤其在标准上尚未形成统一，需要进一步统一规范平台建设，促进平台网络资源的有效整合。

一、加强机构间的组织协调，促进资源整合

一是加强平台资源整合的组织领导。平台网络建设涉及多个政府部门、各类社会服务机构以及项目承担单位，为此，必须加强组织领导，要建立工作协调制度。各省市可组建由中小企业主管部门、财政、工商、税务等相关部门共同构成的领导小组，形成工作联动机制，这是平台网络建设有力的组织保障，没有组建领导小组的地区，省级中小企业主管部门的领导要有专人负责此项工作，落实领导责任。

二是充分发挥"示范平台"的带动作用。示范平台是平台网络建设的关键点，重点推动国家中小企业公共服务示范平台网络率先实现资源整合，发挥其支撑和示范带动作用，促进各省平台间、各省与部委平台间的资源互联互通。平台网络资源整合需要结合中小企业公共服务的需求特点来协同建设，以资源共享为目标，努力避免重复建设。

二、健全规范平台运营管理规章制度

一是完善管理制度。尽快出台平台网络建设指导意见和管理办法，指导和规范平台网络建设工作。明确平台网络资源整合同步进行的规章制度，并以文件的形式加以明确，避免工作的盲目性。二是建立监管制度。对项目建设资金使用进行跟踪监管，确保资金符合专款专用要求，强化资金使用的监督和检查。三是建立平台服务质量绩效考核制度。将每年评估结果与下一年度的政府资金投入相挂钩，切实提高平台机构服务意识和服务质量，对已批准的单位中如有不符合的要及时进行剔除，实行公共服务平台的动态管理。

三、探索建立平台网络长效运营机制

中小企业服务机构具有一定的公益性属性，其盈利能力不强，因此平台网络建设初期，需要政府给予一定的资金支持，增加财政投入。但是从发展看，要积极探索建立长效运营机制，由于各省情况不同、形式多样，目前尚没用统一的、固定的模式，各省可以结合实际情况，通过尝试共同运营、资源共享、风险共担、利益共享的方式，探索创新平台网络的运营模式，促使平台网络未来实现可持续发展。

四、积极拓展平台网络的服务领域

一是要注重集聚和带动服务资源。平台网络本质上是属于集聚公共服务资源的平台，其整合的资源既包括政府部门的资源、公益性服务机构的资源，也包括专业性服务机构的资源。平台网络建设的目的就是把各种资源积聚起来，建成一个省平台和窗口平台互联互通的服务网络。

二是平台网络建设要突出区域产业集群特色。中小企业公共服务应紧密衔接当地经济社会发展规划，逐步形成体系完善、功能合理、覆盖区域主导产业、重点产业集群的支撑体系。要适时调整和完善区域公共服务平台建设规划，加强公共服务平台的可持续发展能力建设，不断提高公共服务平台的水平和用户的满意度。

三是要注重共享特色服务。平台网络要充分运用互联网及通信技术等手段，整合不同地区特色服务资源，扩大服务辐射范围，便捷高效地为中小企业提供更多个性的、专业的特色服务。

五、加强经验交流和促进人才培养

一是加强经验交流。促进地方在中小企业公共服务平台网络建设上的经验交流，不定期召开平台建设经验交流会，总结和交流各地建设经验和心得，可以通过开设平台建设研修班的形式将地方的成功经验在全国推广，协调解决共性问题。各地中小企业主管部门要组织平台网络建设单位认真学习和领会平台网络建设的意义和内涵，加强培训学习，现场观摩和总结交流。

二是加大人才培养力度。中小企业公共服务平台网络建设的成功不仅依赖于良好的软硬件系统，更依赖于平台网络运营人员管理水平的提升。所以，既懂技术又精通管理的复合型人才是推动平台网络发挥效用的重要因素，因此，当前亟需加大人才的培养力度，通过定向培养、加强交流等多种学习方式，全面提升平台网络建设人才的综合素质，完善平台网络运营管理人才的培养体系，这是公共服务平台网络建设能够取得成功的重要保障。

第七章　中小企业政策性银行研究

第一节　中小企业政策性银行的概念及业务模式

一、基本概念

政策性银行是政策性金融比较典型的一种金融形式，其他类型还包括政策性股权投资基金、政策性担保等。政策性银行从理论上指由政府创立、参股或保证的，不以营利为目的，专门为贯彻、配合政府社会经济政策或战略，按照国家法律法规和方针政策，以国家信用为基础，筹集资金，承担国家规定的特定领域的政策性贷款等金融业务的银行。[1]1994年我国先后建设了国家开发银行、中国进出口银行、中国农业发展银行、中国进出口银行三家政策性银行。[2] 国外典型的政策性银行有德国复兴信贷银行（KFW）、日本政策金融公库（JASME，2008年10月由中小企业金融公库、国民生活金融公库、农林渔业金融公库和国际协力银行的国际金融部门四家政策性金融机构合并而成，由日本政府全额出资）、美国进出口银行等。中小企业政策性银行属于政策性银行的一个分支，其主要业务是为中小企业提供信贷服务。

二、业务模式——政策性贷款

中小企业政策性银行与商业银行业务相似，主要开展的是贷款业务及其他融资服务。与商业银行不同的是，政策性银行的贷款业务是带有特定政策性意向的贷款业务，具有利率、期限、担保等较为优惠的条件，主要投向营利性不强、贷款周期较长、商业银行不愿提供服务的中小企业特别是小微企业。政策性贷款的

---

[1]　刘丰林：《高校新校区建设融资模式及风险预警研究》，《湖南科技学院学报》2014年第12期。
[2]　代春燕：《政策性银行立法问题研究》，西南政法大学2008年硕士学位论文。

发放方式可分为向贷款对象直接发放的贷款，或通过其他金融机构进行发放的委托贷款或转贷款。[1]

（一）政策性银行对中小企业直接贷款

直接贷款的运作方式与商业银行直接向中小企业贷款的运作方式大致相同，差异只体现在政策性银行对中小企业的直接贷款更优惠便利。一是成本低，一般利率水平较低，并且不附加其他费用和条件等。二是贷款期限较长，贷款期限包括短期贷款还有中长期贷款。三是贷款准入门槛低，表现在对抵质押、担保要求低等方面。四是具有专门的中小企业贷款管理制度和风险控制体系。审贷周期一般较短，政策性银行建立专门的面向中小企业的信贷管理制度，优化流程，业务针对性强。

政策性银行的贷款类型分为正常利率贷款和优惠利率贷款。正常利率贷款的利率与商业银行利率一致，贷款的政策性主要体现为资金的供给（可得性）而不是利率的优惠，这类贷款通常用于风险较高且有一定营利能力的项目。一般来说，优惠利率贷款利差的补偿有两个渠道：一是由政府提供贴息，二是利差产生的亏损由政策性银行其他业务的盈利进行对冲，或者由国家财政予以弥补。

政策性贷款还可以被分为指令性贷款和指导性贷款。指令性贷款是指向国家指令性计划项目或政府特定项目或国家交办项目发放的贷款；指导性贷款是指政策性金融机构在贯彻国家政策意图的前提下，自主选择发放的贷款。[2] 例如，中国进出口银行的优惠出口买方信贷项目由政府确定，属于指令性贷款，一般出口信贷项目由进出口银行自主确定，属于指导性贷款。又如，中国农业发展银行发行的粮食储备收购贷款就是指令性贷款，而农产品加工企业贷款则属于指导性贷款。这两类贷款在不同的政策性银行占比不同，例如中国农业发展银行是以指令性贷款为主，而国家开发银行和中国进出口银行则以指导性贷款为主。[3] 从发展趋势来看，政策性银行指令性贷款所占比重将逐步降低，指导性贷款的比重将相应提高。一般来说，指令性贷款形成的损失应由政府承担，指导性贷款形成的损失应由银行负责。国外的政策性贷款也有类似的规定。例如，德国复兴信贷银行在贷款项目的选择上具有相当大的独立自主权，对银行不同意贷款而政府要求贷

[1] 李政丹：《进出口政策性金融对经济贸易的贡献研究》，南开大学2008年硕士学位论文。
[2] 刘玉华：《我国政策性金融体系构建研究》，南京师范大学2005年硕士学位论文。
[3] 丁孜山：《中国政策性银行发展的回顾与展望》，《云南财贸学院学报》2003年第6期。

款的项目（也就是指令性项目），其贷款风险由德国政府承担。

（二）政策性银行通过商业金融机构的间接贷款

间接贷款则是指政策性银行将贷款通过商业金融机构"转贷款"发放给中小企业，商业金融机构负责连接中小企业与政策性银行。因为政策性银行一般不像一般商业银行那样设立广覆盖、多层次、数量多的营业网点，因此借助于商业银行的营业网点具体承担中小企业贷款服务。政策性银行的主要职能是提供批发资金，对贷款对象投向、贷款条件等作出具体要求，由商业银行严格按要求执行贷款发放及贷款管理程序。

以德国中小企业政策性银行德国复兴信贷银行 KFW 为例，KFW 属于大型银行，没有分支机构，在某种程度上 KFW 所提供的信贷、规划和方案是通过"批发"给商业银行的方式由商业银行"零售"给企业。具体流程为：中小企业在任意一家当地的银行进行贷款申请，再由当地银行对申请企业进行评估。将评估结果与申请一同交给复兴信贷银行进行最终审核。这种运作方式的优点在于：一是相对于复兴信贷银行，当地银行更加了解申请企业，可以通过与申请企业长期的接触对申请企业的信用等级进行评估。二是复兴信贷银行的长期贷款也成为这些本地银行的业务补充。

三、业务特征

（一）政策性

政策性银行是政府实施宏观调控、实现政策目标的工具，其业务范围的设定和开展应当体现政府意志，即严格限于服务中小企业特别是小微企业的使命，以优惠的融资条件为中小企业提供符合企业发展需求的资金支持。政策性银行不仅仅对帮助商业银行避免业务中的不足起到一定的主导性作用，对保障中小企业资金供给、平衡融资成本等方面也起到重要作用。

优惠性是政策性的具体表现，一是在贷款的可得性上，部分符合国家政策扶持方向，但风险较高、收益较低的中小企业项目，如某些初创期、创新型、劳动密集型中小企业可能得不到商业银行的融资支持，只能向政策性银行寻求帮助；二是体现在贷款期限上，中小企业即使能从商业银行获得贷款，也只有短期贷款，缺少长期融资支持，通过申请政策性银行的中长期贷款可以帮助中小企业获得相对较为稳定的资金支持；三是体现在融资条件上，政策性银行一般比商业银行的融资条件更为优惠。[1]

（二）有偿性

政策性银行虽然不以营利为目的，但与商业银行一样，在融资活动过程中都要求资金有偿使用，保证银行业务的顺利进行，实现银行业务的保本或微利经营。政策银行向企业提供更为优惠的金融条件。除政府注入的资金外政策性银行还需要市场化获得的资金。在贷款发放中，政策性银行实行市场化运作，要求从效率、效益等多方面考察成果。

（三）倡导性

政策性银行在资金投放方面具有一定的首倡性、引导性，可以促使商业银行加入平时不愿涉及的中小企业贷款领域，从而达到以较少的资金带动更多资金投入的目的。根据一般规律，随着金融市场的发展，中小企业对于政策性资金的依存度将会随时间推移而逐渐下降，形成政策性银行对商业银行投资取向和规模的倡导和诱导机制，从而促进国家产业政策的顺利实施，提高了整个社会的投资效益。[2]

第二节　建立我国中小企业政策性银行的必要性和可行性

一、现有缓解小微企业贷款困境措施及其局限性

（一）对商业银行的鼓励引导政策

为了鼓励商业银行向小微企业发放贷款，金融管理部门出台了一系列政策措施，包括"两个不低于"（银行业金融机构对小型微型企业贷款的增速不低于全部贷款平均增速，增量高于上年同期水平）、发行专项金融债、差异化监管政策等。虽然这些政策在一定程度上取得了一定的效果，但商业银行的资金供给仍远不能满足小微企业的贷款需求。

1. 首先，大部分政策措施不具有强制性，主要是指导意义，商业银行可以不予采纳。例如"两个不低于"指标，仅是对银行业金融机构总体的要求，并非对单个银行机构的考核指标。而且按照现行企业划型标准，很多人数少但动辄贷款

[1]　田杨：《我国政策性银行绩效评价体系研究》，湖南大学2009年硕士学位论文。
[2]　秦涛、潘焕学：《我国政策性金融支持林业发展研究》，《绿色财会》2009年第10期。

几个亿、几十亿的地方融资平台、房地产类公司在贷款中被划分为小微企业；还有一些规模扩张很快的企业首次贷款时属于小微企业，规模扩张到一定程度后续贷时仍被银行视作小微企业，这使得小微企业贷款统计数据被扭曲。造成的现象是，金融管理部门一再强调连续实现"两个不低于"目标，与小微企业融资难度不减的感受形成强烈反差，这也是业界对宏观统计数据质疑的原因所在。

2.市场经济条件下，商业银行作为独立的以营利为目的的市场主体，不少是上市的股份制企业，有向股东负责的发展使命，有在合法合规情况下自主选择客户的权利，即使是监管当局也无权干涉。这也是对现有商业银行不宜作出计划经济指令要求的重要原因，因此目前的"两个不低于"等要求只能对商业银行作原则上指导而无法强制执行。当然，现实中商业银行尤其是国有商业银行，会考虑政治因素以及社会责任因素，从而响应国家号召，贯彻国家支持小微企业的金融政策，但靠政治口号和指望银行"学雷锋"并非长久之计，计划经济手段也难免在执行中打折扣，缺乏可持续性。[1]

3.商业银行出于控制风险的需要，谨慎发放小微企业贷款也无可厚非。[2]首先，商业银行是自负盈亏的市场主体，其贷款遵循以安全性为首要原则，因为其发放的贷款来源于老百姓的存款，国家对商业银行的资产安全性也有严格的考核，商业银行仍实行贷款责任终身制，在缺乏风险补偿、尽职免责等制度安排的情况下，一味要求商业银行扩大高风险业务显然是不现实的。其次，近十多年以来商业银行风险管理更加强化，为了提高信贷质量，降低不良贷款率，商业银行上收或部分上收基层行的信贷审批权，而小微企业主要分布于市县及以下，造成其贷款难度增大。另外，商业银行追求规模经济，小微企业贷款风险高、成本高，但考虑到政策因素及社会影响，又不能制定反映贷款风险水平的较高利率，从性价比角度衡量，商业银行当然更倾向于做大企业、大项目。

4.商业银行仍有"所有制歧视"惯性思维。由于国有商业银行与国有大中企业的产权及运作管理模式相同，政府往往以产权所有者的身份对贷款进行干预，造成的损失自然降低贷款责任人的责任。特别是在信贷紧缩期，政府往往首先保大项目续建，保大企业。而对小微企业贷款时，一旦信贷资产出现不良状况，贷款责任人往往被认为有"寻租"嫌疑。

[1] 牟淑慧：《建立我国小微企业政策性银行的思考》，《新财经（理论版）》2014年第2期。
[2] 牟淑慧：《建立我国小微企业政策性银行的思考》，《新财经（理论版）》2014年第2期。

（二）发展小金融机构的鼓励政策

小金融机构的数量快速扩张对缓解融资难的作用尚不显著。不少学者认为目前小微企业贷款难的主要原因是缺少相应的民营小金融机构，因而主张大力发展民营中小银行。[1] 然而实践表明，大量小金融机构（以及尚不具有金融机构身份的类金融机构）的快速发展，对缓解中小企业融资难具有积极意义，但并未产生实质性、根本性的影响。

以村镇银行和小额贷款公司为例，根据银监会数据，截至 2013 年年末，全国共组建村镇银行 1071 家，农户贷款和小企业贷款分别达 1455 亿元和 1825 亿元。根据中国人民银行数据，从 2008 年发布试点指导意见至 2013 年 6 月末，全国小额贷款公司数量急速扩张至 7086 家，贷款余额 7043 亿元，2014 年上半年新增贷款 1121 亿元，占同期全国银行业新增贷款的 2.2%，贷款余额与资本比为 1.1，离政策限定的 1.5[2] 尚有差距，说明小贷公司的放贷能力尚未完全释放。小贷公司也有升级成银行的美好愿望，银监会 2009 年就出台相关规定[3]，但近五年过去，尚未产生一家小贷公司改制的村镇银行。关于放宽小贷公司持股比例的定性描述也不断出现在各种文件中，然而实际上步伐较慢，这成为民间资本准入"玻璃门"现象的力证。

《国务院关于进一步支持小型微型企业健康发展的意见》（国发〔2012〕14 号）把"加快发展小金融机构"作为缓解小微企业融资难的重要途径，弥补大中型银行市场供应不足，丰富金融产品，满足小微企业多样化融资需求。但实践上，"草根金融"发展的体系化、规范化、长效化仍在探索，与小微企业多年的迫切期望和融资需求相比，发展迟缓。[4] 目前我国仅村镇银行已有 1000 多家，不具有金融机构牌照的小额贷款公司已超过 7000 家。一方面，小金融机构业务规模和市场份额很小，根本不能满足量大面广的小微企业的贷款要求。其次，小额贷款公司、村镇银行等对小微企业贷款利率普遍较高，融资成本接近 4 倍红线，这使本小利薄的实体经济小微企业难以承受。此外，小金融机构作为自负盈亏的市场主体，有经营自主权，出于资本（特别是民间资本）逐利本性和稳健经营考虑，也倾向于

[1] 牟淑慧：《建立我国小微企业政策性银行的思考》，《新财经（理论版）》2014 年第 2 期。
[2] 《中国银行业监督管理委员会中国人民银行关于小额贷款公司试点的指导意见》（银监发〔2008〕23 号，2008 年 5 月 4 日）："小额贷款公司从银行业金融机构获得融入资金的余额，不得超过资本净额的 50%。"根据中国人民银行发布数据：截至 2012 年 12 月末，全国小额贷款公司贷款余额 5921 亿元，实收资本 5146 亿元。
[3] 中国银监会关于印发《小额贷款公司改制设立村镇银行暂行规定》的通知（银监发〔2009〕48 号），2009 年 6 月 9 日。
[4] 牟淑慧：《建立我国小微企业政策性银行的思考》，《新财经（理论版）》2014 年第 2 期。

向大中企业放贷。大部分中小金融机构不愿过多向小微企业倾斜，设立和发展中小金融机构虽然会在一定程度上缓解小微企业融资，但还是无法从根本上解决问题。

综上，很难寄希望于在商业性银行体系内解决小微企业融资难问题。

二、建立中小企业政策性银行的必要性

（一）弥补中小企业融资缺口

中小企业在增加就业、促进经济增长、推动科技创新与社会和谐稳定等方面具有不可替代的作用，对国民经济和社会发展具有重要的战略意义。大力发展中小企业是我国一项长期的战略任务。中小企业的健康发展，关系国家经济社会的健康发展，如果中小企业发展出了大问题，整个经济社会发展就要出大问题。因此中小企业融资问题具有明显的正外部性，是一种准公共产品。准公共产品是不可或缺的，其提供离不开政府的主导作用。目前，我国针对商业金融体系支持中小企业融资出台了一系列鼓励政策，取得了显著成效，中小企业贷款规模、比例等快速增加，商业金融的作用得到了较好的发挥，但是中小企业融资缺口依然很大，缺少了针对金融市场失灵领域的政策性金融的制度安排，难以更大范围地集聚社会资金投入中小企业领域。明显地，中小企业融资缺口的明显改善有赖于建立中小企业政策性银行以发挥牵引主导作用。

（二）降低中小企业融资成本负担

由于商业银行体系偏爱大企业，歧视中小企业，针对中小企业的信贷投放有限，难以满足量大面广的中小企业需求，在卖方市场下，银行为追求利润提高中小企业贷款成本，往往上浮贷款利率。据中国人民银行数据，2013 年 12 月，非金融企业及其他部门贷款加权平均利率为 7.20%，比年初上升 0.42 个百分点。其中，一般贷款加权平均利率为 7.14%，比年初上升 0.07 个百分点；票据融资加权平均利率为 7.54%，比年初上升 1.90 个百分点。从利率浮动情况看，执行下浮、基准利率的贷款占比有所下降，执行上浮利率的贷款占比上升。12 月份，一般贷款中执行下浮、基准利率的贷款占比分别为 12.48% 和 24.12%，比年初分别下降 1.68 个和 1.98 个百分点；执行上浮利率的贷款占比为 63.40%，比年初上升 3.66 个百分点。[1] 此外，商业银行还巧立名目以贷款承诺费、资金管理费、财务顾问

---

[1] 《中国人民银行2013年第四季度中国货币政策执行报告》。

费、咨询费等形式向中小企业不合理收费，大幅增加中小企业融资成本。虽然金融监管部门一再三令五申，但仍屡禁不止。另一方面，由于正规金融融资门槛高，资源有限，申请贷款程序复杂、周期长、结果不确定，抵质押要求高，大量中小企业难以从正规金融获得资金，转而寻求民间借贷，而民间借贷成本更高，往往远远超出中小企业承受能力，增加资金链风险。根据中国人民银行温州市中心支行 2012 年第三季度温州市民间借贷监测利率显示，三季度民间借贷综合利率 20.4%，其中直接借贷利率 17.24%，社会中介利率 28.11%，小额贷款公司贷款利率 20.59%。建立中小企业政策性银行，提供优惠利率贷款，是平抑中小企业融资市场成本的必要手段。

（三）提高财政资金使用的公平性和效益

党的十八届三中全会提出完善金融市场体系，发展普惠金融。中小企业作为市场中的弱势群体，获取信息、资金等资源要素的能力比大企业差，融资覆盖面和满足率有待提高。为弥补中小企业融资缺口，政府往往选择财政补贴手段，这种手段操作简单，但是与市场经济运行的原则相悖，一是往往因资金规模有限而造成补贴覆盖面很窄，有失公平；二是过多地、直接地干预往往会破坏市场运行效率，妨碍市场主体的平等竞争，资金使用公平性和效益备受质疑。党的十八届三中全会提出："政府的职责和作用主要是保持宏观经济稳定，加强和优化公共服务，保障公平竞争，加强市场监管，维护市场秩序，推动可持续发展，促进共同富裕，弥补市场失灵"。

通过建立政策性银行弥补中小企业融资缺口，是深化财税体制改革，改革中小企业扶持体系的重大突破，以财政投入、市场化运作的方式，既能体现政府对市场失灵的适当干预，扶助弱势群体，又能将政府行为对市场效率的破坏程度降到最低。

（四）完善中小企业金融体系

中小企业融资问题光靠纯粹市场机制导向的商业银行体系显然不足，亟需政府以政策性金融机制或措施适度介入。建立我国中小企业政策性银行对于充实和健全我国的中小企业金融体系有所帮助，可以避免仅靠商业金融"单腿一瘸一拐走路"。同时减少对商业银行的行政指令，避免政府直接干预微观市场主体的经营行为，有利于厘清政府与市场的边界，明确政策性银行和国有商业银行的不同定位，专司其职，有序发展，使国有商业银行在符合国家宏观调控政策情况下，充分按照市场规则运营，提高综合竞争力。

（五）完善政策性金融[1]体系

政策性金融对于纠正我国金融市场资源的偏差、优化金融体系都具有一定的功效。我国主要的政策性金融体系包括国家开发银行、中国农业发展银行和中国进出口信贷银行三家政策性银行，这三大政策性银行侧重于重点建设项目、农业和进出口企业的政策信用方面，而国外普遍由政策性金融扶持的中小企业在我国尚缺乏政策性金融的有力支持。尽管 2003 年开始施行的《中小企业促进法》规定"国家政策性金融机构应当在其业务经营范围内，采取多种形式，为中小企业提供金融服务"，然而由于法律规定过于原则，缺乏可操作性，同时三家政策性银行各有相应的业务领域，对量大面广的中小企业资金需求无暇顾及。

为解决居民住房融资问题，党的十八届三中全会决定提出"研究建立城市基础设施、住宅政策性金融机构"[2]，与住宅政策性金融机构解决作为弱势群体的中低收入家庭保障性住房问题类似，中小企业特别是小型微型企业是企业中的弱势群体，也应充分研究论证政策性金融的支持。

三、建立中小企业政策性银行的可行性

（一）丰富的国际经验可资借鉴

第二次世界大战后许多国家和地区将建立和完善中小企业的政策支持体系作为政府工作的重点。20 世纪 30 年代英国的麦克米伦提出"中小企业融资缺口理论"开始，许多国家和地区将建立政策性金融体系作为扶持中小企业政策的核心，其中颇具代表性的是美国、日本、韩国、加拿大、印度和我国台湾地区等，他们各具特色的中小企业政策性金融体系运作成熟且富有成效，其中日本、韩国、加拿大、法国、印度等国家都以政策性银行作为政策性金融体系的基础和主导。这些国家和地区的中小企业政策性银行的发展路径、构建方式和运作经验可资借鉴，可为探索和构建具有中国特色的中小企业政策性银行提供参考。

---

[1] 《国务院关于金融体制改革的决定》（国发〔1993〕91号)指出：建立政策性银行的目的是，实现政策性金融和商业性金融分离，以解决国有专业银行身兼二任的问题；割断政策性贷款与基础货币的直接联系，确保人民银行调控基础货币的主动权。政策性银行要加强经营管理，坚持自担风险、保本经营、不与商业性金融机构竞争的原则，其业务受中国人民银行监督。

[2] 《中共中央关于全面深化改革若干重大问题的决定》（2013年11月12日中国共产党第十八届中央委员会第三次全体会议通过）。

（二）我国财力基本具备供给能力

改革开放以来，我国经济持续快速增长，财政收入节节攀升。国家统计局数据显示，2002 年至 2012 年，我国财政收入年均增长 20.0%，2012 年实现财政收入 11.7 万亿元，占我国 GDP 的 22.6%。近年来，我国对中小企业的财政扶持力度不断加大，据《国务院关于进一步支持小型微型企业健康发展的意见》（国发〔2012〕14 号），2012 年我国中小企业专项资金规模达到 141.7 亿元，并将设立 150 亿元的国家中小企业发展基金。但与国外相比，与量大面广的中小企业资金需求相比，我国财政投入力度仍显不足，以美国为例，美国小企业管理局直接投入预算为 24.98 亿美元，间接（贷款）投入为 231.23 亿美元，其总投入占到 2013 年美国财政支出 3.8 万亿美元的 6.74‰。而 2012 年我国财政支出预算中安排扶持中小企业发展总资金仅占 1.17‰，与美国相比差距非常显著。国发〔2012〕14 号文件明确提出中央财政中小企业发展专项资金规模逐年增长，这将建立中小企业财政投入的稳定增长机制，奠定我国中小企业政策性银行建立的坚实财力基础。

同时，建立中小企业政策性银行是实现财政资金投入模式创新、提高财政资金使用效果的有效途径。财政支持中小企业发展不能大包大揽、全面覆盖，而要注重引导、以点带面，通过发挥财政政策的杠杆效应，达到财政资金"四两拨千斤"的效果。通过设立中小企业政策性银行，可在无偿补助中小企业的传统支持手段之外，探索财政资金与现代金融工具相结合的新模式，实现财政资金的市场化运作，改变点对点的单向支持方式，通过间接支持方式扩大财政资金对中小企业的覆盖面。同时，通过政策性资金带动吸引商业性金融机构的资金以及其他各类社会资金跟进，增强社会资本的投资信心，形成合力，扩大对中小企业的服务支持面。

（三）三大政策性银行运行日趋成熟为健全政策性金融体系奠定了良好的框架

1994 年，作为金融体制改革的一项重大举措，我国政府投资设立三家政策性银行。自成立以来，三家政策性银行分别在特定领域内提供政策性资金支持，一是实现政策性金融和商业性金融的分离，解决国有商业银行一身兼二任的问题；二是割断政策性贷款与基础货币的直接联系，确保人民银行调控基础货币的主动权；三是弥补市场配置金融资源的缺陷，保证公共产品和一些准公共产品的合理供给。三家政策性银行日趋规范与成熟运作，为我国增设新的政策性金融机构——中小企业政策性银行，健全政策性金融体系奠定了良好的基础。

第三节 设立中小企业政策性银行的推进方式

一、建立工作组

建立由工信部、国家发改委、财政部、中国人民银行、银监会、国务院法制办等有关部门参加的跨部门工作组，就设立中小企业政策性银行有关问题进行协调沟通，如设立的可行性、组建方式、业务模式、组建时间、相关政策等。

首先，工信部就中小企业政策性银行问题，分别与国家发改委、财政部、中国人民银行、银监会、国务院法制办沟通协商，向各部门陈述建立中小企业政策性银行的基本考虑，了解各部门主要意见，建立沟通机制。

其次，工信部发挥国务院促进中小企业发展工作领导小组办公室作用，就"中小企业政策性金融体系"组织召开专题会议，召集国家发改委、财政部、中国人民银行、银监会、国务院法制办以及其他办公室成员单位研讨建立健全中小企业政策性金融体系问题。会上，工信部建议组建"建立中小企业政策性银行问题研究"工作组，请有关部门派员参加。

二、开展调查研究

由跨部门工作组组织开展设立我国中小企业政策性银行相关调查研究，充分研究典型国家中小企业政策性银行制度的发展演变、我国设立中小企业政策性银行的必要性及可行性，分析存在的问题并提出相关建议，形成可行性研究报告，适时上报国务院。

（一）跨部门工作组选取部分地区（考虑东中西分布）开展几次专题调研，召集地方中小企业主管部门及有关部门、商业银行、其他金融机构、中小企业代表等召开座谈会，了解对建立中小企业政策性银行的意见建议，形成调研报告。

（二）跨部门工作组组织召开国内专家座谈会，邀请全国工商联、曾提出过设立中小企业政策性银行提案建议的两会代表、政策性金融研究专家等，讨论建立中小企业政策性银行有关问题。

（三）跨部门工作组组织召开国外专家座谈会，邀请了解本国中小企业政策性银行有关情况的外国机构代表或专家参会，包括外国驻华使馆商务处有关人士；外国在华中小企业协会组织（如欧盟中小企业中心、德国中小企业联合总会

ZDH 上海代表处、法国工商会、上海美国商会中小企业中心、日本贸易振兴机构、韩国中小企业振兴公团等）等，了解国外中小企业政策性银行的有关规定和运作情况，对建立我国中小企业政策性银行提出意见建议。

（四）跨部门工作组组织开展出国考察活动，邀请财政部、中国人民银行、银监会等有关部门人员参加，可考察德国、日本、印度等国家。重点考察国外中小企业政策性银行的运作管理模式、法律规定、有关政策、运营效果等，形成考察报告。

（五）跨部门工作组汇总调查研究意见建议，形成专题报告报国务院。

三、研究制定相关政策

跨部门工作组就中小企业政策性银行涉及的税收优惠政策、资金来源和规模、组织架构、业务范围、风险控制、监督管理等进行深入讨论和研究，一是借鉴我国现有三家政策性银行以及准备组建的住宅政策性金融机构经验；二是借鉴德国、日本、印度等国中小企业政策性银行的有关规定，研究制定针对中小企业政策性银行的支持政策，包括免征所得税、营业税、印花税等税收政策，资金注入及补充的资金政策，债券发行规模及利率期限等金融政策。

四、确定法律依据

跨部门工作组抓住《中小企业促进法》修改的大好时机，在法律中明确提出"组建国家中小企业政策性银行，为中小企业提供政策性金融服务"，为中小企业政策性银行的设立提供坚实的法律依据。

在《中小企业促进法》修改完成后，跨部门工作组研究提出中小企业政策性银行法草案，对中小企业政策性银行的法律地位和政策目标，以及资金来源、业务范围、业务开展方式、风险控制、监督管理等作出详细规定。

五、选择试点地区

我国中小企业量大面广，地区、行业、规模等差异较大，中小企业政策性银行设立之初，其业务开展宜选择试点方式逐步推进，一是选择区域试点，先期可在 1—2 个省市开展政策性贷款业务；二是业务试点，先期可不开展直接贷款业务，而是仅开展转贷款业务；三是合作机构试点，选择少数几家商业银行合作开展转贷款业务，总结经验和不足后再行推广。

第八章　中小企业私募债发展研究

第一节　发展中小企业私募债的意义

一、中小企业私募债概况

2012年5月22日、23日上海证券交易所与深圳证券交易所分别发布了《上海证券交易所中小企业私募债券业务试点办法》《深圳证券交易所中小企业私募债券业务试点办法》。标志着我国中小企业私募债正式开闸发行。试点办法明确了中小企业私募债的发行人限制于符合《关于印发中小企业划型标准规定的通知》（工信部联企业〔2011〕300号）规定要求，并未在上交所、深交所上市的中小微型企业，暂不包括金融企业和房地产企业。

中小企业私募债的试点省份，从起初的北京、上海、天津、广东、江苏、浙江等经济发达、中小企业发展质量比较高、金融资源优势丰富的6省市，迅速扩展到涵盖广西、陕西、云南、内蒙古、贵州、新疆等中西部地区的全国大部分地区。截至2013年2月底，根据WIND数据库的统计，中小企业私募债共发行约334只，发行总规模约超过400亿元。与股票融资、中小企业集合债融资方式相比，中小企业私募债具有如下优势：

首先，中小企业私募债发行审核要求低。相比股票与其他债券融资方式的审核制或注册制，中小企业私募债发行审核采取备案制，由承销商向上海或深圳交易所提交备案材料备案，交易所对备案材料的完备性进行核对，交易所在10个工作日内决定是否接受备案，对债券的发行规模、期限等相关要素有无限制，由发债企业自行决定。

其次，中小企业私募债发行条件宽松。股票市场，即使发行要求比较低的中小板与创业板，对拟上市发行股票融资的企业有严格的财务标准要求，并且很高。公司债与企业债也对发行企业的资产、盈利能力等财务指标有明确的要求。而中小企业私募债对发债企业的资产、净利润都没有硬性限制，只需提交最近两年审计财务报告。同时，对发行债券也没有强制性的担保与评级要求。

最后，中小企业私募债募集资金用途比较灵活。不像股票市场融资以及公司债券、企业债券、中期票据、短期融资券等融资方式对募集资金使用有明确的规定。中小企业私募债对募集资金用途灵活，不作限制，不仅可以进行固定资产投资，也可直接偿还债务或补充营运资金。

二、发展中小企业私募债的意义

中小企业在促进我国经济发展、保障就业、增加财政税收等方面占据主要的地位，其健康发展关系着我国的社会稳定。但中小企业融资难是世界性难题，在我国中小企业融资难的问题更为严峻，严重困扰着中小企业的发展。近年来，政府主管部门出台多项政策，积极发展或鼓励各类金融机构，促进中小企业融资。同时也借鉴美国高收益债券的成功经验，推出了中小企业私募债的融资方式，作为一个新的中小企业融资渠道，其发展具有重要的意义。

首先，有助于缓解中小企业融资难。目前，我国中小企业获得的金融资源供给与其在社会经济中的地位严重不匹配，中小企业获得的融资资源极其有限，大量的金融机构和金融市场面向大企业服务。同时，中小企业私募债作为一种新的融资方式，具有发行要求低、操作周期短、发行方式灵活、发行期限长、融资额度大、担保和信用评级的设定方式灵活等优点。中小企业私募债的推出，拓展了中小企业融资渠道，对处于快速成长期的中小企业从资本市场上获得融资，缓解中小企业融资难，加快企业发展具有重要意义。

其次，有利于提升中小企业公司治理水平。中小企业私募债在市场上公开发行与交易，建立了外部跟踪、定期信息披露等机制。发行中小企业私募债，有利于促进中小企业规范管理、诚信经营，进一步促进提升企业治理水平，在规范运作中增强竞争力。同时，中小企业私募债还能够有效提升企业家对资本市场的认知度，熟悉资本市场的运作，提高企业在资本市场的运作能力，为今后公开发行股票并上市奠定基础。更有助于提升中小企业公司治理水平，推动中小企业在规范中发展。

最后，有利于优化我国的资本市场与金融制度。中小企业私募债丰富了我国债券市场，提高了直接融资的比例，弥补了高收益债券的空白，丰富了投资者的选择。利率管制导致大量的资金流向了效率低下的国有企业与政府项目，中小企业私募债作为高收益债券，给优质的中小企业项目提供了融资机会，有利于促进资金的优化配置与利率市场化的推进。同时中小企业私募债发行过程中，财务指标、评级、审核方式等规定的变化是我国金融制度重大的突破，有助于完善和健全我国的信用体系。

第二节　我国中小企业私募债的发展现状

2012年6月8日在我国第一只中小企业私募债——12苏镀膜在上交所上市发行，发行规模为2000万，期限2年，票面利率为9.50%，由苏州国发中小企业担保投资有限公司担保。由此拉开了我国中小企业私募债发行的序幕。截至2014年2月底，据不完全统计，全国共发行了334只中小企业私募债。

一、中小企业私募债的发行情况

（一）发行总量不高，发行节奏波动大

根据WIND数据库的不完全统计，截至2014年2月24日，中国中小企业私募债共发行约334只，其中，上交所发行了178只，深交所发行了156只。发行规模约为405.33亿元，其中，上交所发行规模为233.10亿元，深交所发行规模为172.23亿元。整体发行节奏不稳定，存在明显波动，经历了先上升，后下降，再逐渐上升的过程。从2012年6月到2013年1月发行规模逐渐上升，2013年1月份达到了最多单月发行30只的规模，之后逐渐下降，2013年7月仅发行了11只，后又逐渐缓慢上升。

整体来看，中小企业私募债的发行与二级市场走势密切相关，当二级市场走势好时，中小企业私募债发行的数量就比较多，而二级市场出现波动时，发行数量则有明显的下降。

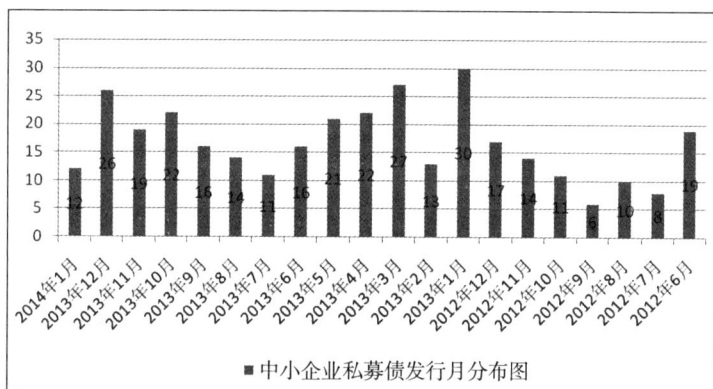

图8-1 中小企业私募债月度发行分布图

数据来源：wind 数据库。

（二）单只发行规模小，多在2亿元以内

统计分析 334 只中小企业私募债（图 8-2），发行规模最大的达到 5 亿元，发行规模最小的仅为 500 万元。从发行规模的分布来看，规模 1 亿元以下的超过 140 只，规模为 1 亿元的债券有 56 只，1 亿元到 2 亿元（含 2 亿元）达到 90 只，2 亿元以上的有 40 只。总体来看，私募债发行规模比较平均且规模较小，多数低于 2 亿元。

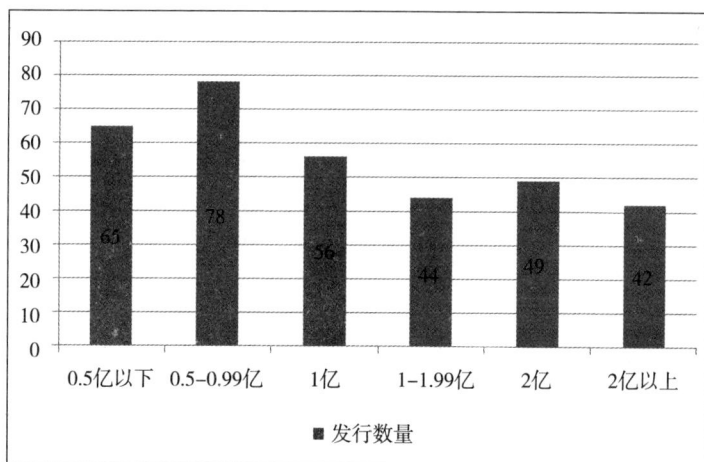

图8-2 中小企业私募债发行规模分布图

数据来源：wind 数据库。

（三）发行期限比较短，多以2—3年为主

中小企业私募债发行期限比较短，基本上以3年期和2年期为主。其中3年期发行量219只，2年期发行量超过100只，分别占总发行数量的65%和35%（见图8-3）。

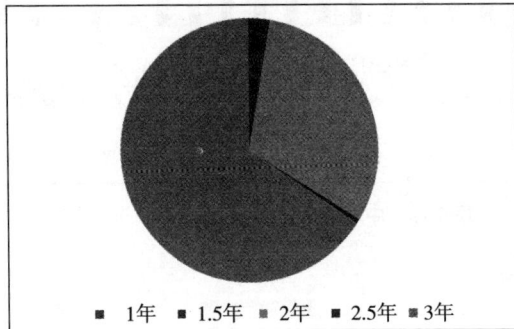

图8-3　中小企业私募债发行期限分布图

数据来源：wind数据库。

（四）票面利率主要分布在8.5%—10.0%之间

统计分析的334只中小企业私募债，票面利率主要分布在8.5%至10.0%之间（图8-4），这一区间的债券数量达到200多只，占统计总量的60%以上。其中，票面利率最集中的区间在9.5%（包含）至10.0%（不包含），发行数量超过80只。而票面利率大于11%（包含）的债券数仅21只。

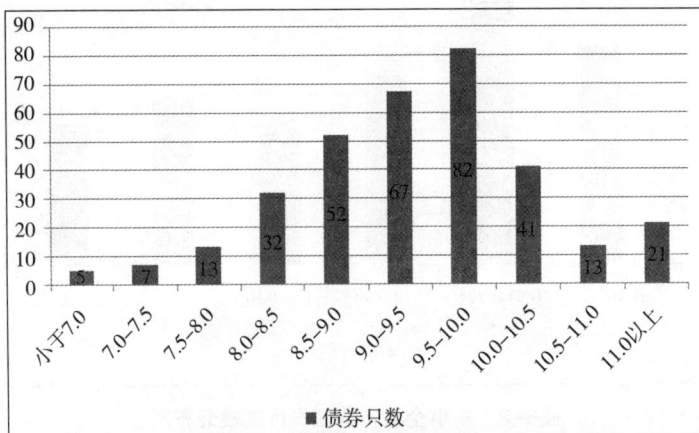

图8-4　中小企业私募债利率分布图

数据来源：wind数据库。

二、中小企业私募债的评级情况

与企业债和公司债等债券不同，证监会对中小企业私募债发行没有强制性的评级要求，而信用评级与增信措施由买卖双方自主协商确定。因此，整体上，目前已发行的债券进行信用评级的比例比较低。根据已发行的 334 只债券，有 47 家发债企业进行了主体评级，仅占总发行数量约为 14%，发行人的主体评级主要分布在 AA–、A+、A、A– 和 BBB+、BBB 几个级别。

统计分析的 334 只债券，有 56 只债券进行了债项评级（图 8-6），约占发行总量的 17%，评级主要分布在 AA 和 AA– 两个级别，合计为 51 只。评级在 AA 级以上和 AA– 级以下的债项不多。

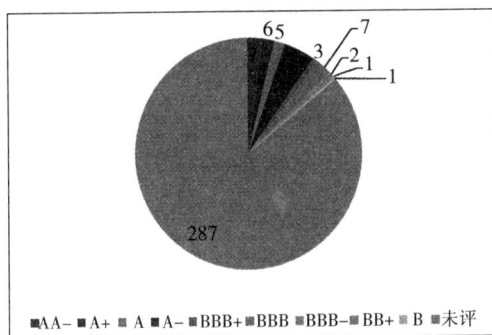

图8-5　主体评级分布图

数据来源：wind 数据库。

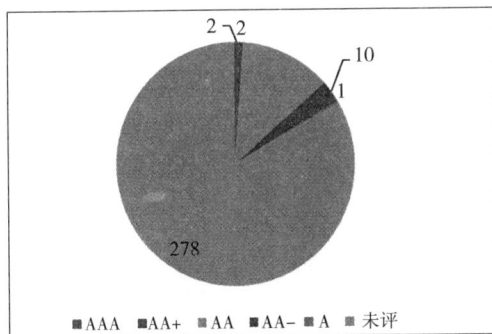

图8-6　债券信用评级分布图

数据来源：wind 数据库。

三、中小企业私募债的特殊条款和增信措施

与评级情况不同的是，统计的334只私募债中，近60%的私募债设立了特殊条款（图8-7），条款内容主要为：回售和调整票面利率，约140只，其他还包括定向转让、赎回、债券提前偿还等，设立特殊条款的私募债发行期限大多都在2年以上。

增信措施方面，虽然"试点办法"对中小企业私募债发行没有强制性的担保要求，但统计的334只已发行的私募债，有240家发债企业进行了不同形式的担保（图8-8），占发行量的70%以上。从担保方式来看，主要是设立不可撤销连带责任担保的债券，有217只，其中担保方多以相关上市公司或发债企业当地城投公司为主。除了不可撤销连带责任担保之外，也有少量私募债通过抵押担保、连带责任担保、保证担保等方式增信。

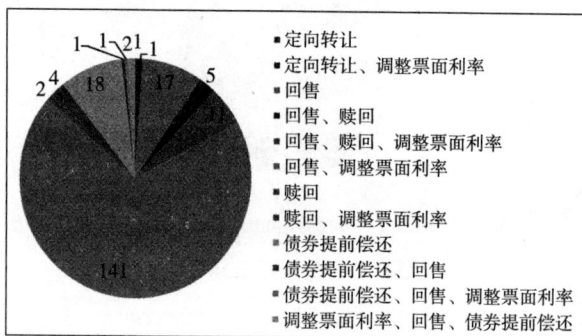

图8-7　中小企业私募债特殊条款分布

数据来源：wind数据库。

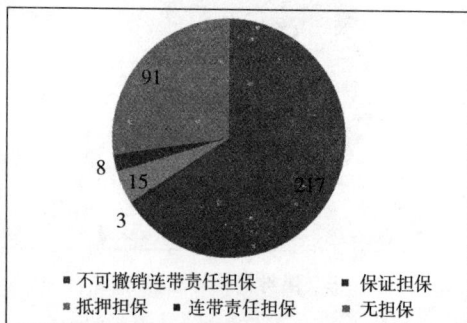

图8-8　中小企业私募债担保情况分布

数据来源：wind数据库。

四、中小企业私募债的发行成功率

从2012年6月到2013年6月底,中小企业私募债全国合计备案企业数311家,其中上交所154家,深交所157家;全国合计备案总金额413.7亿元,其中上交所203.4亿元,深交所210.3亿元;同期全国合计发行金额269.9亿元,其中上交所148.8亿元,深交所121.1亿元。从发行成功率来看,全国发行总额占备案总额的65.2%。其中,上交所发行成功率略高,达73.2%,而深交所发行成功率较低,仅有57.6%。整体上,中小企业私募债备案发行成功率偏低。

第三节 我国中小企业私募债发展存在的问题

我国中小企业私募债推出时间比较短,虽然初期发展比较快,但是由于属于新生事物,再加上我国资本市场也不成熟、完善,甚至出现了市场反应冷淡、各方积极性不高的局面。因此,为了促进我国中小企业私募债更好地发展,有必要分析存在的问题。

一、发行主体方面

尽管中小企业发行私募债开闸的目的是解决中小企业融资难问题,但是由于种种问题的存在,中小企业私募债从当初被寄予厚望到陷入当前困境以至于破解中小企业融资难的初衷难以企及。作为发行主体,中小企业自身存在的一些不足和问题在某种程度上加重了私募债的发行难度。

(一)融资成本高,中小企业难以负担

当前,我国中小企业发行私募债的平均票面利率在9%—10%之间,而加上承销费用、审计费、律师费以及担保、评级等费用的实际发行利率在15%—18%左右,融资成本几乎是银行融资的3倍,较中小企业信托产品15%融资成本和银行授信10%左右的综合成本并不具备显著优势。同时,这种高昂的融资成本,对从事一般实业发展的中小企业无疑是沉重的财务负担,不仅导致能够获得银行授信的中小企业发行私募债的意愿一般较弱,而且无力获得银行授信的中小企业也缺乏热情。如果承销商放松对那些经营管理不规范中小企业发行资格的审查,无疑会加大私募债发行的违约风险,导致市场投资者对私募债更高票面利率的期

待，从而进一步加大了私募债发行主体的财务负担，制约了部分中小企业发行私募债的积极性。

根据在北京地区调研情况看，一般企业发行中小企业私募债的票面年利率大致在7%—10%之间，年承销费率为1.5%，年担保费率为2%—3%，再加上会计师事务所的审计费、律师事务所的律师费和评级费用等，综合成本在12%—16%之间。北京市中小企业私募债主管部门对发行企业有一定的补贴，按照总融资额的2%给予贴息支持，总额不超过200万，部分区县有相关配套扶持政策，中小企业私募债的综合成本最低也在10%以上。这一融资成本已经远高于银行贷款成本。

（二）中小企业经营管理不规范，私募债违约风险大

当前，我国中小企业的公司治理结构不健全，经营管理缺乏制度化，产业依附性强、结构单一、信息披露不完善、易受宏观经济波动的影响等缺陷导致私募债违约风险极高，从而加大了风险与收益的不匹配程度，抑制了市场需求。同时，中小企业私募债履约风险的高企，导致主承销商对中小企业私募债发行主体资格设置更加严格的筛查条件，从而导致发行费用增加，并转嫁给发行企业，进一步加大了发行主体的财务负担。当然，尽管更加严格的筛查条件可以有效降低中小企业私募债违约风险，但在一定程度上也导致较多真正面临融资困难的中小企业丧失发行主体资格，而具备发行条件的中小企业又往往因有较低融资成本的银行授信并不青睐私募债。

（三）增信渠道单一，担保和征信要求提高了发行门槛

中小企业私募债推出的初衷是缓解中小企业的融资困境，且按两大交易所的试点办法并没有担保机构的要求，相比于信托和银行贷款来说，中小企业私募债是准入门槛最低的；实际中实行的是备案制，即发债不需经过监管部门的许可，只要券商认可这个公司的现金流，愿意帮它发就可以，私募债的风险控制主要取决于券商的尽职调查和风险管控能力。但是，交易所在窗口指导时都要求企业必须具有有效的增信措施，现实中，增信渠道单一，主要方式是依托第三方担保公司来实现外部增信。根据调研发现，很多市场认可的担保公司对拟发行中小企业私募债企业的反担保要求并不低于银行贷款的抵押要求。中小企业净资产规模不大，尤其是高新技术与文化创意企业普遍具有轻资产特征，提供较为充足的反担

保措施较为困难，一些对急需私募债融资的中小企业却往往会因为担保要求而被拒之门外。这无疑会抑制部分民营中小企业发行私募债的有效需求，因而降低了私募债服务首都经济发展的能力。

二、市场投资者方面

（一）中小企业违约风险较大，市场投资者大都持观望态度

当前，中小企业私募债被业内人士戏称为"中国式的垃圾债"，风险与收益匹配程度较低。尽管中小企业私募债当前票面利率在9%—10%的较高水平，但是作为风险厌恶型的中国投资者却需要更高的收益水平以匹配和缓释中小企业私募债高违约风险的负面影响，导致市场投资者存在普遍的观望心态。

（二）中小企业私募投资通道有待打通，投资者缺乏热情

私募债业务试点办法对中小企业私募债的投资者资格、数量等设立了严格要求。这些制度设计虽然在遏制中小企业私募债违约风险扩散、保护一般投资人利益等方面起到了一定作用，但是在实践中也是造成市场需求不旺的重要因素。第一，私募债业务试点办法规定，投资者对象仅限定为商业银行、信托、券商、基金和保险等机构，但除15家上市商业银行外，其他商业银行自营及银行理财均未在两大证券交易所开户，无法直接购买中小企业私募债。而且，银行自营和理财资金十分重视风险防控，对于中小企业私募债这一有一定风险的产品的关注度和参与度相对较低。第二，私募债业务试点办法规定，证券公司资产管理计划持有单只债券比例不得超过债券发行总额的10%，而私募债单只发行规模较小，因而相关资管计划对参与私募债投资兴趣不大。第三，受制于渠道、固有客户群的风险偏好和产品创新能力，券商难以有效拓展私募债的需求主体，导致私募债需求市场迟迟难以较好打开。

另外，中小企业私募债由于收益、风险和流动性配比较差而导致需求不足。交易所市场未将中小企业私募债纳入债券质押式回购质库，因而导致购买私募债的投资者无法实现杠杆操作。相比于公司债和企业债，私募债风险相对较高，流动性很差，但收益却要低于这些品种；虽然相比于国债和央票，收益要略高，但风险溢价和流动性溢价略显不足。种种原因，导致了市场投资者对私募债的投资热情不高。

三、主承销商方面

（一）发行规模小、利润薄，承销商积极性低

券商目前收取的私募债承销费用占募集资金的 1% 左右，由于私募债发行规模普遍较小，券商的实际收益并不高。据统计，中小企业私募债发行规模在 0.1 亿—2.5 亿之间，承销收入大约在 10 万—250 万元之间，若扣除人工费用，承销收益也不多。但是，各券商出于薄利多销的预期和将中小企业私募债发行人作为 IPO 项目储备的考虑，券商一度热情较高。然而，当前中小企业私募债发行困难，IPO 久不开闸等多方面的因素使得券商原有的热情大幅降温。拥有承销业务试点资格的券商往往其他业务规模较大，从而导致中小企业私募债业务在此类券商眼中沦为"鸡肋"。

（二）承销商承担责任重大，缺乏承销热情

《证券公司中小企业私募债券承销业务尽职调查指引》明确要求承销商肩负对中小企业私募债承销业务尽职调查责任以控制其可能发生的信用风险、流动性风险和道德风险。尽管证监会和交易所明确了发行人作为中小企业私募债违约责任的承担者和投资者作为投资损失的承担者，但在实践中主承销商为了避免公开违约事件发生，往往在中小企业私募债付息困难时进行全额回购以淡化其风险，从而成为实际的"兜底"者。这不仅会导致承销商管理成本增加，而且会成为事实上违约责任的最后承担者，大大降低了券商承销私募债的热情。

四、政府方面

（一）政策优惠存在优化空间

在试点之初，包括北京市政府在内，多数地方政府都制定了财政贴息等财税优惠政策以激励中小企业发行私募债融资的积极性和主动性。由于地方政府承担了中小企业私募债部分融资成本，发行企业融资成本压力大大减轻，申请发行中小企业私募债的积极得到了极大提高。但是，随着中小企业私募债发行数量增加，地方政府财政压力加大，对中小企业私募债的财政优惠政策的延续性存在不确定性。另外，受制于地方财政能力，相对于现实需求，现有的财政贴息力度也存在不足。从长远看，这些因素均会影响中小企业私募债的顺利发行。

（二）缺乏合理的风险缓释工具

目前，国内增信措施仅限于抵押、担保等常规工具，缺乏风险缓释、风险对冲与转移等债权违约风险缓释的系统思考和制度设计。风险缓释工具的不足，导致投资者难以有效规避私募债可能出现的违约风险，从而在一定程度上抑制了中小企业私募债的发展。

第四节　促进我国中小企业私募债发展的政策建议

一、加强财税支持力度，促进健康发展

（一）加大财政扶持力度，降低发行成本

中小企业私募债的票面利率再加上担保费、承销费和审计费、律师费、评级费等中介机构服务费，导致发行综合成本较高，对大量的中小企业来说难以承担如此高的融资成本。因此中小企业私募债发展初期，加大财政扶持力度，降低发行成本，是提高中小企业融资的积极性、促进私募债发展最为直接有效的手段。各地政府要积极建立中小企业私募债发债企业财政贴息与财政奖励政策；已经建立的地区，要加大财政扶持力度，实施对发债企业财政贴息与奖励的全覆盖，甚至可以考虑提高贴息与奖励的力度。

（二）丰富财政手段范围，提升各方积极性

在采用现有的对发债企业贴息政策基础上，探索以多种政策手段促进中小企业私募债发展。一是适当减免发债企业税收，降低发债企业综合负担；二是探索券商财政奖励形式，提高券商承销债券的积极性；三是对投资私募债的票面利息收益减免税收，提高投资者认购的积极性。

（三）设立政府引导基金，提高发债规模与效率

建议各地借鉴中小企业创业投资引导基金的运作方式，设立中小企业私募债发展引导基金，由地方财政出资，基金认购发行额度的 10%—20% 通过政府基金的购买行为，发挥示范效果与杠杆效应，提高私募债的信用，增强社会机构投资者的认购积极性，保障私募债的发行规模与发行成功率。政府基金认购部分可以考虑不拿利息，实现对企业的补贴。在调研过程中，券商普遍反映如果有政府基

金投入，对成功发行具有极大的意义。另外，从目前已成功发出的中小企业私募债来看，公司都是规模实力较好的中小企业，再加上基本都有担保增信，实际风险能够控制在较低的水平。从预期收益来看，以目前平均 10% 以上年息率，三年期债券投资，可以获得 30% 以上的预期收益，按照大多数券商估测，即使出现 1/10 的最高风险的比例，依然能够完全保证基金的滚动发展。

二、加强宣传服务，搭建企业券商对接平台

（一）加强宣传力度，及时传递信息

针对目前大量中小企业对私募债相关信息不了解的状况，政府应不断加大宣传力度，通过政府网站、平面媒体、宣传手册、活动培训等多渠道向中小企业传递私募债的信息，介绍私募债的性质、明确私募债优势、公开私募债的发行情况、解释私募债的相关优惠政策等，让更多的中小企业认识、了解、认可、接受私募债，及时知晓相关支持政策，尽快消除信息不通畅问题。

（二）加强服务，搭建对接平台

一是建立企业与券商对接机制。建议各地中小企业私募债政府主管部门定期组织合作券商与中小企业的对接会，一方面有助于提高企业发债的积极性；另一方面也有助于券商选择条件优秀的企业，提高中小企业私募债的发行规模。二是搭建项目对接平台。如设立项目超市，将有发债意愿的中小企业集中起来，协助其将基本情况和发债诉求等做成标准化的资料，在项目超市集中公开发布。同时将有合作意愿的券商信息集中展示，发挥双方沟通桥梁的作用。三是分类指导扶持，探索产业集体发债。将各地重点发展的产业企业进行分类指导扶持，支持某一类产业企业集体发债。一方面，可充分发挥示范效应，实现私募债以点带面的发展趋势；另一方面，也可促进重点产业领域迅速发展。

三、完善担保与征信体系，增强市场认可度

（一）优化担保体系建设，提高保障机制

中小企业私募债的发债主体由于规模小、资产少、经营信息透明度不高、治理结构不规范、市场风险高等自身因素，导致市场认可度不高，因此发债过程中引入担保是必需的。但由于这些原因，获得担保机构的担保也是比较困难的，并且担保成本也很高。因此，积极发挥政府作用，优化现有的担保机制，化解中小

企业担保难，是促进中小企业私募债发展的重要保障。

一是充分发挥政策性担保公司的作用，为中小企业私募债提供担保与再担保服务。各地中小企业私募债发行管理机构应积极与当地中小企业政策性担保机构协调沟通，鼓励其加强业务创新，积极对中小企业私募债提供担保与再担保支持。

二是加强对担保公司的支持。中小企业融资离不开政策性担保机构的服务，因此，各地要积极支持政策性担保机构的发展，通过财政资金注资，提高政策性担保机构的规模和实力，以帮助其有能力为更多的中小企业提供担保服务。同时，为促进担保机构为中小企业私募债发债企业提供担保，探索对担保机构的风险补偿或补贴机制，对提供中小企业私募债担保的机构实施财政补贴，以提高其参与积极性。

三是鼓励担保公司适度扩张反担保物的认可范围。目前，中小企业私募债发行过程中，大部分担保公司认可的企业反担保物主要为房产与土地，建议适当放宽反担保物的认可范围，将股权抵押、应收账款等也纳入认可范围。

（二）完善增信体系建设，优化发展环境

建立完善的中小企业私募债增信体系，对于优化中小企业私募债的发展环境，促进中小企业私募债融资方式的发展具有重要意义。

一是探索多元化的增信方式。国际上债券发行有抵质押担保、第三方担保、债券信托、债券保险、信用准备金等多种方式。目前国内主要通过第三方担保、抵质押担保等形式为私募债增信，也出现了少量的部分担保条款与转股条款增信方式，但在市场上应用很少。因此，建立探索中小企业私募债的多种增信方式，如信用准备金、债券保险、含权条款等。

二是探索建立中小企业私募债券征信系统。加强中小企业信息的采集，充分整合银行、工商、税务、海关和财政等部门的信用信息，建立中小企业信用数据库，实现对中小企业私募债发行企业信用情况的详细系统记录，以合理、全面、客观地反映企业的资信状况，通过信用行为实现对中小企业私募债发行主体的约束管理。

三是完善评级机制。中小企业私募债的发行主体一般资信偏低，投资者的认可度低。在美国高收益债券市场，为了加强对投资者的风险提示，对发行主体评级有严格的要求。目前在我国的中小企业私募债市场，对发债主体及其债券没有硬性的信用评级要求，由买卖双方协商确定。在统计已发行的334只债券中，仅

有 47 家发债企业进行了主体评级，56 只债券进行了债项评级。由于缺乏专业机构的评级，投资者将更多地依靠自身判断，有可能承担更大的风险。因此，应积极加强与完善中小企业私募债评级机制，促进其走向成熟。

四、加强模式创新，降低风险水平

（一）探索设立风险缓释工具与产品，降低风险水平

我国中小企业私募债主要参考美国的高收益债券，中小企业的特点决定了中小企业私募债是高收益高风险债券，美国高收益债券经过几十年的发展，拥有丰富的风险缓释工具与金融衍生品来缓解中小企业私募债的风险。由于我国中小企业私募债属于新的债券产品，缓解中小企业私募债的风险缓释工具与金融衍生品严重缺乏。因此，为了促进我国中小企业私募债的发展，也需要探索降低中小企业私募债风险的各类工具与产品。

可借鉴美国的做法，积极推动信用违约互换和担保债务凭证等衍生品创新，有效转移和对冲信用风险；探索设立信用风险缓释凭证、信用风险缓释合约等工具，通过定价、转移、对冲等形式分散私募债风险。通过金融工具创新缓释中小企业私募债的风险，提高一级发行市场发行规模与二级交易市场流动性。探索债券产品分级设计，在设计私募债产品时，根据投资者的风险偏好类型，可通过优先、中间、劣后等方式多层级设计，扩大投资者的选择范围。

（二）引入强制赎回等退出机制，有效防范风险

目前，我国上交所与深交所的《中小企业私募债券业务试点办法》中主要通过"合格投资者"与"设立保障基金"两个方面来约束投资人与发行人行为，以有效防范中小企业私募债的风险。如，"证券公司应当建立完备的投资者适当性制度，确认参与私募债券认购和转让的投资者为具备风险识别与承担能力的合格投资者。证券公司应当了解和评估投资者对私募债券的风险识别和承担能力，充分揭示风险"。"发行人应当设立偿债保障金专户，用于兑息、兑付资金的归集和管理"。

引入强制赎回与可转债机制。为了保护投资者的利益，探索强制发债企业赎回的特定触发事件机制，可依据财务指标，或其他事件，设置赎回的事件窗口条件，实时监控发债企业的财务情况与信息披露，当触发事件发生，强制企业赎回债券。研究设置私募债附认股权或可转股条款的可转债模式，以降低中小企业的

融资成本与投资者股权投资风险。

（三）探索私募债券可转债创新，提高投资者积极性

可转换债券模式，由于其灵活性，对于募集资金的企业来说，可以有效地降低融资成本；而对于投资者来说，可以降低直接投资于股权的风险。在资本市场高度发达的美国，大量的中小企业通过发行可转换债券私募企业发展资金，而我国目前可转换债券融资方式发展缓慢，主要是极少数大的上市公司发行。

大量的机构投资者在认购中小企业私募债时，一方面希望获得私募债的稳定的票息收入，另一方面，也希望有机会发掘其未来上市后的股票收益。在我国当前中小企业私募债风险偏高，机构投资者认购积极性不高，以及国家积极发展多层次的资本市场体系，尤其是创业投资与风险投资背景下，建议探索中小企业私募债的可转换债券模式创新，一方面有利于降低中小企业发行债券的融资成本；另一方面，可以给予机构投资者更多的选择机会，降低其认购中小企业私募债的风险。

（四）筹建风险偿债保障基金，适度缓解偿付风险

中小企业私募债存在高风险性，为了保护投资者的权益，缓解中小企业私募债的偿付风险，可以尝试在初期建立中小企业私募债风险偿债保障基金，促进中小企业私募债市场的健康平稳发展。保障基金由债券发行人与承销券商共同出资，发行人根据主体评级与债项评级确定风险保障基金的出资比例，评级越低，保障基金缴纳的比例越高。如果发行人出现到期违约难以付息或兑付本金的情况下，可通过保障基金给予投资者一定比例的补偿。

五、完善机制设计，提高债券流动性

（一）建立公开流通机制及其触发事件机制

目前我国发行的中小企业私募债的变现能力很差，投资者一旦认购，基本上是持有到期，难以变现。美国高收益债券有统一的认购平台，为了提高流动性，活跃市场交易，《144A规则》也明确放宽了转售条件。通过调研发现，我国大量的机构投资者希望中小企业私募债建立交易流通机制。

因此，建议探索设立中小企业私募债的公开流通统一认购平台，以及公开流通的触发事件机制，可依据企业的财务指标设置流通窗口条件。增强其流动性与

市场价值发现功能，满足不同投资者的需求。

（二）做活二级市场，放宽交易限制

根据上交所与深交所的"私募债试点办法"规定，我国中小企业私募债主要通过上交所的固定收益证券综合电子平台、深交所的综合协议交易平台，以及证券公司进行转让。整体上私募债交易活跃性不高，严重地制约了私募债的发展。

因此，建议放宽交易限制，做活交易所债市二级市场。适度放宽对中小企业私募债交易的限制，使之在交易所竞价系统、银行间市场、交易所等多个市场都可进行交易，并且采取竞价交易方式，以增强债券的流动性，降低发行成本。还可考虑采用做市商制度，通过承销商与合格投资者等做市商主体的作用，利用上交所固定收益平台和深交所综合协议平台，通过做市商行为提高私募债券的流动性，以提高社会投资者介入的积极性。

第九章　云计算促进中小企业发展

2010年10月10日，我国将云计算产业列入国家重点培育和发展的战略性新兴产业，2012年7月国务院再次明确将云计算工程作为我国"十二五"发展的重点工程之一。当前，云计算作为新一代信息技术产业的重要发展方向和新兴业态在我国的战略地位日益凸显，云计算产业在我国已进入快速发展时期，如何利用云计算这一战略性新兴产业促进我国广大中小企业健康快速发展已成为重要新课题。

第一节　云计算的理论分析

一、云计算的定义及技术特征

（一）云计算的定义

2011年，美国国家标准技术研究院（National Institute of Standards and Technology，简称"NIST"）将云计算（Cloud Computing）定义为"云计算是一个模型，这个模型可以方便地按需访问一个可配置的计算资源（例如，网络、服务器、存储设备、应用程序以及服务）的公共集。这些资源可以被迅速提供并发布，同时最小化管理成本或服务提供商的干涉。"

云计算的本质在于通过网络将信息通讯技术（ICT）资源动态、弹性地提供给用户，实现按需付费。用户可以像用水或用电一样根据不同阶段的不同需求，以相对低廉的价格使用数据存储设备、计算设备以及各种应用程序等ICT资源，而无需像以往一样购买这些软硬件设备，也不需要考虑设备的配置、运行以及后续的运营维护等细节。

（二）云计算的技术特征

美国国家标准技术研究院（NIST）从供需两个维度将云计算的关键特征归纳为以下五个方面。从供给维度来看，云的提供方要具备两项关键特征：一是必须要拥有一定规模的服务器、存储或网络等硬件设备的资源池；二是要能够支持使用方采用弹性部署的方式。从需求维度来看，云的需求方要具备三项关键特征：一是需求方使用云的过程并不需要自己架构或部署复杂的软硬件后台系统，能够联网就能随时使用；二是能够做到按需付费；三是云计算的应用不是简单的信息获取，而是一种计算能力或计算资源的合理利用。

（三）云计算服务获得途径

云计算服务需求方可以通过以下两类途径获得云计算服务：

第一种是在线购买或在线租赁的方式获得云服务，随需随用，主要以获得公有云服务为主，这种方式适用于中小企业，尤其是以小微企业为主。

第二种是与云计算服务提供商签订合同，在企业内部部署，或通过专有网络连接提供商，主要以获得私有云服务为主，这种方式更适合于中大型企业，以大型企业居多。

二、云计算的服务模式

云计算的服务模式可以分为如下三类：即 IaaS（基础设施即服务）、PaaS（平台即服务）和 SaaS（软件即服务）。

（一）IaaS（基础设施即服务）

IaaS 主要的表现形式是存储服务和计算服务，应用领域主要集中在金融机构、大企业、公共图书馆等具有大量数据需要存储的机构，主要的服务提供商有国外的亚马逊、国内的电信运营商等。

（二）PaaS（平台即服务）

PaaS 服务主要的表现形式是为客户提供供用户实施计算机编程开发的平台环境和能力，包括开发测试、能力调用、部署运行等，具有软件研发平台的功能，主要的云计算平台服务提供商有国外的微软、谷歌，国内的百度、新浪等。

（三）SaaS（软件即服务）

SaaS 服务主要的表现形式是提供实时运行的在线软件服务，服务种类多样、形式丰富，常见的应用包括客户关系管理（CRM）、社交网络、电子邮件、办公软件、OA 系统等，主要的服务提供商有国外的微软、Salesforce、谷歌以及国内的用友、金蝶等。

三、云计算服务的种类

云计算服务的种类可以分为以下三类，即公有云、私有云和混合云。

（一）公有云

公有云对使用用户没有明确的准入限制，用户可以根据自身需要随时使用公有云的公开资源。对中小企业而言，公有云服务往往是中小企业选择云服务时的首选对象，因为公有云既能快速提供中小企业所需的 IT 资源，满足广大中小企业差异化的需要，同时在成本上也不会给中小企业造成太大的负担。中小企业只要能够连接互联网，就可以享用公有云的服务资源。公有云的基础设施是共享的，其云端数据可以在全球不同地区进行存放。典型的公有云服务提供商有国外谷歌、亚马逊、微软，以及国内的阿里巴巴、腾讯、百度、新浪、金蝶等。

（二）私有云

私有云通常是针对企业的特定需求，在企业内部特别定制，一般更适合于中型以上企业，并以大企业的应用为主，尤其是适用于大型的企业集团。由于私有云不具有公开性，并且是为特定用户特别定制，因此其安全性和服务质量通常都能得到有效保障。私有云既可以部署在企业自己数据中心的机房或防火墙内，也可以部署在企业外部，由供应商来提供安全的主机托管场所。如果私有云部署在企业外部，则需要为企业提供一条专属的网络链接用于与私有云相连。通常来说，需要私有云的机构一般都已具备一定的 IT 规模，因此私有云更多被大型组织如政府、银行、保险等需要存储大量信息的机构使用。典型的私有云服务商有国外的 IBM、国内的用友等。

（三）混合云

混合云兼具公有云和私有云的性质，是根据用户的特定需求发展而来。由于用户有时需要通过一套信任证书授权来访问不同云端的多个数据，数据有时也需要在不同云端之间进行流通，或者私有云的某项特殊应用需要临时借用公有云的某些资源，这种情况下的云服务将兼具公有云与私有云的双重特性，表现为多种云配置的有机组合，因而将其称之为混合云。典型的混合云提供商有国外的VMware vSphere，国内的恩信云等。

第二节　云计算对中小企业的价值

一、显著降低中小企业信息化部署成本

一是降低中小企业发展初期基础设施门槛。基础设施对中小企业而言非常昂贵，尤其对一些软件开发类中小企业而言，在其尚未实现盈利但用户激增时期，基础设施成本和建设周期都成为企业进一步发展的重要制约因素，例如即使仅需10台服务器，需要的投资总额可能也要几十万；即使企业有能力进行融资，但也需要很长的时间周期。这种情况下云计算公共服务平台（例如百度的软件开发PaaS平台）由于可以即刻使用，使中小企业可以在最短的时间内用最小的成本，拥有高质量的信息化基础设施，帮助软件开发类中小企业实现"零成本"创业，显著降低了中小企业的创业门槛。云计算使中小企业的信息化成本明显降低，其基于互联网的服务交付方式，既降低了信息化门槛，又缩短了信息化部署周期，使中小企业能够更快地享受到信息化的价值。

二是降低中小企业发展中期信息基础设施的运营维护成本。云服务平台能够以稳定的、可靠的服务降低中小企业发展中期的开发运营维护成本。中小企业信息化建设采用云计算模式升级维护成本低且应用稳定，中小企业无需雇佣专业的IT技术人员维护企业的信息化系统，能够以较少的时间来管理复杂的IT资源，将更多的时间投入到核心任务中，因此云计算是中小企业信息化建设的捷径。云服务可以直接将企业经营不同环节所需要的信息化软件提供给中小企业，中小企业只需进行简单的下载便可以使用，而且无需考虑软件的运营维护、升级等问题，云服务软件的运行及维护都由云服务提供商负责，解决了中小企业IT专业人才不足问题。

总体来看，云计算降低中小企业信息化成本的优势比较明显，以用友信息化硬件基础设施云托管服务为例，租用云服务3年期限其成本约是传统信息化手段成本的1/2左右（见下表）。

表 9-1　用友云托管服务与传统信息化手段部署成本比较

费用投入		明细	用户自管	用友云托管
某 U8 系统应用对比表	服务器硬件	应用服务器1台 数据库服务器1台	4万	1.5万/年
	网络及网络设备	3M带宽接入（独享）	2万/年	2万/年
		双线上网路由器	外包	1.3万/年
		交换机		
		带宽管理器		
		网络安全设备		
		应用防火墙		
	机房	控温设备		
		电力系统保障（ups）		
		消防设备		
		门禁系统		
		场地		
	人员成本	管理运维（1人）	5万/年	
	费用合计		11万/年	4.8万/年
	三年费用合计		25万	14.4万

费用投入		明细	用户自管	用友云托管
某 NC 系统应用对比表	服务器硬件	应用服务器2台 数据库服务器2台 光纤磁盘阵列	17万	6万/年
	网络及网络设备	10M带宽接入（独享）	7万/年	7万/年
		双线上网路由器	10万	5万/年
		交换机		
		带宽管理器		
		网络安全设备		
		VPN服务器		
		应用防火墙		

（续表）

	费用投入	明细	用户自管	用友云托管
某NC系统应用对比表	机房	控温设备	10万	5万/年
		电力系统保障（ups）		
		消防设备		
		门禁系统		
		场地		
	人员成本	管理运维（2人）	12万/年	
	费用合计		56万/年	18万/年
	三年费用合计		113万	54万

数据来源：用友云服务，http://www.yonyou.com/。

二、丰富中小企业可以调用的ICT资源

云计算极大地丰富了中小企业可以调用的信息资源和应用软件服务，使中小企业的信息资源使用更加灵活，更好地满足中小企业的需求。据不完全统计，70%以上的中小企业在信息化建设上的投入近不足1%，但如果采用云计算模式进行信息化建设，中小企业在短期内仅需付出低廉的租金，就可以享用与大企业相媲美的ICT资源，云计算为中小企业带来高性能、低成本、专业化等多种好处。同时，云服务平台可以通过聚集大量的不同类型的云服务提供商，为中小企业提供丰富的信息化资源，解决了中小企业信息化建设无从下手的问题；而且云服务平台可以通过建立的客户选择和评价互动机制，帮助中小企业解决大量同类型信息化软件的筛选问题，降低中小企业信息化建设的选择成本，极大地丰富了ICT资源。

三、动态调整所用资源降低费用水平

总体来看，云计算服务较传统信息化手段具有相对明显的价格优势，以金蝶信息化软件云服务为例，调研显示采用金蝶云服务软件与传统购买金蝶企业管理软件相比，一般来讲可以节省50%—60%的软件使用费用。

由于"云"的规模可以动态伸缩，"云"的内容可以灵活调整，中小企业在无需加大硬件投资的情况下就能够迅速满足用户规模增长的需要，可以根据情况迅速扩大或缩小ICT资源，并根据资源进行动态扩展实现提供服务弹性化。同时

由于云计算服务可实现即时测量，因此云计算使用费用可根据用户的使用量随时随地按需付费，解决了传统软件费用过高及资源浪费的现象。例如，购买一款传统的 ERP 管理软件，软件一般是将很多管理多功能集成在一起，价格较高；云服务将传统的软件集成功能进行碎片化处理，能够提供碎片化的功能服务，这些服务可以来源于不同的服务商，只使用套装软件其中某一项功能可能只需原来套装软件价格的几十分之一，甚至免费。

云服务通过按需付费降低了企业实际使用 IT 资源的成本，用户只需支付实际消费的部分，而且使用量可根据需要随时增加或减少。这使得中小企业既能摆脱资金限制，又能充分利用共享的底层资源，享受优异的 IT 环境。

四、云服务突破时空限制实现高效办公

云服务突破时空限制主要是指云计算服务通过移动互联网化已经基本上能够做到触手可及。目前云计算服务有很多都是移动互联网产品，可以随时随地获取云服务应用。而且，目前移动互联网的数据传送速度已基本可以满足云服务的网速要求，因为云服务所涉及的工作流程审批、报销、任务安排、跟踪等都仅是小规模的数据传输，手机就可以完成，云服务不需要传输视频或大文件。

由于云服务应用突破了时间和空间限制，具有随时随地访问的灵活性，从而加速企业内部信息传递，打破企业各层级、各部门间的壁垒，使原本割裂的信息聚合一起，全通道式的信息传播得以建立，企业内部的交互变得更自由、更顺畅，充分提高了企业内部协作效率。实现对异地仓库、分支机构、网店等实时管控，加强企业内部的协同管理和企业外部供应商、经销商、客户的上下游信息共享和产业链协同。云计算得益于移动互联网的快速发展，突破了时间和空间限制，已经可以做到触手可及，企业员工通过云端办公能够让决策与行动实现同步，对市场商机的变化迅速作出反应，从而抢占先机。

五、云资源终端访问限制低且相对稳定

云计算能够在不同终端设备间实现数据和应用的兼容共享。云计算对访问资源的终端设备没有特定要求，在严格规范的数据安全管理机制下，使用者可以通过不同设备来使用同一款云产品，只要能够连接互联网，无论是电脑还是手机、PAD 等新兴移动终端，都可以访问和使用云服务资源，云服务对终端使用设备及终端系统没有明确的限制和要求。

另一方面，云计算服务与银行的保险箱业务具有一定的相似性，云服务为企业提供了相对稳定、可靠的数据存储和计算服务，这一过程并不涉及使用者的个人隐私。云服务通过专业的维护使中小企业免去信息化设施繁杂的运维工作，同时也能够有效避免病毒入侵以及数据丢失等问题。例如，对于软件开发类中小企业，云平台具有完善的用户注册机制、用户管理制度，可以保障用户信息资源的有效管理，降低经营风险。

第三节　中小企业公共服务平台云计算应用情况

2013年6月，工信部中小企业司主办了国家中小企业公共服务示范平台"云计算服务中小企业"培训，158家国家中小企业公共服务示范平台（以下简称"平台"）参加了此次培训，培训期间向中小企业公共服务平台发放了云计算应用情况调查问卷，经筛选剔除无效问卷后，共回收有效问卷132份，统计分析结果如下：

一、主要结论

云计算服务模式目前仅是少数平台（25%）服务中小企业的手段；"对云计算服务了解不够（50%）"和"缺少足够的技术支持（24.24%）"是平台目前未能提供云计算服务的两项主要原因；云计算服务当前的主要运行模式是免费（48.8%）或前期免费后期收费（44.19%）。

目前云计算服务还不是平台在信息化投入上的主要开支项目，云计算服务投入占单位信息化总投入比例在10%以下的比重最大，达34.15%；该项服务还没有在中小企业中大范围推广，接近一半的平台（48.84%）利用云计算服务中小企业的数量在50家以下，因此说，目前的云计算服务基本处于刚刚起步的探索阶段。

尽管如此，云计算服务较传统服务模式优势十分明显（77.55%）；"提高平台为中小企业服务的能力（42.1%）"和"降低平台提供服务的投入和管理成本（31.58%）"是云计算服务模式较传统服务模式最重要的两项优势；但云计算服务模式目前还不是政府扶持政策的重点关注领域，绝大部分地区（占70.45%）尚没有扶持政策。

目前提供云服务有三大主要困难，分别是"资金不足（32.43%）"、"机构对云计算了解不够（20.27%）"、"中小企业不认可（20.27%）"；同时"无满意反馈机制（58.14%）"是当前云计算服务一个比较重要的缺陷。

从平台如何获得云计算服务能力来看，"委托开发/购买（31.91%）"是获取云服务能力主要渠道；从发展趋势来看，云计算服务正在成为越来越多平台提高服务能力的重要选择，使用云计算模式提供服务的平台数量在快速上升；平台的云计算服务主要集中在"本地区优势/特色产业（31.25%）"和"产业集群企业（29.17%）"，跨区域服务的情况较少；所采用的服务主要以 SaaS(36.59%)模式为主。

二、具体情况

（一）各类服务平台积极参加云计算培训

参与此次问卷调研的平台构成与当前我国中小企业服务机构以企业和事业单位为主体，以政府、社会团体以及民办非企业为补充的现状基本吻合。反馈问卷的平台以事业单位平台最多，接近总量的一半，达 49.2%，其次是企业平台，占比为 37.5%，这二者之和占比达到 86.7%，同时另有 13.2% 的平台是政府、社会团体以及民办非企业代表，因此从参会平台机构性质分布来看，本次问卷可以反映出当前我国中小企业服务机构的基本情况。

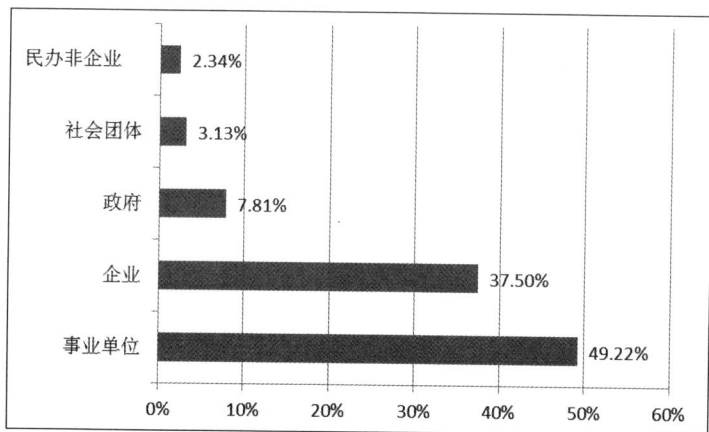

图 9-1　参加云计算培训的公共服务平台机构性质分布

数据来源：赛迪智库中小企业研究所整理。

（二）采用云计算服务中小企业情况

云计算服务模式目前仅是少数平台服务中小企业的手段。仅有 25% 的平台能够提供云计算服务，相比之下，绝大部分的平台（75%）目前不能通过云计算来为中小企业服务。这说明云计算服务作为为中小企业提供服务的新模式亟待得到更高程度的重视。

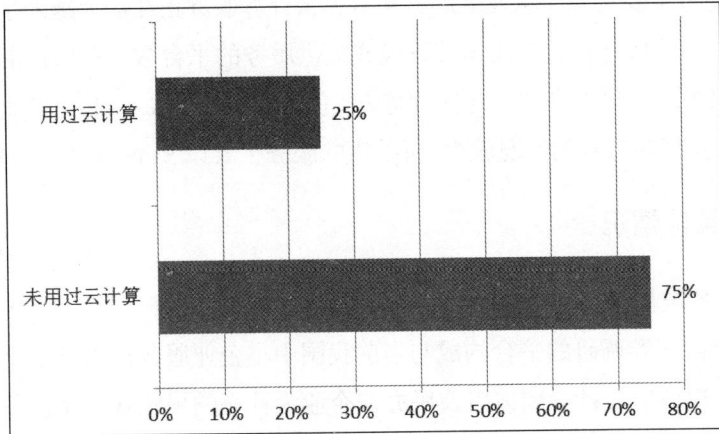

图 9-2　平台采用云计算服务中小企业情况

数据来源：赛迪智库中小企业研究所整理。

（三）未提供云计算服务的主要原因

"对云计算服务了解不够（50%）"是平台没有提供过云计算服务最主要原因；第二个重要原因在于即使一些平台了解云计算，但因缺少足够的技术支持（24.24%），致使提供云计算服务还没有办法进入实际操作层面。中小企业的需求问题目前还不是平台未采用云计算服务的主要原因。

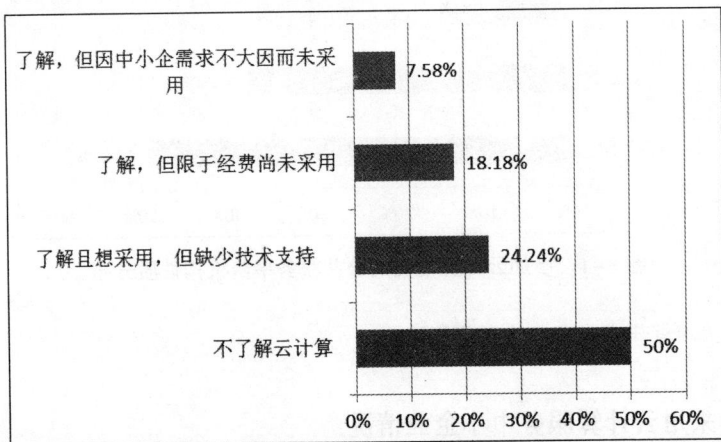

图9-3　平台未提供云计算服务的主要原因

数据来源：赛迪智库中小企业研究所整理。

（四）提供云计算服务的收费情况

"免费"或"前期免费后期收费"是目前平台提供云服务的主要运行模式，其中完全免费的云服务占48.8%，前期免费后期收费的云服务占44.19%，纯收费服务仅占当前平台云服务的很少一部分，不足7%。

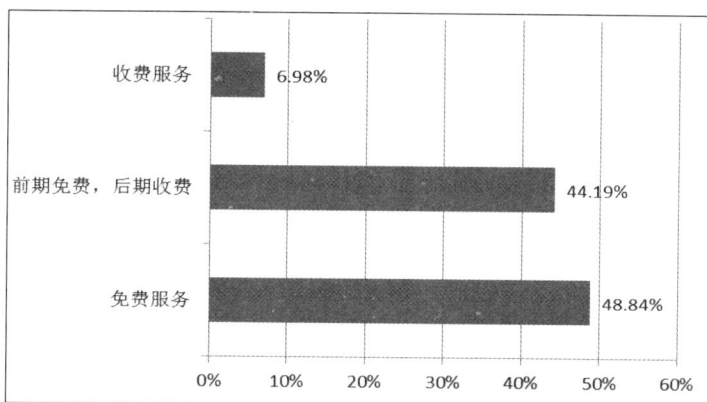

图9-4 平台提供云计算服务的收费情况

数据来源：赛迪智库中小企业研究所整理。

（五）云计算服务投入情况

目前云计算服务还不是平台在信息化投入上的主要开支项目。在提供云计算服务的平台中，云计算服务投入占单位信息化总投入比例在10%以下的比重最大，达34.15%；比例在30%以下的接近66%；比例在30%以上的不足1/4。

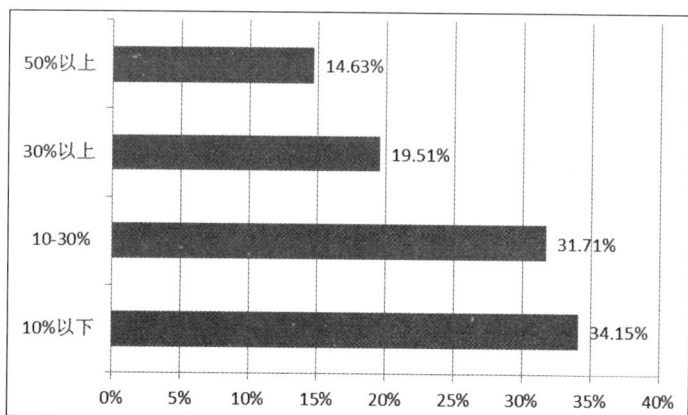

图 9-5　平台云计算服务投入占单位信息化总投入比例

数据来源：赛迪智库中小企业研究所整理。

（六）利用云计算服务中小企业的数量

云计算服务还没有在中小企业中大范围推广。在少数能够提供云计算服务的平台中，接近一半的平台（48.84%）利用云计算服务中小企业的数量在50家以下，服务中小企业数量在100家以下的平台比例达65.1%，而通过云计算服务模式服务1000家以上企业的平台比例不足10%，这说明目前仍有待加大推广力度，加大宣传，提高中小企业对云计算的认识。

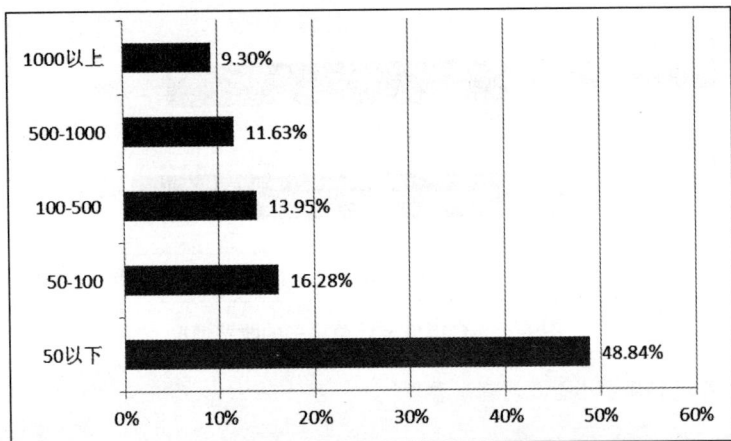

图9-6　平台利用云计算服务中小企业数量（家）

数据来源：赛迪智库中小企业研究所整理。

（七）云计算服务较传统手段的相对优劣

云计算服务较传统服务模式优势十分明显。在已经采用云计算服务的平台中，还没有平台对此持否定意见，77.55%的平台都认可云计算服务较传统服务手段更好，余下22.45%的平台认为因目前中小企业采用面过小，一时难有定论，但也并未对云计算服务给予否定。

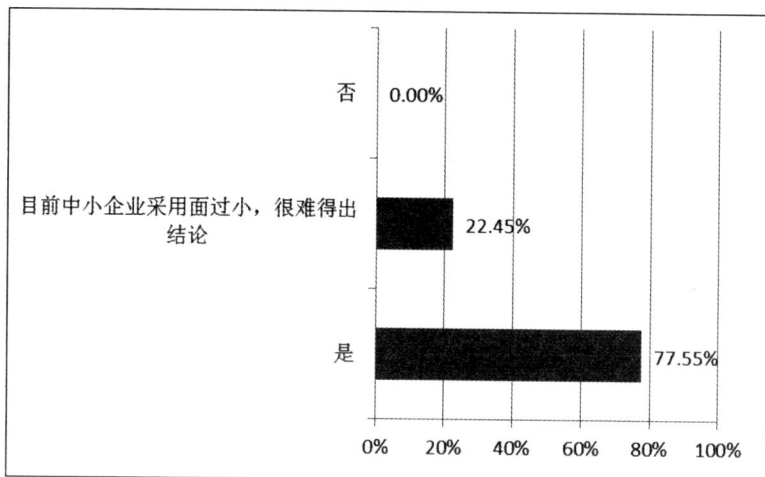

图9-7　云计算服务是否较传统服务模式具有优势

数据来源：赛迪智库中小企业研究所整理。

（八）云计算服务模式的优势

"提高平台为中小企业服务的能力"和"降低平台提供服务的投入和管理成本"是云计算服务模式较传统服务模式最重要的两项优势，获得绝大部分平台（73.69%）的一致认可。这意味着，当前云计算服务已经具备了推广试点的可行性。

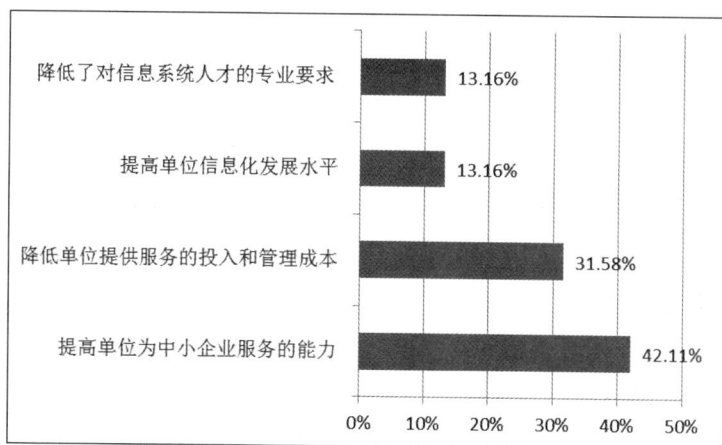

图9-8　云计算服务模式的主要优势

数据来源：赛迪智库中小企业研究所整理。

（九）各地制定政策鼓励平台采用云计算情况

云计算服务模式目前还未广泛获得政府扶持政策的支持。绝大部分地区（70.45%）并没有制定鼓励中小企业服务机构采用云计算为中小企业服务的扶持政策，少数地区（18.94%）虽有扶持政策，但支持力度明显不够，只有个别地区（7.58%）扶持政策的力度较大。这意味着，云计算服务模式亟需相关部门加大扶持力度以及加强政策引导。

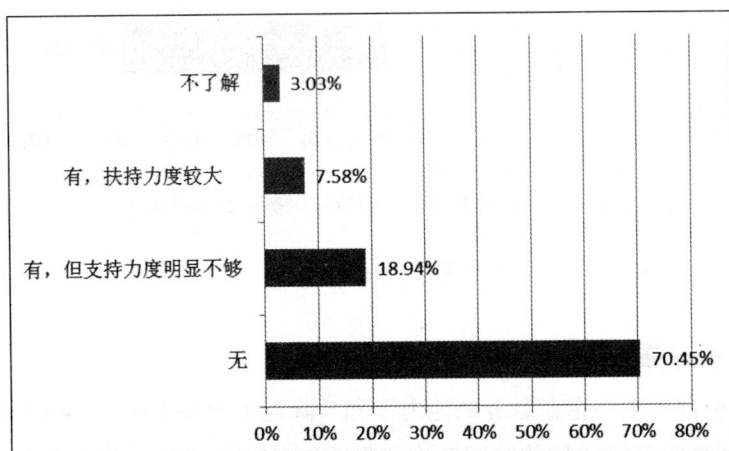

图9-9　各地制定政策鼓励平台采用云计算情况

数据来源：赛迪智库中小企业研究所整理。

（十）提供云计算服务的主要困难

"资金不足"是当前平台普遍反映提供云计算服务的最主要困难，这可能由于目前利用云计算服务模式为中小企业提供服务仍处于探索性阶段，还没有纳入到各平台的重点工作中，因此资金相对短缺，这一问题将随着云计算服务模式认可度的不断上升得到相应解决。

"机构对云计算了解不够"和"中小企业不认可"是仅次于"资金"问题的两个困难点。这两方面内容本质都是对云计算了解不够。"人才"及"政府扶持和引导"因素并不是当前最影响云计算服务推广的首要因素。

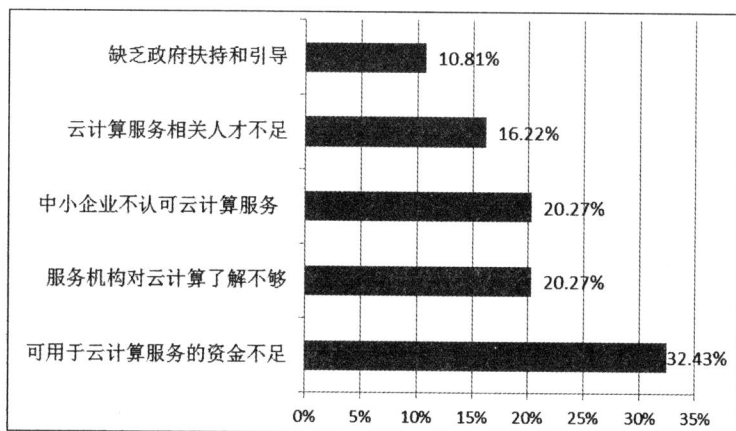

图9-10　平台提供云计算服务的主要困难

数据来源：赛迪智库中小企业研究所整理。

（十一）云计算服务满意度反馈机制

"无满意反馈机制（58.14%）"是当前平台提供云计算服务一个比较重要的缺陷。但是从有满意度反馈机制的平台统计来看，中小企业对云计算服务"反映良好"的比例约是"反映一般"比例的3倍，这再一次说明了云计算服务能更好地服务中小企业，未来市场需求潜力巨大。

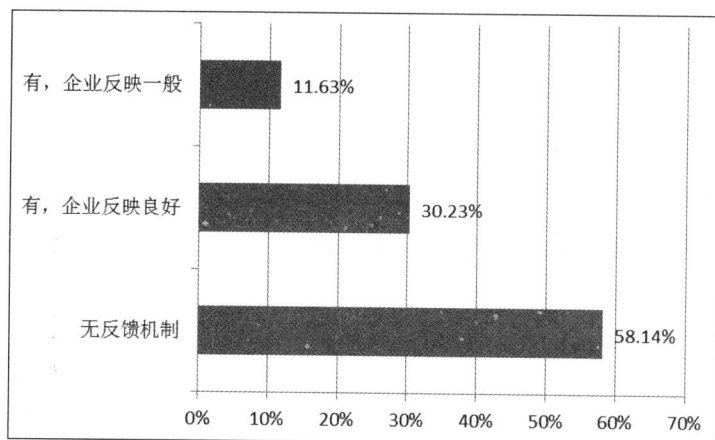

图9-11　云计算服务满意度反馈情况

数据来源：赛迪智库中小企业研究所整理。

（十二）平台云计算服务能力获取方式

"委托开发 / 购买（31.91%）"是目前平台获取云计算服务能力的主要渠道，"云服务商嵌入平台（23.4%）"是获取云服务能力的第二个重要渠道，这二者之和占55.31%。除此之外，"自主开发、租用或其他"方式使用的比例都较低。

这说明，仅依靠平台自身的力量是无法获得为中小企业提供云计算服务的能力，与云计算服务提供商建立某种合作渠道或合作关系将成为平台提供云计算服务的重要环节。

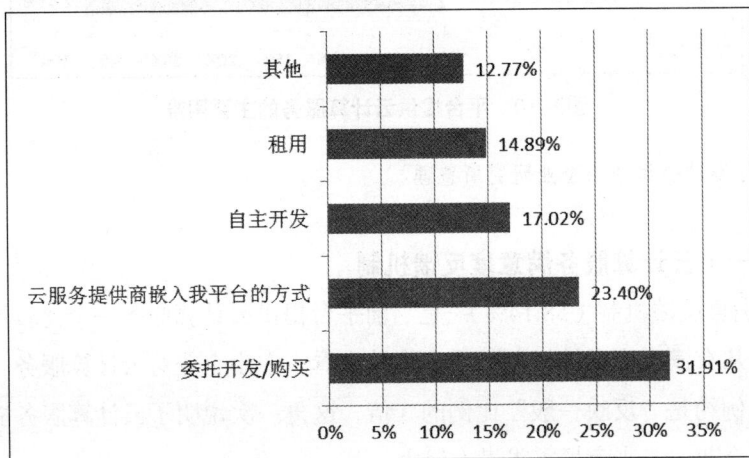

图9-12　平台云计算服务能力获取方式

数据来源：赛迪智库中小企业研究所整理。

（十三）平台开始提供云计算服务的时间

云计算服务正在成为越来越多平台提高服务能力的重要选择，云计算模式正在成为平台提供服务的一种趋势。2009—2012 年，采用云计算模式提供服务的平台数量呈迅速上升趋势。

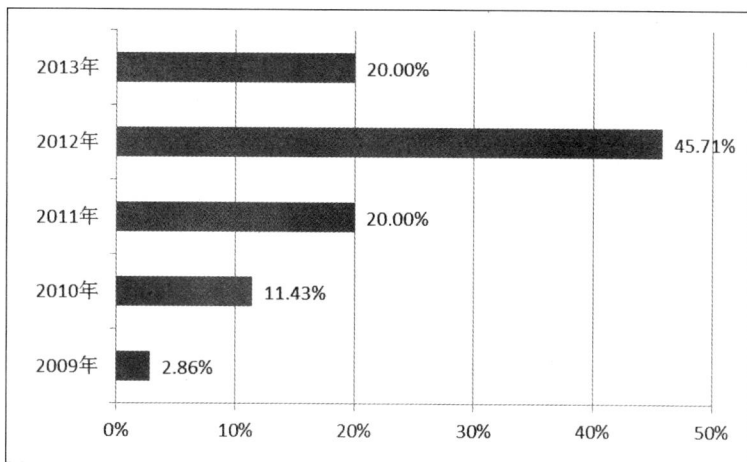

图9-13　平台开始提供云计算服务的时间

数据来源：赛迪智库中小企业研究所整理。

（十四）云计算服务范围

"本地区优势 / 特色产业"和"产业集群企业"是目前平台云计算服务的主要范围，二者之和占比达 60.42%；"园区企业"和"跨地区企业"并不是当前平台云计算服务的重点，其各自占比均在 15% 左右。这说明目前云计算服务范围主要集中在本地区范围内。

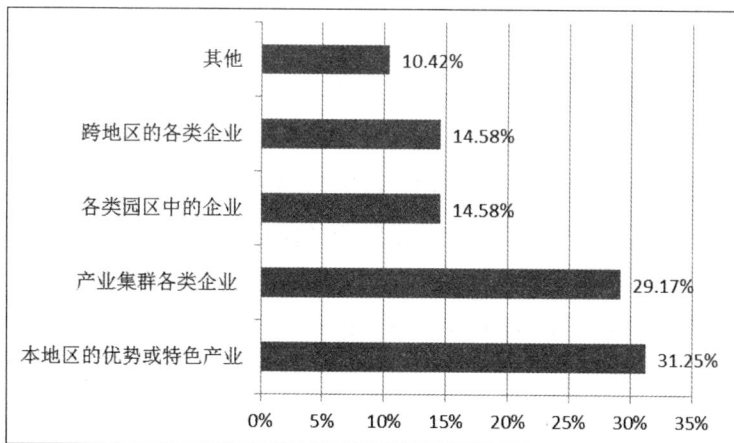

图9-14　平台提供云计算服务的范围

数据来源：赛迪智库中小企业研究所整理。

（十五）提供云计算服务类型

SaaS 是目前云计算服务中小企业的主要模式。单独提供 PaaS 或单独提供 IaaS 服务仍是较少的情况，这意味着 SaaS 服务将是未来平台通过云计算服务中小企业的主要服务内容。

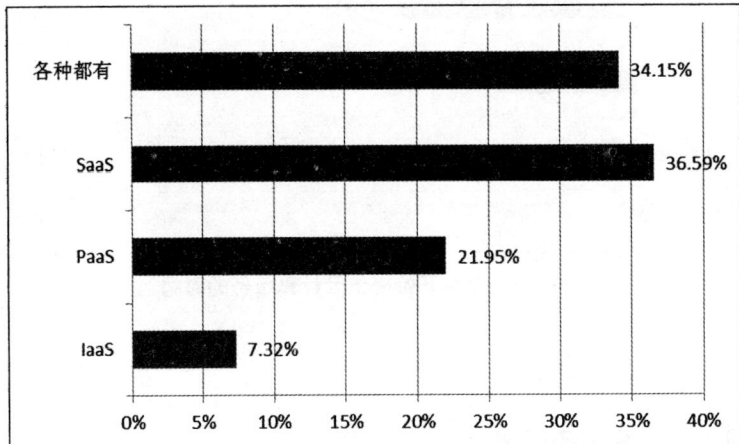

图9-15 平台提供云计算服务的类型

数据来源：赛迪智库中小企业研究所整理。

第四节 云计算服务中小企业的主要障碍和问题

一、传统观念制约及应用宣传不足

一是中小企业因传统观念的影响对云计算服务的认知度、接受度并不高。虽然目前云计算服务技术已经进入应用阶段，但限于中小企业对云计算服务的认识还有待提高，中小企业从"观念上接受"到"在经营中具体采用"还有一个逐渐接受的过程，并且中小企业普遍担心从传统平台向云平台迁移可能存在问题与风险，中小企业对云计算的了解和认识亟待提升。

二是云服务提供商对中小企业的云应用宣传明显不足。企业推广资金主要都用于能够马上见到经济效益的领域，可用于培育云计算服务市场的资金非常有限，企业没有能力花很大的市场费用去培育云计算服务市场。政府目前对云服务商资助的资金主要用于研发创新云服务产品，企业没有能力大范围有效推广新技术（如云计算）在中小企业中的应用，这成为向中小企业推广云计算服务的主要障碍。

例如调研显示，即使金蝶目前正在承担政府的云计算服务中小企业示范工程项目，但却没有能力进行有效的大范围宣传推广。

三是政府在宣传推广中小企业运用云计算服务方面所做的工作较少，有待进一步加强和完善。政府在云计算领域当前的工作主要是扶持一些云计算服务提供商提高云服务的供给，在培育云计算服务市场需求方面，即引导中小企业增加对云服务需求方面的工作非常有限，目前很少有政府机构组织的大规模体系化的中小企业应用云服务的宣传推广活动。

总的来看，面对云计算服务，要么中小企业自身受传统观念约束存在一定的观望态度，要么不知云计算应用应该从何入手，不了解如何具体实施。微软赞助的一项 cloud survey 调查显示，国外目前还没有使用云服务的中小企业主要也是因为对云服务的了解不够，这说明云计算应用在国内外都存在对中小企业宣传不足的问题。

二、中小企业的应用成本仍然偏高

一是选择成本高。中小企业面对良莠不齐、缺乏标准的云计算服务提供商，缺乏辨别能力，选择成本过高，不符合中小企业对采购云计算服务便捷化、简单化的要求。目前严重缺乏专业化的一站式云计算服务平台，中小企业在采购云计算服务时需要寻找多家服务提供方，彼此难以分辨，选择成本过高。

二是应用费用成本高。使用云服务的初始成本较低，但是随着年限的延长，云服务使用成本上升呈现等比例持续上升趋势，并可能逐渐超过传统信息化手段的费用成本。以用友云托管服务为例（详见前文表9-1），租用云服务3年期限成本约是传统信息化手段成本的1/2左右，但如长期使用其成本很有可能超过传统信息化手段的费用成本（见下图）。另一方面，由于缺乏云计算整体解决方案提供商，中小企业往往从多个服务商购买不同的服务模块，虽单项成本不高，但加总之后的综合成本仍然相对偏高，云计算的规模效应尚未得到充分发挥，限制了云服务的大范围推广和普及。

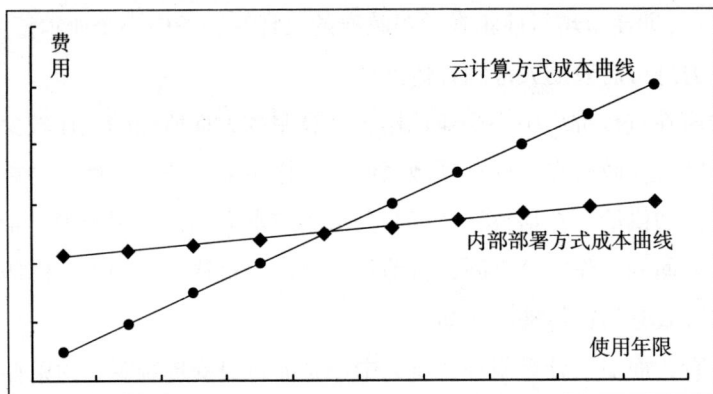

图9-16　中小企业信息化使用云计算与传统方式成本比较

三是网络带宽的要求额外增加了云应用成本。云计算应用的核心就是基于网络的应用，接入网络的带宽就直接决定了企业使用云计算平台的质量。可靠的、低成本的、容易获取的带宽资源，是云计算推广应用的重要前提和基础。但是我国目前网络带宽不足、带宽成本高等问题正在制约云计算的应用推广。

四是云服务与企业内部现有的遗留信息系统整合需增加额外费用。调研显示，传统的软件一般来说跟企业中其他的应用软件的集成度相对更高，目前的云服务与企业中现有遗留的传统信息化系统进行集成存在难度，很多中小企业并不具备这样的技能，这意味着从成本的角度来看云服务，企业可能会花费比较低的成本获得公有云服务，但是却有可能为了打通企业内部整个的信息系统流程还需要花费部分额外的费用，才能把公有云的服务与企业内部现有的遗留系统做一个整合，而且这一现象比较普遍。所以在短期之内，尽管公有云服务一定会比传统软件成本要低很多，但云服务与企业内部遗留的传统信息系统的兼容问题会增加额外费用。

总体来说，目前我国云计算服务市场规模仍较小，云服务业务并不丰富，云计算的赚钱效应和省钱效应都没有得到充分体现，中小企业大范围应用云计算的规模效应尚未形成，成本偏高仍然是云计算推广的重要制约因素。

三、安全问题是云应用的重要短板

一是云服务在技术方面存在安全隐患。技术方面的安全隐患主要指云计算目前严重缺乏明确规范的数据安全标准，由于使用云服务的过程用户不必再拥有硬件基础设施，只需要在云端进行数据的存储和计算，这就要求云服务的提供商在数据备份、加密处理、位置控制等方面具有明确规范的技术安全标准，否则用户的数据安全无法得到有效保证。

二是云服务在非技术方面缺乏信息安全相关的政策法规保障。云端的数据安全性以及对于潜在隐私问题的制度保障等、企业信息泄露发生的商业损失认定目前都没很好地解决，这成为中小企业是否愿意采用云计算并将企业内部信息上传到云端的重要参考因素，例如中小企业普遍担心政府部门可能会对企业的数据进行监控等。这就需要政府对行业发展进行有效规范和引导，并最终以政策法规的形式予以明确。

三是缺乏社会公认的信任氛围。中小企业从应用传统信息化软件转向应用云服务就如同把钱放在自己家里转变为把钱存到银行，关键需要建立起一套类似银行一样的保险及信任制度。云服务提供商对用户提供的数据保管服务和银行为用户提供的资金存储服务具有一定的相似性，差别在于银行可以使用用户的资金，但云服务商不可以使用用户的数据，这相当于对云服务商提出了比银行更高的安全保密要求。然而，由于我国云计算产业处于刚刚起步的探索阶段，目前尚未产生像银行一样具有足够安全等级的云服务提供商，严重缺乏社会公认的信任氛围，这成为广大中小企业面对云计算时尤为重要的制约因素。

四、中小企业云应用政策有待完善

尽管"十二五"规划中云计算被确定为我国战略性新兴产业，但目前相关配套规划、发展的政策环境、配套措施仍有待完善。

一是缺乏中小企业应用云服务的相关政策措施。目前推动中小企业应用云计算服务还不是地方政府扶持中小企业工作的主要内容。调研显示地方政府面对云计算应用相关内容时往往概念不清，存在严重的信息不足的困惑，并常同三网融合、信息消费等概念混淆，主管部门接受云计算应用产品的过程比较困难，推广难度较大，亟待给予政策指导。

二是中小企业云计算应用的产业导向不突出。目前已有的中小企业云服务应用没有结合国家倡导的重点产业（现代服务业、先进制造业、传统产业升级等）以及战略新兴产业的发展方向，尚没有形成规模化专业化的行业应用云平台，云服务应用与重点产业发展的结合仍然不足。

三是对中小企业应用云计算的引导扶持力度不足。目前云计算应用并没有成为中小企业信息化推进工程等现有中小企业扶持政策的主要内容，尽管云计算作为中小企业信息化发展的新手段优势明显，仍然有待对其应用加强资金引导和扶持，从而加速其在中小企业中大范围推广。

五、云计算产业发展仍然不够成熟

一是缺乏统一的技术标准。我国云计算产业目前尚未形成统一规范的技术标准，尤其在数据安全规范、数据迁移、数据交换、数据测试评价等技术方面都存在较大不足，在云计算的审计与治理、运营维护规范等方面也都欠缺公认的执行规范。由于没有任何一个云计算服务提供商能够提供企业所需所有的云服务内容，这就需要云计算产业主管部门对云计算服务内容制定统一的技术标准和运营标准，从而实现云计算服务市场各种云服务产品标准的统一，目前的状况极不利于中小企业的统一认知和云服务的规模化推广。

二是缺乏统一的服务标准。这也是因为我国云计算产业目前仅处于发展的初级阶段，市场主要处于概念的接受和落地阶段。尽管当前云计算产业在技术浪潮的推动下，大量的厂商纷纷向云计算服务提供商转型，但是由于整个行业尚未形成统一规范的准入、资格认证以及服务评价机制，导致云服务提供商良莠不齐，云服务水平参差不齐，缺乏大型、可信赖的服务提供商，大量企业都声称可以提供云计算服务，中小企业一时难以辨别。

三是不具有可移植性和可互操作性。尽管众多企业都宣称建立了自己的云服务平台，但是不同平台上的数据和服务差异显著，不能保证中小企业可以从一个云平台顺利地迁移到另一个云平台，不同平台上的云服务不具有可互操作性，进而造成中小企业被云服务提供商绑架，而且显著阻碍了平台之间的信息交换和共享，云服务的优势受到限制。

第五节　对策建议

一、完善中小企业云应用相关政策体系

一是结合现有云计算产业的法律法规和政策措施，配套出台更有针对性和更具操作性的引导鼓励中小企业云应用的政策措施。加大对国家倡导的重点产业（战略性新兴产业、现代服务业、先进制造业、传统产业升级）领域中小企业运用云

计算的支持力度，进一步明确政策配套措施，对地方主管部门推进中小企业云计算相关工作给予全面指导，提高地方落实相关政策的可操作性，解决地方中小企业云计算工作政策依据不充分的问题。

二是研究建立中小企业云计算应用的评价体系，推动中小企业云计算服务规范、标准的建立。对中小企业普遍关注的关键问题加强调研，通过对云计算应用实际效果的有效评价来激发中小企业主动采用云服务，提高中小企业云应用的积极性和创造性。引导中小企业运用云计算促进转型升级，通过降低成本，提高管理效率来实现创新发展。

三是加强中小企业云计算应用的信任保障环境建设。通过对云服务提供商加强规范和引导，完善相关政策法规，降低云端数据信息安全隐患，培养社会对云计算的信任氛围，建立监督保障机制，加强对云计算服务的监督检查力度，消除地方保护主义，发挥舆论监督作用，促进中小企业云服务市场上供需双方的有效对接。

二、强化中小企业云应用服务体系建设

一是推动各地中小企业公共服务平台网络建设应用云计算技术，高起点、高标准建设平台网络，保障平台网络互联互通，推进资源共享，扩展服务功能，提高服务效率。适时对各地平台网络建设应用云计算技术情况及服务绩效进行评估，总结并推广云计算应用，提高资源利用率。

二是鼓励国家中小企业公共服务示范平台与云计算服务提供商加强合作，通过嵌入、共建、租用等多种方式，在平台上搭载各类云计算服务，通过国家示范平台来统一规划云计算服务的内容和方式，为中小企业提供适用、价低、一站式云计算解决方案。

三是引导鼓励组建中小企业云服务联盟。对中小企业公共服务平台提供云服务的服务内容、服务方式、服务质量提供指导。探索开展对服务商云服务能力的评估工作，通过评估工作找出不足，有针对性地支持云服务提供商扩大服务规模，做大做强。规范云服务市场，鼓励中小企业信息化建设采用云服务模式，促进云服务提供商和中小企业供需双方规范对接。

三、加大宣传培训提高中小企业云应用意识

一是要加大中小企业应用云计算宣传力度。推动中小企业提高对云计算的认

识，以中小企业信息化推进工程为载体，政府部门可以依托云计算服务提供商组织中小企业云应用宣传活动，鼓励云计算服务提供商培育树立一批中小企业云计算应用典型案例，通过实际成功案例宣传，组织企业实地参观等形式，强化示范效应，加速云计算服务在广大中小企业中的普及，加速中小企业接受云计算服务的进程，营造良好的中小企业云计算应用社会氛围，提高中小企业对云计算的认知度、接受度，解决中小企业对云计算服务信任度不高的问题。

二是要加强中小企业云计算的专项培训，将云计算应用培训纳入到银河培训工程中。一方面对企业的培训重点要从帮助中小企业了解云计算转到促进中小企业信息化发展，推动中小企业发展电子商务，利用云计算改进业务流程和客户管理服务，要把云计算的实际应用放在突出位置。另一方面，需进一步加强对政府职能部门在云计算领域的培训，以使中小企业相关主管部门更深刻理解云计算，以便职能部门之间在推动中小企业应用云计算方面实现更好地合作，更好地落实中小企业应用云计算方面相关政策。

三是对中小企业利用云计算解决融资难问题给予专业的培训指导。融资难是制约中小企业发展的首要问题，中小企业在应用云计算服务过程中会在云端产生企业日常运营过程中的各类真实、连续且完整的数据，这些数据将成为包括银行在内的金融机构在为企业进行融资提供服务时的重要评估依据，是打破信息不对称导致融资难问题的重要突破口，有助于企业获得银行授信，解决融资难题。

四、以规模效应推动云平台特色化发展

一是充分发挥中小企业云服务平台集聚服务商的规模效应。通过统一规划、鼓励云平台将同类型专业的云计算服务商整合在一起，发挥大型云计算服务提供商共同集聚中小企业云平台后产生的规模效应，增强不同服务商云计算模块彼此间的互补性，提升平台云计算服务应用的低成本和便捷化，显著提升中小企业云平台服务的专业水平，低成本、高效率地解决中小企业云计算应用问题。

二是打造服务特定行业、特定领域的专业云平台。政府牵头在全国各个地方建一些云计算应用示范平台，可以尝试在特定行业，例如制造业行业打造制造业公有云服务平台，专门为制造业企业提供云计算服务，为工业设计和先进制造业提供一个创新服务平台，帮助制造业企业转型升级；还可以在某些特定领域，例如人力资源管理、财务等领域等建立公有云服务平台，让广大中小企业使用，甚

至免费使用。

三为特定地域的中小企业集群提供技术服务共享平台。例如借鉴中关村软件园云服务综合应用平台为中小企业提供共性技术和服务的经验，帮助中小企业筛选信誉良好的云计算服务提供商，更广泛地采用云服务，促进云计算服务在本地区中小企业集聚区迅速推广应用。

五、加大云计算应用推广的资金引导

一是加大资金的扶持力度。对中小企业云计算应用给予资金补助，进一步发挥中小企业发展专项资金的作用，对中小企业应用云计算模式提高信息化水平给予适当费用补贴，降低中小企业采用云计算服务的直接成本，解决中小企业应用云计算成本仍相对偏高的问题，引导中小企业采用云计算服务。

二是创新财政资金的使用方式，重点探索通过发放代金券的形式引导中小企业采用云服务。借鉴欧盟、新加坡通过代金券创新财政资金使用方式的成功经验，引导中小企业根据自身需求特点选择适合的云服务，改变现有财政资金的补助形式。例如代金券计划已经成为欧盟第七框架计划（2007—2013）的重要组成部分，政府通过向中小企业提供代金券（小额资金的优惠券），替中小企业支付采用第三方服务时的费用支出，是一种引导中小企业采用某种社会服务的政策工具。

三是对中小企业集聚区建立云服务平台给予资金补贴和融资支持。引导和鼓励金融机构加大对中小企业集聚区云计算公共服务平台的金融支持，鼓励融资担保机构为集聚区中云计算相关公共服务项目提供融资担保，对云计算相关项目建设给予一定的资金补贴和税收政策优惠。

政 策 篇

第十章　2014年促进中小企业发展的政策环境

2014年我国中小企业面临着复杂多变的国内外形势，既有世界经济复苏形势基本得以巩固、物价稳中有降，国内转型升级取得阶段性成果、消费市场平稳运行等诸多积极因素，又有国内经济下行压力大、转型结构任务艰巨、劳动力成本上升、融资困难等不利因素。

第一节　国际经济环境

世界经济总体复苏，但复苏进程缓慢。2014年欧美等发达国家经济形势有所好转，对于推动世界经济复苏发挥了积极作用。尽管美国年初经济萎缩，但是后三个季度经济强劲反弹，第三季度GDP同比增速达到5%，ISM制造业指数一路飙升。劳动力市场明显改善，非农部门新增就业人数创下金融危机以来新高，11月已经达到32.1万人，失业率呈逐步下降趋势，12月份失业率已降至5.6%，美国经济复苏趋势较为强劲。欧元区经济呈现出温和复苏的态势，经济景气指数达到新高，失业率有所回落，继续推行QE等宽松货币政策以避免通缩风险。日本经济复苏进程遇到了瓶颈，2014年全年GDP增速为1.6%（现价），得益于其量化宽松政策的推行、财政支出增加等系列措施的实施，对日本宏观经济压力起到一定缓冲作用。[1]与此同时，美国推出QE、美联储货币政策调整的不确定性，新兴经济体增速放缓，中东等地政治局势紧张，都将给世界经济复苏带来新的挑战。

---

[1]　参见商务部综合司《2014年中国对外贸易发展环境分析》，http://zhs.mofcom.gov.cn/article/Nocategory/201405/20140500570707.shtml。

一、美国退出量化宽松货币政策让世界经济面临新的风险

2014 年初以来，美联储月度量化宽松规模已缩减 300 亿美元，降至 550 亿美元。2014 年 10 月 29 日，美国联邦公开市场委员会宣布停止资产购买，从而结束了非常规的数量宽松货币政策。作为世界第一大经济体，美国退出量化宽松货币政策的举措必然会影响利率和汇率的波动，进而影响国际资本流动和国际贸易，从而将其货币政策效应溢出到与之有经济联系的国家，对全球经济造成较大的影响，金融市场动荡加剧。尤其是对于一些经济基础薄弱、对国际市场资本依赖程度较大的国家影响更大。

贸易增长低迷。根据世界贸易组织预测数据，2014 年全球货物贸易增长 3.1%。同时，主要经济体的贸易收支总体保持平衡。联合国贸发会议预测数据显示，2014 年全球直接投资流入 1.6 万亿美元，增长 11.5%。其中，发达经济体和发展中经济体直接投资流入分别增长 34.8% 和 –1.8%。公共债务保持稳定，总体可控。国际货币基金组织预测，2014 年发达经济体财政赤字占国内生产总值的比例将降至 3.9%，从整体看，发达经济体已经遏制了政府债务快速攀升势头。美国、欧元区和日本政府总债务占国内生产总值的比例分别为 105.6%、96.4% 和 245.1%，较 2013 年分别上升 1.4、1.2 和 1.9 个百分点。新兴市场经济体的财政赤字与公共债务均略有上升，2014 年财政赤字和政府总债务占比分别为 2.1% 和 40.1%，比 2013 年分别上升 0.4 和 0.8 个百分点。[1]

二、新兴经济体经济增长动力不足

2014 年以来，多个新兴经济体采取提高利率、紧缩财政等措施来应对资本外流和通货膨胀，已经取得了一定成效，新兴金融市场资本持续外流状况有所好转，但是由于不少新兴经济体宏观政策收紧和经济结构性矛盾叠加，经济下行压力仍然较大。[2]据国际货币基金组织预测数据显示，2014 年新兴市场经济体经济增速为 4.4%，延续了 2010 年以来的持续下滑态势，其中巴西、俄罗斯的实际经济增长率分别为 0.1%、0.6%，印度和南非的预计经济增长率分别为 5.6% 和 1.4%。一方面是因为随着增速放缓和非常规激励效能的不断减弱，大宗商品繁荣周期走

---

[1]　参见中国社会科学院中国特色社会主义理论体系研究中心《世界经济形势分析与展望》，http://theory.workercn.cn/256/201501/16/150116102833227.shtml。
[2]　参见商务部综合司《2014年中国对外贸易发展环境分析》，http://zhs.mofcom.gov.cn/article/Nocategory/201405/20140500570707.shtml。

到尽头；另一方面，多年超低利率环境已经随着美国货币政策转向而消失；再次，前一阶段各国改革带来的红利丰厚期进入尾声，支撑经济增长的政府剩余潜能遭到削弱；最后，发达经济体的开放周期发生改变，他们趋向构建更符合自身利益的国际经贸规则体系，新兴市场经济体面临外部环境恶化的挑战。[1] 尤其是面临美国退出量化宽松货币政策可能产生的资本回流等外部环境，一些新兴经济体仍处于动荡之中。

政治冲突的影响明显加大。乌克兰危机成为 2014 年全球关注的焦点，乌克兰危机不仅对俄、乌两国经济造成较大冲击，而且其动荡外溢效应还不断扩散，一方面是继续向中亚地区扩散，使中亚地区国家的对外贸易受到影响，另一方面是由此引发以美欧为代表的西方经济体对俄罗斯展开多轮经济制裁，法国、德国等国陆续加入到这场"战斗"中来，这对俄罗斯迅速产生不利影响，如资本外逃、卢布贬值、增速放缓。此外，西亚北非地区乱局依然存在，种族、宗教等矛盾所引起的武装斗争此起彼伏。政治风险对相关国家和地区经济增长影响巨大，同时还能导致石油等能源国际大宗商品价格剧烈波动，增添了经济复苏的进程与难度。

第二节　国内经济形势

我国经济正在向形态更高级、分工更复杂、结构更合理的阶段演化，经济发展进入新常态，正从高速增长转向中高速增长，经济发展方式正从规模速度型粗放增长转向质量效率型集约增长，经济结构正从增量扩能为主转向调整存量、做优增量并存的深度调整，经济发展动力正从传统增长点转向新的增长点。在当前经济新常态的背景下，我国经济环境主要呈现出以下几个特点：

一、对外贸易更为密切，亚太经济主导地位提升

2014 年全球经济联系更为紧密，国际互联互通经济观念不断深入，加上我国"一带一路"国家战略的实施，中澳自贸区、亚太自贸区建设进程的推进，我国与其他国家之间的经济贸易联系更为紧密。11 月 11 日，亚太经合组织领导人非正式会议在京举行。随后，亚太经合组织第二十二次领导人非正式会议在北京

---

[1] 参见中国社会科学院中国特色社会主义理论体系研究中心《世界经济形势分析与展望》，http://theory.workercn.cn/256/201501/16/150116102833227.shtml。

举行，这是中国在经济上主导亚太规则的第一次会议，各成员领导人围绕"共建面向未来的亚太伙伴关系"主题深入交换意见，达成广泛共识。会议明确了未来亚太合作的方向与目标，作出了启动亚太自贸区进程的重大决定，勾画了建设亚太互联互通网络的新蓝图。中国在 APEC 中的角色已经从跟随者转变为主导者，亚太经济主导地位不断提升，外贸环境有所改善。

二、产业结构调整取得阶段性成果

2014 年，我国的产业结构调整取得了积极的成效，第四季度，第三产业对 GDP 累计同比贡献率达到 51.60%，高出第二产业 8.4 个百分点，同比提高 3.3 个百分点，充分体现了我国产业结构调整的方向与阶段性成果。同时，第三产业对 GDP 累计同比的拉动也为三大产业之首，为 3.8%，且服务业增长对工业增长的依赖减弱，独立增长能力增强。同时，进出口贸易结构也得到了优化，具体表现是：与欧盟和美国的双边贸易增长均超过 10%；一般贸易较加工贸易增长更快；东部与中西部地区外贸出口增速差异明显，中西部地区保持较强动力，东部省市对外贸易所占比重回落；传统劳动密集型产品出口增长，贸易结构进一步优化；外商投资企业、民营企业进出口增长，国有企业进出口微降。[1]

三、消费市场运行平稳，电子商务飞速发展

2014 年国内消费市场运行总体平稳，全年实现社会消费品零售总额 26.2 万亿元，同比增长 12.0%，扣除价格因素，实际增长 10.9%，比上年同期分别放缓 1.1 个和 0.6 个百分点。据商务部监测，1—12 月 5000 家重点零售企业销售额增长 6.3%，较上年回落 2.6 个百分点。全年最终消费对 GDP 增长的贡献率达到 51.2%，比上年提高 3 个百分点，成为拉动经济增长的主引擎。网络零售保持高速增长，据国家统计局和商务部电子商务司的统计和预算，全年网上零售额同比增长 49.7%，达到 2.8 万亿元，2014 年电子商务交易额（包括 B2B 和网络零售）将达到约 13 万亿元，同比增长 25%。[2]

---

[1] 参见《2014 年第三季度我国宏观经济与财政政策分析报告》，《经济参考报》，2014 年 11 月 6 日，http://dz.jjckb.cn/www/pages/webpage2009/html/2014-11/06/content_98036.htm?div=-1。
[2] 参见《2014 年消费对 GDP 增长贡献率超 5 成 成经济增长主引擎》，http://finance.sina.com.cn/china/20150121/104321351627.shtml。

四、化解产能过剩取得积极进展

2014年，全国规模以上工业增加值同比增长8.3%，其中制造业同比增长9.4%。从效益看，规模以上工业企业实现利润6.47万亿元，同比增长3.3%，其中制造业实现利润增长6.5%。化解产能严重过剩矛盾工作已经取得积极进展，通过扩大国内市场、淘汰落后产能等方式，一些产能过剩的行业投资、生产增速明显回落，如钢铁、电解铝、水泥、平板玻璃等，行业盲目扩张的势头得到初步遏制。

五、投资增长动力不足

受制造业持续产能过剩、需求不足、房市不景气等因素影响，当前投资增长乏力，拖累当前经济增长缓慢。2014年民间固定资产投资增长18.1%，比上年同期低了5%，降幅大于整体投资。房地产市场方面持续下行，2014年房地产开发投资增长10.5%，比上年末回落了9.3%。此外，由于税收和土地出让收入大幅减少，偿债又进入高峰期，地方政府投资能力受限，与上年同期相比，2014年1至10月中央投资项目增速提高了2.3%，而地方投资项目增速下降了4.6%。[1]

第三节　融资难环境分析

中小企业融资环境从广义上讲是指能够影响和制约中小企业融资选择与运行过程的各种内外部因素的总和，从狭义上是指能够影响和制约中小企业融资选择与运行的外部环境。本书主要是从狭义角度进行研究，讨论涉及中小企业融资的五个方面的外部融资环境，即政策支持体系、资本支持体系、融资担保体系、社会服务体系及企业信用体系。

一、政策支持体系不断健全

当前，我国银行等金融机构大部分向大型国有企业和外商企业倾斜，针对中小企业融资的法律体系也不够健全等因素致使中小企业的融资和贷款受到束缚。针对这种现象，国家高度重视，国务院常务会议多次探讨缓解小微企业融资难的问题，于2014年分别发文《关于扶持小型微型企业健康发展的意见》《关于多措

---

[1]　参见发改委宏观经济研究院国内经济形势分析与跟踪课题组《2014年经济形势分析与2015年展望》，http://www.ce.cn/xwzx/gnsz/gdxw/201412/08/t20141208_4065641.shtml。

并举着力缓解企业融资成本高问题的指导意见》，明确提出通过多种举措缓解中小企业融资难的问题，从政策层面进一步为小微企业融资拓宽了道路，但是政策的执行力度还有待进一步观察。

二、多层次融资体系逐步形成

中国人民银行宣布 2014 年 11 月 22 日起下调金融机构人民币贷款和存款基准利率，给广大中小企业贷款带来一定利好，贷款成本略微下降，但是从银行等金融机构获取贷款成本依然较高，发行私募债、借贷民间资本等其他传统融资方式也存在融资难、融资贵问题。2015 年 1 月 4 日，李克强总理见证了互联网银行首笔贷款，进一步肯定了互联网金融在降低交易成本、提升客户体验以及扩大金融业覆盖面上有独特优势。当前，随着互联网、大数据等新兴技术手段的应用，网络融资成中小企业新兴融资渠道，并且发展速度迅猛，其成本低、效率高的特点对于缓解中小企业融资难发挥了积极作用，中小企业融资渠道更加丰富、更加多样化。随着国家工商总局对互联网企业的进一步规范化管理，互联网金融市场也逐步规范，更有利于推动形成利于中小企业发展的多层次、多样化的融资体系。

三、融资担保体系有所改善

当前，我国融资担保体系不完善，担保机构本身的运作机制不完善，再担保机构未能充分发挥其"再次担保"的作用，个别再担保机构以直接担保为主、再次担保为辅，政府对担保机构的监管能力也较为缺乏。但是，个别银行针对科技型中小企业、高新技术企业已经开始尝试无抵押贷款，降低中小企业融资难度。专项资金开创代偿补偿模式，建立代偿补偿资金，将财政资金盘活用于弥补企业代偿风险，减轻担保机构的后顾之忧，建立长期有效的专项资金使用方式。另外，地方政府不断创新担保模式，新出现的政银担、政银保等融资担保模式将中小企业融资可能产生的风险进行分担，让银行、担保机构、担保公司共同合作为企业融资提供便利。

四、社会服务体系不断完善

由于中小企业自身实力有限，大多数精力投入到产品开发与销售当中，在企业管理、运营等方面的能力相对较弱，所以对市场信息分析、人才培训、法律法规、技术开发等方面的服务需求非常迫切。我国的社会服务体系还有待改善，一是为中小企业提供服务的中介机构数量较少，另外还存在提供公共服务的公益性机构积极性不高、盈利性机构收费较高的现象。对此，国家通过多种方式改善当前公共服务体系，一方面是通过专项资金的方式，对服务效果好的公共服务机构给予奖励，仅2014年中小企业发展专项资金完善公共服务体系项目与改善融资环境项目就投入将近48亿元支持和奖励服务机构，鼓励公共服务机构更好地发展与服务。另一方面，一些地方的公共服务平台已经开始发挥作用，平台将服务机构资源进行整合，与企业需求进行对接，方便服务机构更好地为中小企业服务，中小企业公共服务体系不断改善。

五、大数据补充企业信用体系建设

由于中小企业的财务制度不健全，财务报表真实性差，又没有信用评估体系和信用档案，再加上各银行间的客户信用资料都不公开、信息不共享，导致当前中小企业信用等级评估体系不健全。随着云计算等信息技术的不断发展，大数据开始被应用到社会信用管理领域，大数据信用以其"速度快、效率高、程序简单"等特点打破了以财务信息为核心的传统信用评价思维，通过对企业留存在电子交易系统和政务平台的客观信息进行全自动、大批量的客观信用评价，提高中小企业融资的效率，帮助完善中小企业征信体系。阿里巴巴等一些大型互联网公司已经尝试通过大数据判断个人信用等级，并根据判断结果决定贷款额度，已经取得了明显的成效，今后大数据在完善企业征信系统方面将会发挥更大的作用，进一步帮助优化中小企业融资环境。

第十一章 2014年我国中小企业发展重点政策解析

第一节 《关于扶持小型微型企业健康发展的意见》的出台

一、出台背景

小微企业在增加就业、促进经济发展、推动科技创新以及社会和谐稳定等多方面都发挥着重要的作用。近几年来，国务院从财税、金融多方面着力扶持小微企业，出台了一系列有针对性的政策措施，尽管已经取得了很好的成效，但是在经济新常态下小微企业所面临的困难和问题是仍然存在的。2014年7月份，李克强总理到山东考察调研，针对新设立企业面临的融资难、融资贵等问题，强调要保护新设立企业的积极性，要加大对这些新企业的金融和财税支持力度，帮助小微企业尽快成长，在全社会激起新的创业热潮，更好地释放改革的红利。为了贯彻总理的指示精神，国务院就扶持新设立小微企业的健康发展问题进行了专题研究，工信部、国家工商总局、财政部等十几个部门进一步研究加大扶持小微企业的措施。2014年10月31日李克强总理正式签署了《国务院关于扶持小型微型企业健康发展的意见》（国发〔2014〕52号）。

二、具体措施

（一）充分发挥现有中小企业专项资金的引导作用，鼓励地方中小企业扶持资金将小型微型企业纳入支持范围。（财政部、国家发改委、工业和信息化部、科技部、商务部、国家工商总局等部门负责）

（二）认真落实已经出台的支持小型微型企业税收优惠政策，根据形势发展的需要研究出台继续支持的政策。小型微型企业从事国家鼓励发展的投资项目，进口项目自用且国内不能生产的先进设备，按照有关规定免征关税。（财政部会

同国家税务总局、国家工商总局、工业和信息化部、海关总署等部门负责）

（三）加大中小企业专项资金对小企业创业基地（微型企业孵化园、科技孵化器、商贸企业集聚区等）建设的支持力度。鼓励大中型企业带动产业链上的小型微型企业，实现产业集聚和抱团发展。（财政部、工业和信息化部、科技部、商务部、国家工商总局等部门负责）

（四）对小型微型企业吸纳就业困难人员就业的，按照规定给予社会保险补贴。自工商登记注册之日起3年内，对安排残疾人就业未达到规定比例、在职职工总数20人以下（含20人）的小型微型企业，免征残疾人就业保障金。（人力资源社会保障部会同财政部、中国残联等部门负责）

（五）鼓励各级政府设立的创业投资引导基金积极支持小型微型企业。积极引导创业投资基金、天使基金、种子基金投资小型微型企业。符合条件的小型微型企业可按规定享受小额担保贷款扶持政策。（财政部会同国家发改委、工业和信息化部、证监会、科技部、商务部、人力资源社会保障部等部门负责）

（六）进一步完善小型微型企业融资担保政策。大力发展政府支持的担保机构，引导其提高小型微型企业担保业务规模，合理确定担保费用。进一步加大对小型微型企业融资担保的财政支持力度，综合运用业务补助、增量业务奖励、资本投入、代偿补偿、创新奖励等方式，引导担保、金融机构和外贸综合服务企业等为小型微型企业提供融资服务。（银监会会同国家发改委、工业和信息化部、财政部、科技部、商务部、人力资源社会保障部、中国人民银行、国家税务总局等部门负责）

（七）鼓励大型银行充分利用机构和网点优势，加大小型微型企业金融服务专营机构建设力度。引导中小型银行将改进小型微型企业金融服务和战略转型相结合，科学调整信贷结构，重点支持小型微型企业和区域经济发展。引导银行业金融机构针对小型微型企业的经营特点和融资需求特征，创新产品和服务。各银行业金融机构在商业可持续和有效控制风险的前提下，单列小型微型企业信贷计划。在加强监管前提下，大力推进具备条件的民间资本依法发起设立中小型银行等金融机构。（银监会会同中国人民银行、国家发改委、财政部、工业和信息化部、科技部、商务部等部门负责）

（八）高校毕业生到小型微型企业就业的，其档案可由当地市、县一级的公共就业人才服务机构免费保管。（人力资源社会保障部、工业和信息化部、国家

工商总局等部门负责）

（九）建立支持小型微型企业发展的信息互联互通机制。依托工商行政管理部门的企业信用信息公示系统，在企业自愿申报的基础上建立小型微型企业名录，集中公开各类扶持政策及企业享受扶持政策的信息。通过统一的信用信息平台，汇集工商注册登记、行政许可、税收缴纳、社保缴费等信息，推进小型微型企业信用信息共享，促进小型微型企业信用体系建设。通过信息公开和共享，利用大数据、云计算等现代信息技术，推动政府部门和银行、证券、保险等专业机构提供更有效的服务。从小型微型企业中抽取一定比例的样本企业，进行跟踪调查，加强监测分析。（国家工商总局、国家发改委、国家税务总局、工业和信息化部、人力资源社会保障部、中国人民银行、质检总局、统计局等部门负责）

（十）大力推进小型微型企业公共服务平台建设，加大政府购买服务力度，为小型微型企业免费提供管理指导、技能培训、市场开拓、标准咨询、检验检测认证等服务。（工业和信息化部会同财政部、科技部、商务部、质检总局等部门负责）

第二节《关于印发注册资本登记制度改革方案的通知》的出台

一、政策内容

（一）放松市场主体准入管制，切实优化营商环境

1.实行注册资本认缴登记制。公司股东认缴的出资总额或者发起人认购的股本总额（即公司注册资本）应当在工商行政管理机关登记。公司股东（发起人）应当对其认缴出资额、出资方式、出资期限等自主约定，并记载于公司章程。有限责任公司的股东以其认缴的出资额为限对公司承担责任，股份有限公司的股东以其认购的股份为限对公司承担责任。公司应当将股东认缴出资额或者发起人认购股份、出资方式、出资期限、缴纳情况通过市场主体信用信息公示系统向社会公示。公司股东（发起人）对缴纳出资情况的真实性、合法性负责。

放宽注册资本登记条件。除法律、行政法规以及国务院决定对特定行业注册资本最低限额另有规定的外，取消有限责任公司最低注册资本3万元、一人有限责任公司最低注册资本10万元、股份有限公司最低注册资本500万元的限制。不再限制公司设立时全体股东（发起人）的首次出资比例，不再限制公司全体股东（发起人）的货币出资金额占注册资本的比例，不再规定公司股东（发起人）

缴足出资的期限。

公司实收资本不再作为工商登记事项。公司登记时，无需提交验资报告。

现行法律、行政法规以及国务院决定明确规定实行注册资本实缴登记制的银行业金融机构、证券公司、期货公司、基金管理公司、保险公司、保险专业代理机构和保险经纪人、直销企业、对外劳务合作企业、融资性担保公司、募集设立的股份有限公司，以及劳务派遣企业、典当行、保险资产管理公司、小额贷款公司实行注册资本认缴登记制问题，另行研究决定。在法律、行政法规以及国务院决定未修改前，暂按现行规定执行。

已经实行申报（认缴）出资登记的个人独资企业、合伙企业、农民专业合作社仍按现行规定执行。

鼓励、引导、支持国有企业、集体企业等非公司制企业法人实施规范的公司制改革，实行注册资本认缴登记制。

积极研究探索新型市场主体的工商登记。

2.改革年度检验验照制度。将企业年度检验制度改为企业年度报告公示制度。企业应当按年度在规定的期限内，通过市场主体信用信息公示系统向工商行政管理机关报送年度报告，并向社会公示，任何单位和个人均可查询。企业年度报告的主要内容应包括公司股东（发起人）缴纳出资情况、资产状况等，企业对年度报告的真实性、合法性负责，工商行政管理机关可以对企业年度报告公示内容进行抽查。经检查发现企业年度报告隐瞒真实情况、弄虚作假的，工商行政管理机关依法予以处罚，并将企业法定代表人、负责人等信息通报公安、财政、海关、税务等有关部门。对未按规定期限公示年度报告的企业，工商行政管理机关在市场主体信用信息公示系统上将其载入经营异常名录，提醒其履行年度报告公示义务。企业在三年内履行年度报告公示义务的，可以向工商行政管理机关申请恢复正常记载状态；超过三年未履行的，工商行政管理机关将其永久载入经营异常名录，不得恢复正常记载状态，并列入严重违法企业名单（"黑名单"）。

改革个体工商户验照制度，建立符合个体工商户特点的年度报告制度。

探索实施农民专业合作社年度报告制度。

3.简化住所（经营场所）登记手续。申请人提交场所合法使用证明即可予以登记。对市场主体住所（经营场所）的条件，各省、自治区、直辖市人民政府根据法律法规的规定和本地区管理的实际需要，按照既方便市场主体准入，又有效保障经济社会秩序的原则，可以自行或者授权下级人民政府作出具体规定。

4.推行电子营业执照和全程电子化登记管理。建立适应互联网环境下的工商登记数字证书管理系统，积极推行全国统一标准规范的电子营业执照，为电子政务和电子商务提供身份认证和电子签名服务保障。电子营业执照载有工商登记信息，与纸质营业执照具有同等法律效力。大力推进以电子营业执照为支撑的网上申请、网上受理、网上审核、网上公示、网上发照等全程电子化登记管理方式，提高市场主体登记管理的信息化、便利化、规范化水平。

（二）严格市场主体监督管理，依法维护市场秩序

1.构建市场主体信用信息公示体系。完善市场主体信用信息公示制度。以企业法人国家信息资源库为基础构建市场主体信用信息公示系统，支撑社会信用体系建设。在市场主体信用信息公示系统上，工商行政管理机关公示市场主体登记、备案、监管等信息；企业按照规定报送、公示年度报告和获得资质资格的许可信息；个体工商户、农民专业合作社的年度报告和获得资质资格的许可信息可以按照规定在系统上公示。公示内容作为相关部门实施行政许可、监督管理的重要依据。加强公示系统管理，建立服务保障机制，为相关单位和社会公众提供方便快捷服务。

2.完善信用约束机制。建立经营异常名录制度，将未按规定期限公示年度报告、通过登记的住所（经营场所）无法取得联系等的市场主体载入经营异常名录，并在市场主体信用信息公示系统上向社会公示。进一步推进"黑名单"管理应用，完善以企业法人法定代表人、负责人任职限制为主要内容的失信惩戒机制。建立联动响应机制，对被载入经营异常名录或"黑名单"、有其他违法记录的市场主体及其相关责任人，各有关部门要采取有针对性的信用约束措施，形成"一处违法，处处受限"的局面。建立健全境外追偿保障机制，将违反认缴义务、有欺诈和违规行为的境外投资者及其实际控制人列入"重点监控名单"，并严格审查或限制其未来可能采取的各种方式的对华投资。

3.强化司法救济和刑事惩治。明确政府对市场主体和市场活动监督管理的行政职责，区分民事争议与行政争议的界限。尊重市场主体民事权利，工商行政管理机关对工商登记环节中的申请材料实行形式审查。股东与公司、股东与股东之间因工商登记争议引发民事纠纷时，当事人依法向人民法院提起民事诉讼，寻求司法救济。支持配合人民法院履行民事审判职能，依法审理股权纠纷、合同纠纷等经济纠纷案件，保护当事人合法权益。当事人或者利害关系人依照人民法院生效裁判文书或者协助执行通知书要求办理工商登记的，工商行政管理机关应当依法办理。充分发挥刑事司法对犯罪行为的惩治、威慑作用，相关部门要主动配合公安机关、检察机关、人民法院履行职责，依法惩处破坏社会主义市场经济秩序的犯罪行为。

4.发挥社会组织的监督自律作用。扩大行业协会参与度，发挥行业协会的行业管理、监督、约束和职业道德建设等作用，引导市场主体履行出资义务和社会责任。积极发挥会计师事务所、公证机构等专业服务机构的作用，强化对市场主体及其行为的监督。支持行业协会、仲裁机构等组织通过调解、仲裁、裁决等方式解决市场主体之间的争议。积极培育、鼓励发展社会信用评价机构，支持开展信用评级，提供客观、公正的企业资信信息。

5.强化企业自我管理。实行注册资本认缴登记制,涉及公司基础制度的调整，公司应健全自我管理办法和机制，完善内部治理结构，发挥独立董事、监事的监督作用，强化主体责任。公司股东（发起人）应正确认识注册资本认缴的责任，理性作出认缴承诺，严格按照章程、协议约定的时间、数额等履行实际出资责任。

6.加强市场主体经营行为监管。要加强对市场主体准入和退出行为的监管，大力推进反不正当竞争与反垄断执法，加强对各类商品交易市场的规范管理，维护公平竞争的市场秩序。要强化商品质量监管，严厉打击侵犯商标专用权和销售假冒伪劣商品的违法行为,严肃查处虚假违法广告,严厉打击传销,严格规范直销，维护经营者和消费者合法权益。各部门要依法履行职能范围内的监管职责，强化部门间协调配合，形成分工明确、沟通顺畅、齐抓共管的工作格局，提升监管效能。

7.加强市场主体住所（经营场所）管理。工商行政管理机关根据投诉举报，依法处理市场主体登记住所（经营场所）与实际情况不符的问题。对于应当具备特定条件的住所（经营场所），或者利用非法建筑、擅自改变房屋用途等从事经营活动的，由规划、建设、国土、房屋管理、公安、环保、安全监管等部门依法管理；涉及许可审批事项的，由负责许可审批的行政管理部门依法监管。

二、重要意义

国务院印发《注册资本登记制度改革方案》,决定推行注册资本登记制度改革，按照便捷高效、规范统一、宽进严管的原则，创新公司登记制度，降低准入门槛，强化市场主体责任。改革注册资本登记制度，是深入贯彻党的十八大和十八届二中、三中全会精神，对加快政府职能转变、创新政府监管方式、建立公平开放透明的市场规则、保障创业创新，具有重要意义。[1]

一是有利于激发市场主体创业热情。现行注册资本登记制度是在我国建立和完善社会主义市场经济体制过程中逐步形成的，在培育市场主体、保障交易安全、维护市场秩序等方面发挥了积极作用。但制度设计中注重政府管控、准入成本过高的弊端也日益显现。按照公司法修正案和《方案》，推行注册资本登记制度改革，就较好地解决了现行注册资本登记制度在实际操作中遇到的问题。注册资本由实缴登记制改为认缴登记制，并放宽注册资本登记条件。在登记注册环节，改革后，公司实收资本不再作为工商登记事项。在进行公司登记时，也无需提交验资报告。注册资本登记制度上述改革对于创业者而言，意味着注册公司"门槛"和创业成本最大限度的降低。改革后的注册资本登记制度最大限度地为投资主体松绑，释放其投资创业活力，更好地让现代企业制度为发展我国经济服务。

二是有利于进一步优化企业经营环境。改革举措进一步放松了准入条件的管制，企业创立、运营成本大幅度降低，能够激发大众的投资热情，鼓励创业、带动就业，尤其是对小微企业特别是创新型企业的发展有很大的推动作用。在当前我国经济下行压力较大的情况下，这些改革对于巩固经济稳中向好的发展态势是非常有利的，同时也符合新技术、新产业、新业态等新兴生产力发展的要求。从长远看，注册资本登记制度改革将进一步促进市场在资源配置中起决定性作用，充分激发市场的活力，优化企业的营商环境。

三是有利于推动政府职能转变。改革举措突出强调了简政放权，创新监管方式，强化协同监管，落实部门监管责任等。改革要求从对企业微观活动的干预转向对市场主体行为、市场活动的监管，从传统的"重审批轻监管"转变为"宽准入严监管"，这将推动政府管理方式由事前审批为主向事中、事后监管为主转变，更加有利于形成宽松准入、公平竞争的市场秩序。国务院部署这样一项全局性的改革工作，对各级政府和政府部门提出了"简政放权"的较高要求，市场主体和创业者从中受益。[2]

---

[1]　参见《工商总局注册资本登记制度改革方案相关解读》，http://www.saic.gov.cn/qyj/djfg/qt/201402/t20140226_142114.html.
[2]　参见《工商总局注册资本登记制度改革方案相关解读》，http://www.saic.gov.cn/qyj/djfg/qt/201402/t20140226_142114.html。

四是有利于促进信用体系建设。此次注册资本登记制度改革，要求强化信用监管、协同监管和社会共治，更加注重运用信息公示、信息共享、信用约束等手段，形成部门协同监管、行业自律、社会监督和主体自治相结合的市场监管格局。强调企业在享有改革赋予更多便利条件的同时，也要依法承担相应的信息公示等义务和责任。这些措施的实施必将有力地推动政务信息公开，从而促进政务诚信建设，有力地增强市场主体经营活动相关信息的透明度，保障交易安全，从而促进商务诚信建设。

第三节 《关于多措并举着力缓解企业融资成本高问题的指导意见》的出台

一、出台背景

企业是经济活动的基本细胞，当前融资成本高是企业面临的突出问题，从宏观的角度看我国货币信贷的总量并不小，到 2014 年上半年整个社会融资规模达 10.57 万亿元，比上年同期增加了 4000 多亿元，2014 年 7 月末 M2 余额接近 120 万亿元，同比增长 13.5%，所以货币供应和社会融资规模都处在一个合理的增长区间。但是由于我国经济目前正处在增长速度的换档期、结构调整的阵痛期和前期刺激政策消化期，社会资金需求量巨大，所以客观上部分企业特别是小微企业融资成本还比较高。有效缓解企业融资成本，既可以为企业"输氧供血"，促进当前经济增长，又能形成金融和实体经济良性互动，使经济固本培元、行稳致远。国务院对此高度重视，2014 年 5 月 30 日国务院总理李克强主持召开国务院第 49 次常务会议，部署落实和加大金融对实体经济的支持，特别提出要降低社会融资成本。2014 年 7 月 23 日，李克强总理又主持召开了第 57 次国务院常务会议，专门研究如何缓解企业融资成本高问题，提出了多方面的要求。当前，整体经济形势整体向好，但下行的压力还依然比较大，仍然还存在着不稳定的因素，结构调整又处于爬坡时期，所以解决好企业，特别是小微企业融资成本高的问题，对于稳增长、促改革、调结构、惠民生确实意义重大。所以《关于多措并举着力缓解企业融资成本高问题的指导意见》（国办发〔2014〕39 号）的出台，充分体现了国务院常务会议的精神，也准确敏锐地把握了当前金融支持实体经济的关键，深入透彻地分析了造成企业融资成本偏高的多种成因，全面系统地提出了缓解企业融资成本的各项措施。总的来说指导意见的出台恰逢其时，意义非常重大。[1]

二、具体措施

（一）保持货币信贷总量合理适度增长

继续实施稳健的货币政策，综合运用多种货币政策工具组合，维持流动性平稳适度，为缓解企业融资成本高创造良好的货币环境。优化基础货币的投向，适度加大支农、支小再贷款和再贴现的力度，着力调整结构，优化信贷投向，为棚户区改造、铁路、服务业、节能环保等重点领域和"三农"、小微企业等薄弱环节提供有力支持。切实执行有保有控的信贷政策，对产能过剩行业中有市场有效益的企业不搞"一刀切"。进一步研究改进宏观审慎管理指标。落实好"定向降准"措施，发挥好结构引导作用。（中国人民银行负责）

（二）抑制金融机构筹资成本不合理上升

进一步完善金融机构公司治理，通过提高内部资金转移定价能力、优化资金配置等措施，遏制变相高息揽储等非理性竞争行为，规范市场定价竞争秩序。进一步丰富银行业融资渠道，加强银行同业批发性融资管理，提高银行融资多元化程度和资金来源稳定性。大力推进信贷资产证券化，盘活存量，加快资金周转速度。尽快出台规范发展互联网金融的相关指导意见和配套管理办法，促进公平竞争。进一步打击非法集资活动，维护良好的金融市场秩序。（中国人民银行、银监会、证监会、保监会、工业和信息化部等负责）

（三）缩短企业融资链条

督促商业银行加强贷款管理，严密监测贷款资金流向，防止贷款被违规挪用，确保贷款资金直接流向实体经济。按照国务院部署，加强对影子银行、同业业务、理财业务等方面的管理，清理不必要的资金"通道"和"过桥"环节，各类理财产品的资金来源或运用原则上应当与实体经济直接对接。切实整治层层加价行为，减少监管套利，引导相关业务健康发展。（中国人民银行、银监会、证监会、保监会、外汇局负责）

---

[1] 参见《全方位解读关于多措并举着力缓解企业融资成本高问题的指导意见》，http://news.bjx.com.cn/html/20140819/537897.shtml，访问日期：2014年8月18日。

（四）清理整顿不合理金融服务收费

贯彻落实《商业银行服务价格管理办法》，督促商业银行坚决取消不合理收费项目，降低过高的收费标准。对于直接与贷款挂钩、没有实质服务内容的收费项目，一律予以取消；对于发放贷款收取利息应尽的工作职责，不得再分解设置收费项目。严禁"以贷转存""存贷挂钩"等变相提高利率、加重企业负担的行为。规范企业融资过程中担保、评估、登记、审计、保险等中介机构和有关部门的收费行为。在商业银行和相关中介机构对收费情况进行全面深入自查的基础上，在全国范围内加强专项检查。对于检查发现的违规问题，依法依规严格处罚。（银监会、国家发改委等负责）

（五）提高贷款审批和发放效率

优化商业银行对小微企业贷款的管理，通过提前进行续贷审批、设立循环贷款、实行年度审核制度等措施减少企业高息"过桥"融资。鼓励商业银行开展基于风险评估的续贷业务，对达到标准的企业直接进行滚动融资，优化审贷程序，缩短审贷时间。对小微企业贷款实施差别化监管。（银监会、中国人民银行负责）

（六）完善商业银行考核评价指标体系

引导商业银行纠正单纯追逐利润、攀比扩大资产规模的经营理念，优化内部考核机制，适当降低存款、资产规模等总量指标的权重。发挥好有关部门和银行股东的评价考核作用，完善对商业银行经营管理的评价体系，合理设定利润等目标。设立银行业金融机构存款偏离度指标，研究将其纳入银行业金融机构绩效评价体系扣分项，约束银行业金融机构存款"冲时点"行为。（银监会、财政部负责）

（七）加快发展中小金融机构

积极稳妥发展面向小微企业和"三农"的特色中小金融机构，促进市场竞争，增加金融供给。优化金融机构市场准入，在加强监管前提下，加快推动具备条件的民间资本依法发起设立中小型银行等金融机构。积极稳妥培育立足本地经营、特色鲜明的村镇银行，引导金融机构在基层地区合理布局分支机构和营业网点。（银监会负责）

（八）大力发展直接融资

健全多层次资本市场体系，继续优化主板、中小企业板、创业板市场的制度安排。支持中小微企业依托全国中小企业股份转让系统开展融资。进一步促进私募股权和创投基金发展。逐步扩大各类长期资金投资资本市场的范围和规模，按照国家税收法律及有关规定，对各类长期投资资金予以税收优惠。继续扩大中小企业各类非金融企业债务融资工具及集合债、私募债发行规模。降低商业银行发行小微企业金融债和"三农"金融债的门槛，简化审批流程，扩大发行规模。（证监会、中国人民银行、国家发改委、财政部、银监会、保监会等负责）

（九）积极发挥保险、担保的功能和作用

大力发展相关保险产品，支持小微企业、个体工商户、城乡居民等主体获得短期小额贷款。积极探索农业保险保单质押贷款，开展"保险＋信贷"合作。促进更多保险资金直接投向实体经济。进一步完善小微企业融资担保政策，加大财政支持力度。大力发展政府支持的担保机构，引导其提高小微企业担保业务规模，合理确定担保费用。（保监会、财政部、银监会、工业和信息化部负责）

（十）有序推进利率市场化改革

充分发挥金融机构利率定价自律机制作用，促进金融机构增强财务硬约束，提高自主定价能力。综合考虑我国宏微观经济金融形势，完善市场利率形成和传导机制。（中国人民银行负责）

从中长期看，解决企业融资成本高的问题要依靠推进改革和结构调整的治本之策，通过转变经济增长方式、形成财务硬约束和发展股本融资来降低杠杆率，消除结构性扭曲。围绕使市场在资源配置中起决定性作用和更好发挥政府作用，继续深化政府职能转变，推进国有企业改革和财税改革，简政放权，打破垄断，硬化融资主体财务约束，提高资金使用效率。落实对小微企业的税收支持政策，切实增强小微企业核心竞争力和盈利能力。引导小微企业健全自身财务制度，提高经营管理水平。各地区、各部门要高度重视降低企业融资成本的相关工作，加强组织领导和分工协作，注重工作实效。对各项任务落实要有布置、有督促、有检查。国务院办公厅对重点任务落实情况进行跟踪督查。各部门有关落实进展情况，由中国人民银行定期汇总后报国务院。

第四节　《关于创新重点领域投融资机制鼓励社会投资的指导意见》的出台

一、出台背景

为了推进经济结构战略性调整，加强薄弱环节建设，促进经济持续健康发展，按照国务院的部署和要求，国家发改委会同有关部门，选择生态环保、农业水利、市政、交通、能源、信息、社会事业等领域，重点就吸引社会资本特别是民间资本参与，提出了创新重点领域投融资机制鼓励社会投资的一系列改革措施，研究起草了《关于创新重点领域投融资机制鼓励社会投资的指导意见》（国发〔2014〕60号）（本节内简称《指导意见》）。[1]

二、具体措施

《指导意见》的创新体现在五个方面，包括市场准入、投资运营机制、政府投资方式、融资方式和渠道、价格形成机制等。[2]

一是实行统一市场准入，创造平等投资机会。《指导意见》在一些重点领域进一步放开市场准入，向社会资本特别是民间资本敞开大门。比如，《指导意见》提出鼓励社会资本加强能源设施投资，支持社会资本在做好生态环境保护、移民安置和确保工程安全的前提下参与水电建设，积极吸引社会资本投资电网建设，鼓励社会资本参与油气管网、储存设施建设运营等。

二是创新投资运营机制，扩大社会资本投资途径。创新吸引社会资本的方式，鼓励社会资本进入公共服务和基础设施领域，有利于将政府的政策意图与社会资本的管理效率有机结合，推动各类资本相互融合、优势互补。《指导意见》明确提出，在公共服务、资源环境、生态保护、基础设施等领域，推广政府与社会资本合作（PPP）模式，创新投资运营机制，积极扩大社会资本投资途径。

三是优化政府投资使用方向和方式，发挥引导带动作用。优化政府投资使用

---

[1]　参见国家发改委介绍《国务院关于创新重点领域投融资机制鼓励社会投资的指导意见》等情况，http://www.gov.cn/xinwen/2014-11/27/content_2784159.htm，访问日期：2014年11月26日。

[2]　参见《发改委解读关于创新重点领域投融资机制鼓励社会投资的指导意见》，http://futures.hexun.com/2014-12-08/171212716.html，访问日期：2014年12月8日。

方向和方式，提高政府投资效益，有利于引导社会资本投资方向，更好地发挥政府投资"四两拨千斤"的带动作用。《指导意见》提出，政府投资主要投向公益性和基础性建设。在同等条件下，优先支持引入社会资本的项目。根据项目情况，通过投资补助、基金注资、担保补贴、贷款贴息等多种方式，支持社会资本参与重点领域建设。

四是创新融资方式，拓宽融资渠道。创新融资方式，为社会资本提供更好的融资服务，是发挥社会资本作用的重要保障。《指导意见》在信贷服务、担保、产业投资基金、股权债权融资等方面，多措并举，丰富社会资本的融资方式和渠道。比如，创新信贷服务，支持开展排污权、收费权、购买服务协议质押等担保贷款业务，探索利用工程供水、供热、发电、污水垃圾处理等预期收益质押贷款。发展股权和创业投资基金，鼓励民间资本发起设立产业投资基金，政府可以通过认购基金份额等方式给予支持等。

五是完善价格形成机制，发挥价格杠杆作用。为了保障项目盈利能力，稳定社会投资预期，为社会资本进入创造条件，需要完善价格形成机制。《指导意见》对水利、市政基础设施、能源、社会事业等领域价格提出了改革措施。比如，营利性民办学校收费实行自主定价，非营利性民办学校收费政策由地方政府按照市场化方向根据当地实际情况确定。又比如，进一步推进天然气价格改革，2015年实现存量气和增量气价格并轨，逐步放开非居民用天然气气源价格。

热 点 篇

第十二章　国际热点事件

第一节　世界银行加大对局势动荡国家 [1] 中小企业关注与支持

世界银行数据显示，世界上有四分之一的人口——超过 15 亿——生活在局势动荡和受冲突影响的国家（Fragile and Conflict-affected Situations，以下简称"局势动荡国家"），其脆弱的安全局势与高冲突风险对经济和社会发展构成了严重威胁。因此，为了解局势动荡国家企业投资经营的动机和面临的挑战，世界银行集团选取撒哈拉以南非洲 [2]、东欧中亚 [3]、南亚和东亚及太平洋 [4] 三个地区中局势动荡国家的企业为例进行了相关调查和研究。

一、局势动荡国家的企业经营特征与动机

（一）局势动荡国家的企业经营特征

一是企业经营规模小，以小企业为主。局势动荡国家的企业经营规模小，个体户和中小企业占据主导地位，比例高达企业总数的 99%。企业规模小一方面是出于自我选择，另一方面是恶劣营商环境影响的结果。这些恶劣的环境主要有：金融和基础设施服务严重不足；以贪腐形式存在的、政府强加的直接或间接障碍过多；安全保障脆弱；对于较大规模政治联结型企业明显的政策偏袒。在三个调

---

[1]　本节中"局势动荡国家"指处于局势脆弱和受冲突影响的国家（Fragile and Conflict-affected Situations，后文简称为"局势动荡国家"），本节有关世界银行的调研情况及扶持措施内容来源于世界银行2014年9月公布的专题报告《2014 The Small Entrepreneur Fragile and Conflict-affected Situations》。

[2]　撒哈拉以南非洲地区局势动荡国家包括：安哥拉、喀麦隆、中非共和国、乍得、刚果共和国、刚果民主共和国、厄立特里亚、科特迪瓦、利比里亚、尼日尔、塞拉利昂、多哥、汤加和津巴布韦等。

[3]　东欧中亚地区局势动荡国家包括：波斯尼亚和黑塞哥维那、格鲁吉亚、科索沃、塔吉克斯坦和乌兹别克斯坦等。

[4]　南亚、东亚及太平洋局势动荡国家包括：老挝人民民主共和国、尼泊尔、斯里兰卡、东帝汶等。

查地区，局势动荡国家单个企业的平均规模仅是其他非局势动荡国家单个企业规模的一半。而在东欧中亚地区，一些局势动荡国家企业的平均规模在不断缩小。

二是企业大多没有注册，不正规。调查发现，局势动荡国家的企业大多数都没有正式注册，属非正规企业。由于经营规模较小，大多数企业都以个体户形式存在，再加上政府监管体系缺失，企业主的经营行为普遍不正规。在受调查的局势动荡国家中，地下经济占GDP的平均比重为46%，有的国家高达60%。与之相比，调查的其他非局势动荡国家这一比例为36%，而已有研究表明OECD国家的这一比例仅为15%。

三是企业创新精神不足，风险偏好和投资意愿低。局势动荡国家的企业引入新产品或更新已有生产线，以及主动承担风险扩大经营的意愿并不强烈。例如，在东欧中亚地区，局势动荡国家的企业开展创新活动的平均概率相比该区域其他非局势动荡国家低20%。

究其原因，一方面是相比其他非局势动荡国家，企业在局势动荡国家经营更易发生产能闲置，导致企业对扩大产能和致力创新的投资更少。另一方面是局势动荡国家的信息通信技术水平很低，特别是宽带接入业务水平，电力能源等基础生产要素也不足，这些新技术和基础生产要素的缺乏进一步降低了企业创新行为的投资意愿。

四是主要集中于贸易和服务行业，很少涉及制造业。在大多数局势动荡国家并不存在适于大规模劳动密集型制造业生存的体制框架，仅有的一些制造企业也都是与农业生产相关的综合性企业。根据2012年世界银行有关发展指标，非局势动荡国家制造业占GDP的平均比重是17%，而局势动荡国家这一比例仅为12%。举两个例子：在撒哈拉以南非洲，毛里求斯制造业占GDP的比重是21%，而安哥拉则仅为5%；在东欧，白俄罗斯的这一比重为33%，而格鲁吉亚仅为11%。

五是国际贸易平均开放程度较低，主要是与周边国家的贸易。总的来说，局势动荡国家的国际贸易开放程度依然很低，国内生产总值中的净出口比例显著低于其他非局势动荡国家，已有国际贸易也主要是与周边国家的贸易合作，因此与周边国家的贸易关系尤为重要。然而，频发的冲突和暴力事件经常导致这些国家与邻国的关系恶化，致使局势动荡国家经常遭遇较为严重和突发性的生产资料中断、交易困难、国际贸易市场消失等情况。

（二）局势动荡国家企业的经营动机

尽管在局势动荡国家投资经营面临诸多困难与挑战，依然有许多企业存活了下来，也有一些新的企业在不断出现。这些企业主要包括两部分：一是处于行业领导地位、有强大资金支持的大型正规企业；二是别无选择，只得在这种环境下继续经营的小企业。总的来看，企业在局势动荡国家的经营动机主要有：

一是谋求获得高额投资回报率。局势动荡国家的基础设施和经济发展水平严重落后，但其自然和人力资源丰富，市场广阔，发展潜力巨大，企业投资经营能够获得巨额回报。例如，在一个低投资、高回报的行业，电信运营商即使在最糟糕的投资环境下依然能够获得成功。世行的企业调查结果显示，在撒哈拉以南非洲，局势动荡国家高达93%的企业使用移动电话运营业务，而这一地区非局势动荡国家的相应比例仅为12%。此外，企业经常能够适时利用新出现的商业机会，例如贸易、易于移动的采掘业，以及基础的食品和农产品加工业正在日渐繁荣。

二是出于企业社会责任感。一些大型跨国企业出于帮助贫困人口提高收入和改善生活水平、履行企业社会责任的目的，会在局势动荡国家进行一定的投资援助。尽管这种企业社会责任感对企业投资运营的影响十分微弱，但也具有一定的正向作用。例如，思科公司对于约旦河西岸和加沙地带的投资最初只是出于企业社会责任，但目前已逐步演化成一项能够自我维持的主流业务。这其中，一些非政府公益组织在市场连接与投资推动的过程中起到了重要的支持作用。

三是因为别无选择。在局势动荡国家，绝大多数企业经营规模较小，运营资金有限，抗风险能力很弱。因此，在脆弱的安全局势下，小规模的经营方式最容易得到重建，为了谋生，当地人不得不选择继续经营，不愿也无力做出改变。在局势动荡国家，一个部落或家族往往世代都在从事某一特定的贸易（普遍为农业产业），代际传承性也加剧了这种情况的发生。

二、局势动荡国家的企业营商环境分析

一是监管体系十分脆弱。经商指数显示，几乎在所有的监管水平排行榜上，局势动荡国家的得分都非常低，特别是在施工许可、产权登记、投资者保护以及契约约束等方面。脆弱的监管体系使得投资者权益得不到有效保障，大大降低了企业主的投资信心，增加了企业投资创业的难度。

二是社会信任关系破裂。由于存在普遍且严重的权力寻租、政府安全保障缺

乏和司法低效等情况，公私对话和商业活动最为基础和关键的人际信任关系已经破裂，甚至消失。敲诈性的寻租行为在局势动荡国家已经成为一种潜规则，为获得所必需的商业许可证，公众不得不频繁地向政府官员提供其索要的金钱和礼品。公众对政府廉洁不再信任，腐败和不正当竞争已成为企业在局势动荡国家运营的主要阻碍因素之一。

三是金融支持非常有限。在撒哈拉以南非洲地区的局势动荡国家，企业主普遍认为缺少金融支持是其运营的首要阻碍因素。由于存在复杂的申请流程和过高的抵押要求，银行信贷等正规的金融服务受到限制，小企业家没有能力通过正规渠道获得融资。正因如此，局势动荡国家普遍存在十分强大的地下金融体系，甚至已经成为唯一可利用的融资渠道，如"哈瓦拉"地下交易体系。然而，这种非正规的金融服务往往需要付出高额的融资成本，成为许多中小企业的沉重负担。

四是基础设施十分落后和缺乏。局势动荡国家的能源和水资源严重缺乏，频繁的长时间停电以及供水不足等情况在局势动荡国家普遍存在，企业正常经营无法得到保障。由于长时间的暴力冲突，政府提供的电力服务经常受到毁坏而无法继续使用；私营电力一方面十分缺乏，另一方面使用费用也非常昂贵。例如，调查显示，科索沃97%的企业正在遭遇经常性的电力中断；在撒哈拉以南非洲，局势动荡国家49%的企业不得不使用费用高昂的私营电力维持经营。此外，高速宽带接入、企业网站、电子邮件等通用信息技术的缺乏也使得企业经营更加缓慢、成本更加昂贵。

五是营商环境的安全问题突出。局势动荡国家的局势大多已经恶化到企业必须采取一些特殊和非正规手段来保护自身安全的地步。企业经营收入因为犯罪、偷盗和骚乱而产生损失的情况已经司空见惯。更为严重的是，当地政府无法提供安全保障，企业不得不时刻进行自我保护。企业在局势动荡国家可能随时面临产品和生产要素市场的破坏，这种突发性的破坏可能导致国内市场需求暴跌，从而对企业经营产生严重冲击。

六是对弱势群体的歧视非常严重。由于贫穷和落后，局势动荡国家对女性、老年人以及残障人士等社会弱势群体存在严重的歧视问题。生活水平的不断下降导致对于社会弱势群体的歧视进一步加剧，陷入困境的弱势群体想要在局势动荡国家有所作为变得非常困难，例如很少有女性参与商业管理。

三、局势动荡国家的私营经济扶持方案设计

对局势动荡国家企业经营特征与动机，以及企业营商环境的调查研究结果表明，企业在局势动荡国家投资经营依然面临着巨大的困难与挑战，局势动荡国家的私营经济发展迫切需要通过外界的扶持援助来改善营商环境。世界银行在帮助局势动荡国家制定私营经济发展计划的同时，也应通过必要的介入和干预措施为其提供援助。

（一）促进局势动荡国家私营经济发展的重点

与非局势动荡国家类似，一项典型的局势动荡国家私营经济发展计划应致力于达到维护市场秩序、促进投资增长和提高企业竞争力等目的。调查发现，在周期性的暴力环境中，促进私营经济发展和投资创业活动的扶持措施并不具有普适性，需要进一步与实际情况相结合。一些典型的计划方案主要包括以下内容。

1. 解决公共部门与私营部门协调失灵问题

建立正式的公私对话机制能够显著提升公私部门间的协调能力。同时，为使协调机制更加高效，需要满足以下几个条件：（1）存在一个具有强烈政治意愿和领导力的公共经济部门；（2）存在一个组织和领导得当，不畏惧政府报复性惩罚，敢于发表观点的私营经济部门；（3）存在一个受到参与者和媒体高度关注的对话机制成功范例；（4）存在实现公私协调的工具，如种子资金、后勤和人事支持。在大多数局势动荡国家，满足这些条件将会非常困难，因此公私对话机制的建立需要强有力的领导和支持。

此外，以下两条特殊干预措施对于局势动荡国家私营经济发展具有重要意义，是成功解决公私部门协调失灵问题的关键因素：

一是鼓励发展有竞争力的产业。重点扶持真正具有潜在竞争优势的产业以使其迅速实现投资回报，对于局势动荡国家的经济发展具有重要作用。大多数局势动荡国家的竞争优势在于其自然资源，包括农业、渔业、林业和矿藏，如喀麦隆有丰富的森林资源，几内亚有巨大的矿产资源，卢旺达拥有茶叶资源，索马里拥有尚未开发的渔业资源，等等。此外，局势动荡国家的优势产业也可能是服务业，如旅游业，也可能基于廉价劳动力成本的产业，例如海地的成品制衣业。

二是建立发展走廊和经济特区。由于一些产业，特别是大型采矿业，发展周期非常长，从最初勘探到产品销售，期间每个环节都需要大量时间，整个产业形

成往往需要花费几十年。因此，在这种时间跨度长的行业里，通过跨部门合作和引入外资建立发展走廊或经济发展特区是一项较为普遍的干预措施。在非洲，实际上每个局势动荡国家都在考虑通过建立增长极、发展走廊或特别经济区来形成产业集聚，从而促进当地经济发展。

2. 鼓励创新与创业

一是建立完善企业发展支持服务体系。为局势动荡国家企业创新与创业提供支持服务，主要包括企业管理能力和生产技能培训、市场开发指导与扶持等。

二是提供关键融资渠道。调查显示，缺少资金是企业创新与扩展业务的关键阻碍因素。对此，较为普遍的干预措施是建立小额信贷体系，为中小企业融资提供渠道。此外，投资入股也是一项重要融资渠道。

三是特别关注一些重要群体。针对一些关键弱势群体，如女性、年轻人、前战斗人员等，应当制定单独的扶持政策。具体包括：（1）在整体私营经济发展扶持计划中为他们提供特别的监测与评估；（2）为这些群体制定单独的创业扶持计划。这些措施可以通过政府机构、援助者或非政府机构实施。

3. 解决公共物品供给的市场失灵

局势动荡国家公共物品供给的市场失灵主要由以原因导致：（1）监管体系对市场效率具有阻碍而非支持作用；（2）缺乏关键公共物品，如道路；（3）能够购买或租赁的具有公共服务设施的工业用地有限。在这种情形下，公私合作伙伴关系（PPP）模式能够通过加强监管体系建设、保障关键公共物品的供给等途径在短期内提供基础设施和服务、恢复受创的行业经济、缓解企业家信任缺失和规避风险等问题。

4. 营造一个可预知的营商环境

调查反复证实，营商环境的不确定性是企业在局势动荡国家投资经营的最大障碍因素。这些障碍因素包括：（1）政治局势脆弱；（2）综合治理环境差，特别是政府腐败现象严重；（3）执法随意，司法系统不可靠；（4）缺乏安全保障；（5）国家的宏观贸易、财政和货币政策不稳定；（6）电力等能源有限。

为解决这些问题，还应当在一般私营经济发展计划基础上，额外重点实行以下措施：（1）提供投资担保；（2）形成替代性争议解决机制（非诉讼、非仲裁的选择性争议解决方式）；（3）建立正式的公私对话机制。

5.鼓励消费和投资

在许多局势动荡的国家，侨汇（海外侨胞给国内眷属的汇款、赡家费）是许多居民主要的收入来源，对国内需求具有重要影响。因此，通过建立更有效率的外汇支付系统，帮助侨民简化签证手续等相关政策措施都能够显著提高侨汇流量，进而实现扩大内需及提高投资意愿的目标。

除了传统的外商直接投资（FDI），考虑制定相关措施扶持个人和集体投资。海外侨民投资是局势动荡国家常见的投资方式，如何加强海外侨民投资需要重点关注。以投资基金形式存在的集体投资依然十分稀有，但就发展前景来看，集体投资应当成为私营经济发展计划的重要部分。此外，援助国可以采取减免关税、优先进口等多种方式向局势动荡国家提供贸易优先权，以此提升局势动荡国家的投资水平。

（二）世界银行提供援助和扶持的重点

局势动荡国家的私营经济发展计划是一项复杂和庞大的计划方案，任何局势动荡国家都没有能力单独实施和管理。因此，世界银行应当通过必要的介入为局势动荡国家提供援助和扶持。

世界银行 2012 年一项针对非洲局势动荡国家投资环境的研究报告显示，世界银行的援助措施是否能够取得成功取决于以下三个要素：（1）明确经济发展限制因素；（2）与当地政府的工作重点相匹配；（3）目标锁定在世行有成功经验的领域。如果能够保证满足这三个要素，世行的干预措施就有很大可能实现预期目标。

四、结论及建议

（一）研究结论

通过系统的分析与研究，报告得出如下结论。

一是局势动荡国家的企业普遍存在经营规模小、不正规、投资创新意愿低、多集中于服务与贸易行业等特征。

二是企业在局势动荡国家投资经营面临着严峻的威胁与挑战，其潜在发展机遇往往伴随着糟糕的营商环境。

三是由于个体规模太小，局势动荡国家的私营经济发展计划在短期内很难有所成效。

四是通过发展私营经济创造就业机会是局势动荡国家经济复苏战略的关键要素，但具体如何创造这些就业机会尚不清楚。因此私营经济的发展战略有必要与其他公共配套措施保持一致，如政府公共计划、农业复兴措施等。

（二）政策建议

世界银行在支持局势动荡国家发展民营经济方面可以发挥巨大的作用，但要取得事半功倍的效果，需要做到如下几点。

一是在冲突周期的不同阶段，世行的扶持措施应具有差异性。在局势脆弱与冲突持续的时期，扶持措施应该是小规模、即时的灵活扶持方案；在达成政治解决方案或和平协议的后冲突时期，扶持措施可以是传统、稳定和系统的整体扶持方案。

二是加强持续跟踪分析，准确把握不同创新扶持方案间的协作关系。由于局势动荡国家营商环境始终处于动态的变化中，企业经营也面临不断变化的机遇与挑战，这些都为局势动荡国家的经济复苏带来了不确定性。因此，需要在局势动荡国家建立长期跟踪监测机制，及时准确获得最新数据信息，从而为世行的扶持措施提供科学的决策支撑。

三是重视既往成功经验的运用。包括充分利用并强化世行的协调能力，增强扶持方案的灵活性；通过强有力的监管促进政府提高能力建设，加强运用第三方力量，如非政府组织和联合国机构等；增强扶持方案的执行力，为非常规方案提供有效资金支持等。

第二节　美国加大对小企业管理培训与技术援助[1]

一、概况

美国小企业局（Small Business Administration，简称 SBA）1953 年成立，从成立开始，小企业局就为小企业提供技术援助和管理服务。该局主要通过提供咨询与培训服务的方式，帮助小企业了解政府采购信息和政府政策、提高小企业管理水平。最初，小企业局只是自己提供管理与技术援助培训，现在，小企业局更多地依赖第三方机构提供相关的培训服务。

[1] 本节中关于美国对小企业管理培训与技术援助情况统计数据及措施内容来源于美国国会著名智库国会研究部（CRS）2014年3月24日公布的研究报告《Small Business Management and Technical Assistance Training Programs》。

近年来，国会对小企业局管理与技术援助项目的兴趣不断增加，主要是因为这些项目被视为可以帮助小企业创造更多就业机会以及维持就业水平的一种手段。在 2014 财年，小企业局将投入 1.85 亿美元支持这些培训项目。

这些资金将用于支持小企业局的 14000 余家合作机构，其中包括 63 个小企业局直辖的小企业发展中心（小企业发展中心 SBDCs 在全国各地有 900 多个延伸机构）、108 家妇女企业中心（WBCs）和退休高管服务企业（SCORE）项目中的合作机构等。小企业局公布的官方报告称每年有超过 120 万名有抱负的企业家和小企业主从小企业局支持的资源合作方处接受相关培训。

小企业局认为，这些项目有助于小企业获得长期成功，能够帮助小企业健康成长，帮助其创造更多的就业机会。各项目的资金预算情况如下：

表 12-1　美国小企业管理局技术援助与管理培训项目资金分配

（单位：美元）

培训项目	2014财年	2015财年（小企业局申请额）
小企业发展中心项目	113625000	113625000
小额贷款技术援助项目	20000000	20000000
妇女企业中心项目	14000000	14000000
退休高管服务企业项目	7000000	7000000
企业指南项目	7000000	7000000
创业发展项目（集群）	5000000	6000000
创业教育项目	5000000	15000000
微型企业投资技术援助项目	3500000	0
弱势人群企业管理与技术援助项目	2790000	2800000
增长加速器项目	2500000	5000000
退伍军人企业发展项目	2500000	2500000
美国原住民企业推广项目	2000000	2000000
全国妇女商业委员会项目	1000000	900000
总计	185915000	195825000

数据来源：2014 财年数据来自 2014 综合拨款法案及相关附件资料，2015 财年数据来自《2015 财年国会预算理由及 2013 财年年度绩效报告》。

除小企业局以外，商务部也为小企业提供管理与技术援助培训。例如，商务部的少数族裔商业发展署就为少数族裔创办的企业提供培训，尽量帮助他们获得政府采购合同，同时为其提供资金支持。

在关于小企业局管理与技术援助培训项目的国会听证会上，国会议员们一直都在反复讨论如何才能提高培训项目的执行效率、消除不同机构的重复服务内容，以及如何才能加强小企业发展中心、妇女企业中心和退休高管服务企业项目等不同机构间的协调与合作问题。

本节内容概述了美国小企业技术援助与管理培训项目的发展历史，分析了这些项目当前的运营和预算执行情况，评估了项目的管理和监督情况，最后给出了一些政策建议。

二、具体项目

（一）美国小企业局技术援助与管理培训项目

1. 小企业发展中心项目

小企业发展中心项目最早起源于大学商业发展中心试点项目。1976年，小企业局首次在大学里设立小企业发展中心，并通过该中心为小企业提供咨询和培训服务。1976年12月，第一个中心在波莫纳地区的加州州立理工大学正式成立。在这以后的6个月里，美国各州更多的大学开始陆续设立小企业发展中心。到1979年，全美已有16个小企业发展中心从小企业局获得资助，并已开始为各地小企业提供管理与技术援助培训服务。

小企业发展中心的设立具有明确的法律依据，即1980年通过的《小企业发展中心法案》。小企业发展中心通过与小企业局合作的方式为小企业提供服务。尽管大部分小企业发展中心本质上隶属于大学，但是立法明确允许小企业局为其提供资金支持。2013财年，全国各地的小企业发展中心为33.08万客户提供了技术援助培训服务，为20.16万客户提供咨询服务，共计服务客户数量达到53.24万名。

为充分了解小企业发展中心的培训效果，SBA委托一家私人公司在2013年对2.9万名接受过服务的企业客户进行了调查。调查结果发现，小企业发展中心的培训效果非常好：在小企业发展中心接受培训的客户比在妇女企业中心和退休高管服务企业项目中接受培训的效果更好，被服务的企业无论其年收入还是新增就业量都有着更高的成长性。其中，82% 在小企业服务中心接受过培训的客户表示其培训服务非常有用，16% 的客户表示有用，2% 的客户表示没有意见。

2. 小额贷款技术援助项目

1991 年，国会授权小企业局开展小额贷款项目。该项目旨在帮助弱势群体（如妇女、低收入者、退伍军人、少数族裔人群）创办企业和帮助其获得更多的融资支持。1992 年，该项目正式启动。

小企业局的小额贷款技术援助项目是其小额贷款项目的一个子项目。该项目独立拨款，主要是给小额贷款中介组织提供补贴，以鼓励其为借款者提供管理和技术培训。目前，已有 180 个中介组织参与到该项目中，这些中介组织分布在 48 个州、哥伦比亚特区等全美各地。

贷款中介组织都有资格获得小额贷款技术援助补助资金，但是补助资金只可以用于为小额贷款项目借款人提供营销、管理和技术援助。当然，也存在例外情形，即补助资金也可以用于给潜在的小额贷款借款人提供上述服务，但是这种情况下的资金使用比例最高不能超过补助资金总额的 25%。同时，补助资金也可以根据小企业局要求用于特定领域的支出。

小企业局并不强制要求小额贷款借款人必须参加小额贷款技术援助项目。不过，中介机构通常要求借款人参加小额贷款技术援助项目的培训，并将其作为发放贷款的一个条件。将贷款和管理与技术援助培训组合在一起是小企业局小额贷款项目的显著特征。2013 年，小额贷款技术援助项目共计为 1.9 万余家小企业提供了相关服务。

3. 妇女企业中心项目

妇女企业中心项目最初是根据 1988 年颁布的《妇女企业所有权法》而设立，该项目是一项妇女商业示范试点项目。《妇女企业所有权法》明确提出可以通过为私人非盈利组织提供资金来引导私人非盈利组织为中小企业提供金融、管理和营销方面的服务，但只能服务于妇女这一弱势群体。2006 年，经司法部、商务部等机构批准，妇女企业中心获得了永久的法律地位。

目前，全美共有 108 个妇女企业中心，已经覆盖美国绝大部分地区。2013 年，妇女企业中心为 114310 名客户提供了技术援助培训服务，为 19455 名客户提供了咨询服务，共计为 133765 名客户提供了服务。

从 2010 年到 2013 年，妇女企业中心项目每年都获得 1400 万美元拨款，

2014 年，奥巴马政府建议拨款额仍为 1400 万美元。

4. 退休高管服务企业项目

自 20 世纪 50 年代以来，小企业局就开始通过与志愿者和专业服务组织合作的方式为小企业提供管理和技术援助培训服务。1964 年 10 月 5 日，小企业局依据《小企业法》开始与 "教育和其他非营利组织、协会及机构" 合作为小企业提供管理和技术援助服务。随后，小企业局局长尤金·P. 佛利（Eugene P. Foley）正式宣布启动退休高管服务企业项目（也称作 "退休经理服务团"），并将其作为一个全国性的志愿者组织。该组织有 2000 名会员，它是联合了 50 余个独立非盈利组织而共同组成的一个全国性的非盈利组织。自从那时起，小企业局就开始为退休高管服务企业项目提供资金支持，以扶持该组织更好地为小企业提供相关培训服务。

2013 年，退休高管服务企业项目为 218434 名客户提供了技术援助培训服务，为 127468 名客户提供了咨询服务，共计服务客户数量达到 345902 名。

5. 微型企业投资技术援助项目

微型企业投资技术援助项目的起源最早可追溯到微型企业技术援助和能力建设补助项目，后者是 1999 年小企业局依据格雷姆 – 里奇 – 比利雷法 (Gramm-Leach-Bliley Act) 设立的。微型企业投资技术援助项目旨在为非盈利性微型企业发展组织、中介组织、印第安部落等提供援助，依据法律，小企业局要确保该项目补助资金的 50% 以上都要用于扶持低收入人群。

经过多年的发展，微型企业投资技术援助项目已经成为小企业局微型企业投资项目下的子项目，微型企业投资项目的定位是为缺乏教育的低收入创业者提供培训，以帮助其在创办企业、扩大经营时获得更多的融资支持。该项目具体包含四个子项目：技术援助补助、能力建设补助、研发补助和其他方面的补助。其中，技术援助补助专注于为不具有竞争优势的微型企业提供技术援助服务。

尽管如此，由于微型企业投资项目与小企业局的小额贷款技术援助项目具有很大的重叠性，因此，奥巴马政府建议从 2015 年起停止对该项目拨款。

6. 退伍军人企业发展项目

1999 年，美国国会通过了《退伍军人创业及小企业发展法》(Veterans Entrepreneurship and Small Business Development Act)，该法案授权组建国家退伍军

人企业发展总公司（现称为退伍军人总公司），法案同时强调了小企业局在援助退伍军人企业方面应尽的义务。法案要求小企业局要充分利用退休高管服务企业项目渠道对全美退伍军人进行创业兴业的辅导和培训。退伍军人企业发展项目为美国退伍军人、退伍残疾军人、预备役军人和国民警卫队成员、现役的军人及其家属等提供相关培训咨询服务，其中尤为强调的是为退伍军人提供管理与技术援助方面的培训。

在2012财年，小企业局退伍军人企业发展办公室启动了退伍军人企业发展项目，即"企业经营指南：从服役到创业"计划，有近2万名军人参与到该计划中。2013财年，退伍军人企业发展项目直接或通过支持第三方机构共计为101839名退伍军人提供了管理和技术援助培训，其中直接接受小企业局培训的人员达到73266人。为进一步扩大该项目取得的成果，奥巴马政府建议将此项目列入军人转业援助项目（TAP）中，向所有退伍军人推广此类创业培训。

7. 弱势人群企业管理与技术援助项目

依据1958年国会颁布的《小企业法》（the Small Business Act），小企业局在1970年创建了弱势人群企业管理与技术援助培训项目，该项目旨在改善弱势人群小企业的经营状况，帮助其提升企业管理效率。项目扶持范围涵盖弱势人群企业及贫困地区的小企业。

该项目内容重点涵盖两方面：一是从资金管理、财务审计、员工档案保存及市场营销几个方面为小企业提供培训和辅导；二是帮助小企业拓宽经营范围，帮助其发掘新的商机。2013财年，弱势人群企业管理与技术援助培训项目共计为3913家小企业提供了相关培训服务。

8. 美国原住民企业推广项目

美国原住民企业推广项目是向美国印第安人、阿拉斯加原住民、夏威夷原住民、关岛和美属萨摩亚群岛的原住民提供企业管理及技术援助培训服务，内容涵盖政府采购合同的签订、创业兴业的培训以及融资指导等。1994年，美国小企业管理局通过设立原住民事务办公室（the Office of Native American Affairs）来监督美国原住民企业推广项目（the Native American Outreach Program）的实施情况，从而确保该项目取得实质性效果。

2013财年，美国原住民企业推广项目资助了一系列原住民活动，具体包括：对10个原住民社区的企业主管进行培训、开办了23个创业辅导班。其中，23

个创业辅导班为 17 个州的 400 余名企业管理者提供了创业培训辅导。

9. 小企业局发起的项目

除上述各类依法设立的培训项目外，小企业局也发起设立了一些新的培训项目。2014 财年，经奥巴马政府申请，美国国会批准对以下四个项目提供资金支持，分别是：创业发展项目（集群）、企业指南项目、创业教育项目和增长加速器项目。

一是创业发展项目（集群）。自 2009 财年以来，小企业局一直关注于对区域性创新集群的扶持，例如，在密歇根州与小型供应商在机器人领域展开创新合作。在 2010 财年，小企业局共参与了两项创新集群建设：一是弗吉尼亚州东南部的机器人产业集群项目；二是家庭及企业节能产业集群项目（同能源部及其他联邦机构合作）。2011 财年，小企业局资助了 10 个区域性创新集群项目的建设。2012 财年，这些创新集群项目促进民间投资增长了 4800 万美元。

根据小企业局计划，2014 财年将继续对创业发展项目拨款 500 万美元，其中 300 万美元继续资助已建成的产业集群，200 万美元用于资助新的产业集群，以及用于对项目实施情况进行评估。2014 财年的项目内容将侧重商业开发、知识产权保护、进出口推广、新技术产业化、供应链管理、企业间合作等方面。

二是企业指南项目。2012 财年，小企业局发起了企业指南项目，该项目是军人转业援助计划的一部分，主要为退役军人提供咨询和培训，帮助他们尽快适应退伍后的市民生活。企业指南项目包括"教育""技术培训""创业"三部分内容，其中"创业"部分由小企业局及其合作部门（小企业发展中心，妇女企业中心，退休高管服务中心等）共同负责。企业指南项目包括三个递进阶段：首先是视频短片教育阶段，包括对创业和职业路径情况进行概述；其次是 90 分钟面对面创业培训教育阶段；最后是 8 周时间的远程在线课程，具体指导制作一个商业计划。

在 2012 财年，美国海军陆战队参与了该计划的首次实施，共计有约 2 万名转业海军军人接受了创业相关的培训辅导。在 2015 财年的财政预算中，奥巴马政府建议为此项目拨款 700 万美元。

三是创业教育项目。2008 年，小企业局开始启动创业教育项目。创业教育项目是为快速发展的小企业提供为期 7 个月的企业管理培训，培训内容涵盖企业管理者能力提升、创造新增就业和企业社会价值等。通过培训，企业管理者们将有效提升管理能力，掌握更多专业资源，并提升对拓宽业务渠道的理解。

最初，企业教育项目只在波士顿、芝加哥、费城等城市的 10 个社区内实施（培训了大约 200 家小企业）。随着计划的实施，项目规模正在不断扩大。2012 财年，项目扶持的社区数量已经增长到 27 个，参与项目的企业也增至 450 家。奥巴马政府建议 2015 财年为该项目拨款 1500 万美元。

四是增长加速器项目。小企业局将"增长加速器"定义为"在增加企业产值、协助企业融资、预防商业陷阱等方面帮助新建的小企业健康发展"。2012 财年，小企业局组织大学教员、企业家和增长加速器项目代表就如何才能有效指导和协助小企业展开多次讨论。讨论的最终结果得到白宫的认可，结果是小企业局和商务部合作共同建立一个正式的"大学 + 加速器"网络，围绕政府项目提供培训服务，这种做法既有利于企业获得高速成长，也有利于促进大学的创新和创业。2014 财年，该项目获得 250 万美元拨款。

（二）美国商务部小企业技术援助与管理培训项目

1. 少数族裔商业发展署介绍

1971 年 10 月 31 日，依照尼克松总统颁布的 11625 号总统令，美国商务部设立少数族裔商业发展署（Minority Business Development Agency，简称 MBDA），其主要职责有以下四个：一是通过落实联邦政府政策支持少数族裔企业发展；二是为弱势企业提供管理和技术援助；三是帮助和支持示范项目的实施；四是协助其他联邦政府部门和机构共同促进少数族裔企业发展。少数族裔商业发展署力求将少数族裔企业主培训成为联邦政府或其他大型民营企业的一级或二级供应商。

2. 商务部经济发展局的本地技术援助项目

1965 年，《公共工程和经济法发展法案》（the Public Works and Economic Development Act）授权商务部的经济发展局（Minority Business Development Agency，简称 EDA）为高失业率贫困地区的低收入失业人群提供经济援助。经济发展局目前资助了技术援助项目、公共工程项目、科研评估项目、贸易调整援助项目和减缓全球气候变化项目等。

三、国会对于培训项目的管理与评估

（一）项目监管

在美国国会中关于管理与技术援助培训项目的讨论主要围绕"如何通过减少援助项目重叠率和加大部门间合作来提高援助项目的执行效率"。例如，由于部分扶持项目内容存在重复，众议院小企业委员会一直建议将小企业管理局的部分管理与技术援助培训项目与小企业发展中心的项目进行合并；又如，由于微型企业投资项目 (PRIME) 与小企业局的小额贷款技术援助项目内容存在重复，奥巴马政府建议 2015 年取消微型企业投资项目。

另一方面，奥巴马政府也建议继续为小企业局的创业发展项目（集群）提供资金支持，同时在小企业局的创业教育项目、增长加速器项目上增加拨款，以促进其更快发展，该建议目前已获得国会的批准。

（二）项目评估

2007 年，美国政府问责办公室 (U.S. Government Accountability Office) 对小企业局管理与技术援助培训项目展开调查，结果发现了若干问题，例如，妇女企业中心在如何与小企业发展中心和退休高管服务企业项目进行合作方面缺乏小企业局的有效指导；又如，在一些地区，小企业发展中心与妇女企业中心的项目内容重叠。对此，不同机构的反馈意见并不一致，主要有如下几种观点：

1. 合并重叠项目

一些机构建议将小企业局的部分管理与技术援助培训项目合并，尤其将小企业局中部分相似项目统一合并到小企业发展中心的项目中，这样既能充分发挥小企业发展中心资源丰富及全国布局完整的优势，又能保证援助计划的有效实施。

为提高项目的综合执行效果，并同时节省开支，部分国会议员建议合并小企业管理局与其他联邦部门的雷同项目。政府问责办公室的年度报告中也指出：部分小企业局的管理与技术援助培训项目与商务部、城市发展部和农业部的项目具有重叠性，建议相关部门及时采取措施进行处理，可考虑合并部分项目。另外，由于预算紧张，众议院小企业委员会也建议将小企业局的部分管理与技术援助培训项目合并到小企业开发中心项目中。

对此，也有反对意见认为应保持原有项目的独立性，这是因为各个独立的管理与技术援助培训项目可以更有针对性地满足不同群体的不同需求。

2. 改善项目合作方之间的沟通渠道

部分国会议员建议通过改善沟通渠道来提升小企业局管理与技术援助培训项目的实施效果。众议院小企业委员会认为，援助项目当前已经通过建立地方合作渠道、整合区域资源对当地小企业发展提供了有效帮助，因此只要进一步加强区域内各种稀缺资源之间的合作，就更能够明显增加小企业可用资源，这也会有利于不同机构的成功经验在彼此间进行分享。

为加强小企业局管理与技术援助项目的监督与协调，2009 年颁布的《通过创业促进就业法案》（Job Creation Through Entrepreneurship Act）提出如下规定：

第一，小企业局要建立一个新的多语言在线培训与教育项目，并将该项目整合到现有的管理与技术援助培训项目中，为创业者和小企业主提供信息交流与共享平台。

第二，小企业局要加强与当地经济部门及其他联邦机构的有效联系与合作。

第三，小企业局需要每年定期向国会提交年度报告，适时与其他联邦机构加强沟通，内容将主要集中于加强沟通协调、避免项目重叠、提高项目实施效果等方面。

四、政策建议

近几年来，由于小企业在提高就业方面的巨大贡献，小企业技术援助与管理培训项目越来越受到美国国会的重视。目前已经达成的普遍共识是"使联邦政府的技术援助与管理培训项目更有效地满足小企业需求，这将有助于改善小企业发展环境，有利于小企业创造更多的新增就业机会，有助于整个国家经济的复苏"。为进一步提升各项目的执行效果，该报告提出了如下建议：

一是增加对现有项目的资助，使其能够为小企业提供更多的培训机会，同时继续保持各项目的独立性，以充分满足不同群体的特定需求。

二是改进现有的项目绩效评估方式，以保证评估能更有效、更全面地反映项目执行效果。

三是暂时减少或取消对联邦政府的配套要求，使小企业局技术援助和管理培训项目的执行合作方更关注援助项目的执行和实施，而不是过多关注筹集资金这一行为本身。

除上述建议外，一些观点认为可以考虑合并部分现有的重叠项目，赞成的一方认为这样可以减少政府开支并提高项目效率，而且有利于在全国形成更统一更标准化的项目操作程序；但反对一方认为这种方式产生的效率提高会因项目缺乏针对性引起的效率下降而被抵消，目前双方对此争执不下，这有待于未来进行更多的案例及实证研究进行检验。

第三节　欧盟、澳大利亚、韩国加快推动中小企业云计算应用

一、欧盟

（一）推动解决云计算相关的安全问题，消除中小企业顾虑

欧盟认为制约云计算应用推广最主要的制约因素是安全问题，因此为了推动云计算在中小企业中的广泛应用，欧盟正致力于规范云计算相关的安全标准，以期消除中小企业采用云服务时的顾虑。

2009年，欧盟颁布了《云计算：好处、风险及信息安全建议》和《ENISA云计算信息安全保障框架》；2011年，欧盟进一步出台了《政府云的安全性和复原力》报告，并调查了约150个公共机构在采购云服务方面的做法，为未来出台进一步的操作指南积累基础；2012年，欧盟发布了《云计算合同安全服务水平监测指南》，对云服务如何规避安全风险给予全面指导；2013—2014年，欧盟全面推动中小企业应用云计算实现信息化发展。

（二）主要启示

一是以解决云服务安全问题作为推动云应用的突破口。欧盟通过制定一系列相关规定，逐渐完善云服务的安全保障制度，通过对云服务数据安全性进行持续监测，为中小企业采用云服务提供指导，推动云计算进入一个全新的发展阶段。

二是注重制定云计算发展相关法规与标准。欧盟从整体出发部署和规划云计算发展，并且非常注重建立统一标准的建立。中国的云计算应用发展目前存在一定的投资过热、重复建设情况，缺乏在云计算应用的技术标准、准入制度、安全规范等方面的规定，急需从国家层面进行全国云计算发展的统一规划，同时加强对标准的研制和数据安全的保护，从而引导云计算应用理性、健康、可持续发展，注重保护。

二、澳大利亚

（一）鼓励中小企业、非营利机构和个人消费者使用云计算

2013年5月，澳大利亚正式颁布了国家云计算战略，鼓励中小企业、非营

利机构和个人消费者使用云计算，其目标是为澳大利亚小企业、非营利组织和消费者提供法律保护、技术支持和信息共享，使其能够放心使用云服务。2014 年，澳大利亚开始全面推动中小企业云计算应用，中小企业相比大企业更能从云计算服务中获益，云计算明显提高了中小企业获得最新 ICT 的能力，提高了生产效率，为中小企业提供了更多创新机会。

（二）主要启示

一是完善在线工具和网络资源。通过建立无障碍的网络信息通道，完善在线工具，帮助中小企业了解云服务的基础信息，使中小企业更好地认识到云服务的益处，并帮助中小企业进行风险预估。随着对云计算认知的不断加强，中小企业可以运用基于云技术的工具处理不同业务。云提供商将对不同的市场需求进行回应，调整并提高自身的服务质量。具体措施包括如下几方面：首先，政府通过网站和其他在线信息手段加强对云计算信息的发布；其次，政府与中间机构和协会成员加强合作，推动云计算在生产率与安全性方面的相关决策，并针对特定的工业领域提供相应的云计算信息；再者，政府针对不同产业和用户制定云计算应用相关手册，帮助中小企业提升对云计算的认识。

二是健全相关法律制度，为云服务应用方提供保护。政府通过制定相关政策法规加强云服务企业与消费者团体之间的合作，强化了云计算产业的自我约束管理机制，明确了保护云服务消费者的机制，要求云服务提供商在销售云产品各个阶段有义务向消费者提供清晰的产品和服务消息，对云服务市场提出开放、诚信和公平等一系列要求，强化注重个人隐私保护，鼓励迅速响应市场和技术的发展趋势。在维护消费者权益方面具体提出如下措施：首先，政府成立云服务消费者组织，引导云计算产业组织和消费者团体同时掌握这个新兴产业的状况；其次，在信息技术领域，政府将会出台自愿性的云消费者协议，以此来鼓励云提供商向消费者提供有效信息；再次，政府对云计算产业相关人员、管理者和消费者组织不断进行盘点，与关键利益相关者进行充分交流。

三是强化云计算应用领域相关的既有扶持措施。包括如下几方面：首先，通过数字企业项目，加强对中小企业信息化发展方面的专业培训；其次，通过企业连接计划，给中小企业提供了解、挑选、购买和应用云服务的有效信息；再者，通过技术知识连接项目，通过直接参与的模式给企业提供云服务关键问题的信息和建议；再次，通过数字政府计划，为地方政府提供资金发展线上服务；最后，通过咨询服务项目，为中小企业提供便宜或免费的业务和管理咨询服务。

三、韩国

（一）全面推动中小企业应用云计算，提升全国云计算产业发展水平

为了支持很难进行大规模投资的中小企业应用云计算服务，韩国正在努力将现有的互联网数据中心与云计算接轨，为国内外中小企业全面提供云服务，通过刺激国内广大中小企业的应用带动本国云计算产业快速发展，并同步将云计算服务推向国际市场，这一模式成为韩国提升本国云计算竞争力的重要途径。韩国出台了旨在削减软硬件开支、降低能源成本的《搞活云计算综合计划》，该计划提出将在未来五年投资6146亿韩元（约合36.9亿人民币），重点支持云计算技术研发，并通过完善政府采购，推动云计算产业发展，目标是使韩国在2014年跃升为全球云计算最强国，全球云计算市场占有率提高至10%，国内云计算市场规模扩大4倍，达到2.5万亿韩元（约合150亿人民币），公共部门IT成本节约50%，重点加强广大中小企业应用云计算水平，通过云计算服务实现信息化发展。

通过几十年经济的快速发展，韩国在某些领域具备了国际领先水平，尤其是在信息化方面走在了世界前列。然而，从整体来看，韩国信息技术和产业竞争力仍与美国等发达国家存在较大差距；同时，中国、印度等发展中国家通过发挥自身的成本优势，在信息产业领域迅速崛起，也使韩国感受到了巨大威胁。因此，韩国一方面需要在技术研发方面投入大量人力物力来缩小与发达国家的差距，另一方面又需要降低成本来应对来自发展中国家的挑战。对此，韩国一直对云计算给予高度关注，期望通过发展云计算抢占信息技术的下一个制高点。

（二）主要启示

一是制定国家层面产业与应用发展的综合计划，引领中小企业通过云计算应用快速实现信息化发展。韩国在发展云计算产业之初就制定了国家层面产业规划与企业层面应用驱动的联合发展计划，以此指导全国范围内云计算相关技术研发、应用推广、产业发展等工作，鼓励中小企业通过云应用提升技术水平，加速企业的信息化进程。相比之下，我国国家层面统一的云计算发展规划仍然不够完善，目前主要是通过试点城市和分批次的应用示范工程进行云应用探索，云计算应用与产业发展的动力主要来自于地区政府和个别大型IT企业，这也使得全国范围内由于缺乏统一规划而出现了重复建设、资源浪费的情况，广大中小企业在我国

云计算产业发展尚不成熟的情况下，大范围采用云服务仍然困难重重，中小企业应用云计算亟需得到国家层面的战略引导。因此，我国目前迫切需要完善国家层面的云计算发展规划，从基础设施建设、政府采购、商业应用、标准规范、发展目标等各个方面指导全国云计算应用与产业发展，使广大中小企业云应用具有良好的产业基础。

二是重视云计算技术研发抢占信息技术在中小企业应用中新的应用点，促进创新型国家建设。韩国通过扩大本国广大中小企业云计算应用的普及程度，全面提高韩国企业的创新能力和技术水平，加速韩国创新国家的建设步伐。有鉴于此，我国也应当把握云计算技术变革机遇，制定相关政策法规，引导鼓励大型云计算服务商以中小企业云应用作为云计算研发的重要关注点，大力支持本土"自主安全可控"的云计算技术研发，全面推广云计算技术在广大中小企业中的应用，提升我国中小企业的信息化水平和创新能力，进一步推动我国创新型国家建设。

第十三章　国内热点问题

第一节　商事制度改革

商事制度改革是党中央、国务院部署的一项重要改革任务，是简政放权、转变职能的"先手棋"。自 2014 年 3 月 1 日以来，改革已经取得了重要进展，改革红利得到有效释放，市场活力进一步增强。江苏在积极推动注册资本登记制度改革的同时已经启动"三证合一"改革，以信用监管为核心的"严管"工作也在逐步展开。从实践看，商事制度改革对优化产业结构、扩大就业创业、推动社会诚信体系建设、为广大企业减负增效都起到了重要的促进作用。

根据十八届三中、四中全会的指示精神，相关部门要勇于实践，深入推进商事制度改革，重点推进"先照后证""三证合一"改革。强化事中事后监管，加快构建体制健全、制度完善的市场监管体系，积极稳妥推进工商系统自身改革。[1]

党的十八届二中全会和十二届全国人大第一次会议审议通过的《国务院机构改革和职能转变方案》提出工商登记制度改革，党的十八届三中全会通过的《中共中央关于全面深化改革若干重大问题的决定》要求推进工商注册制度便利化，削减资质认定项目，由"先证后照"改为"先照后证"。国务院印发的《国务院关于促进市场公平竞争维护市场正常秩序的若干意见》（国发〔2014〕20 号）中明确指出"改革工商登记制度，推进工商注册制度便利化，大力减少前置审批，由"先证后照"改为"先照后证"。同时指出：简化手续，缩短时限，鼓励探索实行工商营业执照、组织机构代码证和税务登记证"三证合一"登记制度。根据党中央、国务院关于行政审批制度改革的总体要求，切实将"重审批轻监管"转

---

[1]　任松筠：《共同推进商事制度改革试点》，《新华日报》2014年11月24日。

变为"宽准入严监管",国务院出台了《企业信息公示暂行条例》,已于 10 月 1 日开始施行。

一、商事登记的特征

商事登记是申请人与商事登记机关审查核准相结合的行为[1]。作为一种申请行为,商事登记所选择的商事主体类型和相关登记事项基本基于申请人的意愿。同时,商事登记还须经由主管商事登记机关依照法律进行核准,待核准后方可产生确立、变更或终止商事主体资格的法律效力。

商事登记是一种公开行为。商事登记将登记事项登记在商事登记簿上,向大众公开信息,允许查阅。为了保持商事登记制度的公平公开公正,部分国家采取商事登记结果公告的形式,通过专业媒体媒介将商事登记结果公布给广大群众。

商事登记的法律效果表现为对其商事主体资格和商事能力的发生、变更或终止。为体现商事登记的公信力,在产生这些法律效果时需将法律效果予以公告,让广大群众了解商事主体具体内容的变化。通常,未经登记或登记后未予以公告的商事登记发生、变更或终止不得对抗第三人。

二、商事登记的主要内容

商事登记的内容包含许多含义,一是商事登记法所描述的商事登记多针对商事主体,但也存在将商事主体和商事行为一并规定的立法。例如,我国《澳门商法典》第 6 条规定"与商业企业主及有关之行为,须按照有关法律规定予以登记及公布。"《澳门商事登记法典》规定中关于"登记之标的"(内容)除商事主体外,其他还包括企业之用益权、享益债权之设定、出质及收益用途之指定、不附随交付之商业出质、浮动担保之设定、查封及阻碍自由处分企业之其他行为或措施等事项。二是登记类型。例如,在我国,商业登记包括公司企业、个体工商户和合伙企业的登记等。其中,企业登记依照流程可分为设立登记、变更登记、注销登记及企业名称预先核准等。三是登记事项包括不同的登记要求。我国登记事项因登记对象的类别不同内容也会有所差异。例如,企业法人登记注册的主要事项包括:企业法人名称、住所、经营场所、法定代表人、经济性质、经营范围、经营方式、注册资金、从业人数、经营期限、分支机构。公司的登记事项包括:名称、

---

[1] 钱伟宇:《商事登记制度改革研究》,华南理工大学2012年硕士学位论文。

住所、法定代表人姓名、注册资本、实收资本、公司类型、经营范围、营业期限、有限责任公司股东或者股份有限公司发起人的姓名或者名称，以及认缴和实缴的出资额度、出资时间、出资方式。[1]

三、商事制度改革的背景

改革商事登记制度主要是推进工商注册制度便利化，加快政府职能转变、创新政府监管方式、建立公平公开透明的市场规则、保障创业创新。改革工商登记制度是党中央、国务院做出的重大改革决策。商事制度改革的基本原则包括：便捷高效、规范统一、宽进严管。其主要内容包括：一是放松市场主体准入制度；二是严格市场主体监督管理制度。对个体工商户向个体独资企业、合伙企业及有限责任公司的转型采取积极引导。同时加强监管力度，对于违反商事登记有关规定的商事主体采取除名制度；建立统一的商事主体登记信息公示平台，整合调动各类信息公示平台及渠道加强信息互通。

四、商事制度改革的意义

一是降低企业准入门槛鼓励全民创业。商事制度改革降低了企业设立的资本门槛，对于经营范围、注册资本等不再作为登记核准事项，不再要求申请人提交验资证明文件，实行公司注册资本认缴制度。这种"先照后证"的模式降低了企业准入门槛，鼓励全民创业，激发市场活力。商事制度改革实施后，2014 年 3 月至 9 月，全国新登记注册市场主体 766.35 万户，同比增长 14.4%；注册资本（金）12.59 万亿元，同比增长 76.39%。其中，企业 224.18 万户，同比增长 56.48%；注册资本（金）11.53 万亿元，同比增长 85.03%。平均每天新登记企业 1.05 万户。从行业看，2014 年 1 月至 9 月企业在信息传输、软件和信息技术服务业新登记 10.36 万户，同比增长 98.5%；在文化、体育和娱乐业新登记 4.61 万户，同比增长 81.99%；在科学研究和技术服务业新登记 19.11 万户，同比增长 71.43%。[2]

二是免验资报告、放宽土地限制等政策帮助创业降低成本。改革前设立有限公司需要先找会计师事务所出具验资报告，改革后免除验资报告，帮助创业者节约创立公司所需支出的检验成本。同时放宽对经营场所的束缚，商事登记机关不再审查商事主体经营场所所属权和其他证明文件。经营场所经相关职能部门许可

[1] 钱伟宇：《商事登记制度改革研究》，华南理工大学2012年硕士学位论文。
[2] 数据来源：国家工商总局，2014年10月14日。

审批后方可作为经营场所使用。这一解放场地资源的政策有利于实现现有建筑资源优化配置，降低场所租金平均水平和企业成本，增强创业企业整体盈利水平。

三是工商职能转变加快监管改革。改革后对于商事登记机关和行政许可审批部门之间的监管责任，按照《行政许可法》中规定的"谁审批，谁监管"执行。改革后，审批部门分担了一部分工商部门的监管责任，工商部门则主要负责监督管理企业的市场行为。这一转变使得职责分工更加清晰化，在一定程度上改善部门之间相互推诿的情况。部门职能的重心转变促使政府、市场、社会关系发生转变，行政审批制度改革后的"倒逼机制"加快了监管改革的步伐，促进创建服务型政府，有效推进社会经济协调发展。

四是依靠注册资本认缴登记制度完善企业诚信体系。改革后，有限责任公司采取全体股东认缴注册资本总额的方式，公司对股东缴付的注册资本进行验资，公司出具《出资证明书》向商事登记机关办理资本到位手续。股东出资情况可通过公开统一的商事主体登记信息公示平台进行查询。这一改革有利于建立较为真实可靠的企业诚信体系，帮助社会公众了解企业信用记录。将公众关注点引导至代表商事主体真实实力的净资产等资信情况上。

五、商事制度改革面临的挑战

一是企业及政府管理部门需要转变观念。从政府层面，商事制度改革并不是简单地简政放权，而是放大市场对企业、行业的调节作用，转变政府部门的工作重心到监督管理部分，采取有效措施增强政府部门公信力和执行力。从企业方面，商事制度改革则在商事主体获得更多自主权的同时，企业自律意识得到加强。促使各股东按照公司章程自觉出资，提升企业资信水平。

二是提高配套法律保障。改革工商登记制度与法制建设应相辅相成、相互促进。对现有的法律制度，如果过分依赖可能会造成思维束缚，阻碍有效发展。如果脱离法制基础，又使得改革工作变得盲目，违背依法行政的施政原则。改革面临的一大挑战将是如何保证法治建设的同时推进改革，并且在保证施政原则不变的基础上推动法律修订。

三是提高准入率及维护市场安全的关系。社会主义市场经济体制的逐步完善需要我们通过简政放权等形式刺激市场主体活力，但市场机制本身存在固有缺陷。如何在简政放权的同时，提高市场监管机制，营造健康的市场发展环境。如何权衡简政放权的力度与市场安全之间的平衡，将是改革需面临的另一大挑战。

六、商事制度改革的配套措施

通过立法手段推进商事制度登记改革。商事制度改革是对我国商事主体登记制度的重大调整，对企业的管理制度包括营业执照制度、注册资本制度等做出了重大突破。对于这一突破性问题需要通过立法手段推进改革顺利进行。

加强中介机构的配套建设和相关管理。在企业信用体系建设中占据重要地位，应适度强化中介机构的连带责任，发挥中介机构在体系建设中的作用。考虑将对企业的相关资质或资格进行认定和评估工作逐步交由相关中介机构办理，延伸连带责任至中介机构。依靠相关中介机构对企业进行前期审批工作，适度解放相关审批部门的审批责任。增强对中介机构专业人员的培训和考核制度，防止中介机构人员以不正当的手段帮助企业通过许可审批，损坏信用体系建设的公正性。

依照改革方案，需对各职能部门的职责进行重新明确。依照商事制度改革方案的"谁许可，谁监管"的原则，各政府部门须对企业从事的经营活动进行审批，并对商事主体擅自从事未经审批的经营活动进行监管。为增强改革后信息的透明度，各监管部门需依托公共信息平台进行许可登记和监管信息的互联互通。在部门执行监管和审批工作时，若发现属于其他监管部门职责内的违法违规行为，可及时进行信息互通，提升监管工作的高效性。

第二节 《关于扶持小型微型企业健康发展的意见》出台

2014 年 11 月 20 日，国务院印发《关于扶持小型微型企业健康发展的意见》（国发〔2014〕52 号）（本节内简称《意见》）。文件从专项资金、税收优惠政策、创业孵化器、社会补助、就业扶持、融资担保、信息互联互通等方面对小型微型企业健康发展提出了参考意见。

一、政策背景

中小企业特别是小型微型企业在促就业、促发展中具有不可替代的作用，对我国经济和社会发展具有重要的战略意义。党中央、国务院近年来高度重视中小企业发展，特别是在国际金融危机的背景下，小微企业在我国经济发展中的作用越来越突显。为扶持中小企业健康发展，营造良好的企业发展环境，国务院相继出台了一系列包括《国务院关于进一步促进中小企业发展的若干意见》（国发〔2009〕36号）在内的政策措施，相关部门已制定36个配套文件，各地政府制定相关实施办法及具体措施200多件。[1]

小微企业融资难、经营成本高的问题尤为突出。根据中国中小企业促进发展中心在全国31个省、自治区、直辖市展开的关于企业负担的调查评价工作统计，从受调查的4000家企业分析，2014年各省（区、市）的企业负担的综合指数水平平均为0.84。在2013年成本高企业占调查企业的54%，2014年上升到60%。[2]导致小微企业融资难主要有三个原因：一是小微企业自身内部结构简单导致资金链设置不规范，资金流动率低；二是小微企业信誉度较低，导致其在银行等金融机构难以申请贷款；三是中介机构指定的收费项目和实施标准不利于小微企业申请，导致其在这些机构中的资金申请失败；四是融资渠道狭窄，由于我国多层次的市场环境特点，致使民间融资机构缺少切实有效的民间融资途径。

针对以上小微企业存在的问题，国务院等政府部门印发了《关于扶持小型微型企业健康发展的意见》，旨在加强对小型微型企业的扶持力度，通过指导意见引导相关金融部门及小微企业主管部门加大对小微企业的关注度、完善小微企业管理办法，根据小微企业特点开展行之有效的扶持工作。

相较于2012年国务院颁布的我国第一部针对小型微型企业的政策文件，即《国务院关于进一步支持小型微型企业健康发展的意见》（国发〔2012〕14号），《关于扶持小型微型企业健康发展的意见》虽只有十条，篇幅远不及国发〔2014〕14号文件的二十九条，但却更加注重文件的侧重点。明确文件的重点为小型微型企业，重点解决其税收、融资、场地、用工、经营管理等方面的具体问题。在政策措施方面，进一步加大了财税支持和金融服务力度。在财税支持方面，强调积极落实结构性税收优惠政策。对于当前已有的免征关税政策，侧重向小型微型企业倾斜，从公共服务、保险补贴方面根据小微企业的特点进行扶持。在金融服务方面，完善小型微型企业融资担保政策，明确各类银行业金融机构对小型微型企业的服务方向，积极鼓励拓宽企业融资渠道。从政策措施角度帮助小微企业特别是初创期的小微企业进行融资，进一步完善小微企业服务体系，帮助小微企业寻找

[1] 《工信部：面向小微企业的政府采购不少于18%》；http://news.xinhua08.com/a/20120427/947927.shtml。
[2] 国家工商总局解读《国务院关于扶持小型微型企业健康发展的意见》，2014年12月3日。

企业发展机会。

二、明确将小微企业覆盖到个体工商户

《意见》主要针对的是新设立的小微企业，从政策措施上对新创立的企业给予关注，对小微企业初创时期面临的融资难等问题给予扶持。首次明确扶持小微企业适用于个体工商户，从操作层面扩大了政策的覆盖面。根据我国现行的中小企业划型标准，个体工商户不属于企业。虽然同样从事经营活动，同时也在工商局登记备案，个体工商户一直以自然人的形式存在。在《意见》中首次明确个体工商户的大小界定参照《意见》中对于企业的划分标准执行。

三、强化对小微企业融资的扶持

对于小微企业在初创时期比较普遍的融资难、融资贵的问题，《意见》鼓励采取提供创业投资、引导基金、小额贷款等金融手段加强对小微企业的融资扶持。加强对小微企业的融资担保扶持力度，适当调整政府对担保机构的支持力度，采取多种扶持方式完善小微企业融资体系建设。《意见》规定了金融机构对小微企业的扶持措施包括：大银行要充分利用机构和网点的优势加大对小微企业金融服务专营机构的建设力度，专门针对小微企业服务的银行机构加大建设支持；小型银行要调整自身信贷结构，重点支持小微企业。根据小微企业经营特点及需求，设立创新金融产品，保证处于不同经营时期的小微企业都能在金融机构找到相应的金融产品。对于符合条件的民间投资机构，《意见》明确加强这些投资机构的建设和管理，发挥机构在小微企业融资中的作用，提升机构服务水平，增强对小微企业的融资服务。

四、增强企业补助力度

针对小微企业成本高、税负重、用工难的问题，《意见》中明确提出"小微企业从事国家鼓励发展的投资项目，进口项目自用且国内不能生产的先进设备，按照有关规定免征关税"。通过加大对小微企业部分业务的免税力度，鼓励并引导小微企业从事国家经济发展急需的项目。同时增强用工补贴力度，缓解小微企业用工难的问题。按照《意见》规定，对符合要求的小微企业在用工方面提供社保补贴，对达到残疾人就业比例的企业免征残疾人就业保证金。帮助小微企业管理企业人事档案，免费管理企业大学生档案、就业人才档案，依托公共服务平台，

在用工招工方面对小微企业进行扶持。

五、增强小微企业信息化建设

增强公共服务平台的建设工作，加强企业之间信息互联互通，依托统一的信用信息平台，完善小微企业信用体系建设，建设小微企业信息共享平台，通过平台汇集企业工商注册登记、税收缴纳等方面的信息，推进企业信用信息共享。结合大数据、云计算等现代信息技术方便快捷的信息采集特点，及时跟踪小微企业的发展情况。采取多部门分工合作的方式，加强对小微企业的监测，实时了解小微企业面临的问题。《意见》提出在小微企业中采取抽样跟踪调查的方式，加强对小微企业监测分析的准确性，避免以往监测过程中可能存在的信息不全、不实等问题的发生。

六、细化政策文件实施流程

对于许多中小企业政策在实施过程中存在的实施细则和配套政策不足导致与当地特点不符、与当地需求衔接不畅的问题，《意见》对各地区各部门提出明确要求。针对以往政策实施过程中存在的政策分工不明确，导致实施受阻的现象，《意见》细化政策实施过程，将各项政策措施负责实施的主要单位及部门进行细化，对相关政策实施的流程进行优化和简化。《意见》在重申中央扶持政策的同时，强调了地方政府在扶持小型微型企业发展中的主体责任地位，每条政策措施都包含地方政府的任务和责任。强调地方政府在小微企业发展中的重要作用，提高政策扶持的精准度及操作实施的有效性，使《意见》真实有效地落地。

七、政策导向

《意见》通过加强对小微企业财税、金融扶持、社会保障、监督考核等手段建立起小微企业发展的长效机制，主要通过财税、社会保障及监督考核等手段对政策延续性和长效性进行保障。明确各部门对小微企业的扶持力度，降低小微企业的市场准入标准。结合小微企业特别是处于初创期小微企业的特点，出台具有长效机制的政策措施。

通过《意见》的发布拓宽小型微型企业融资渠道，帮助小型微型企业稳定信心。推进小微企业转型升级，加大对小微企业的财政支持力度，改进小微企业的税收政策，切实有效地落实相关政策文件，改善小型微型企业的发展环境。

第三节 电子商务成为大众创业新平台

一、互联网经济发展现状

依托电子商务平台，互联网创业正在以迅猛的速度增长。根据电子商务研究中心发布的《2014年中国电子商务市场数据》，截至2014年6月，全国电子商

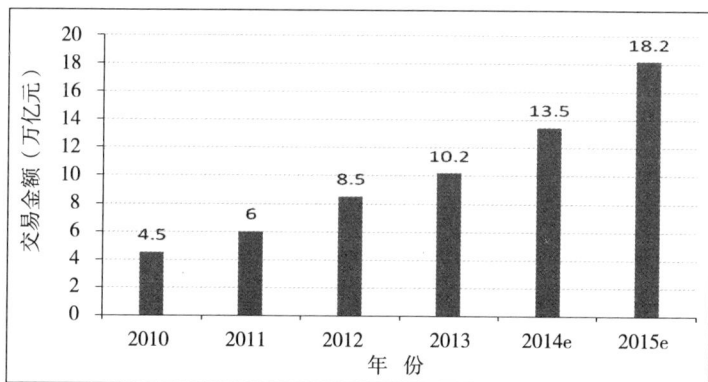

图13-1 2010—2015年中国电子商务市场交易规模

数据来源：中国电子商务研究中心。

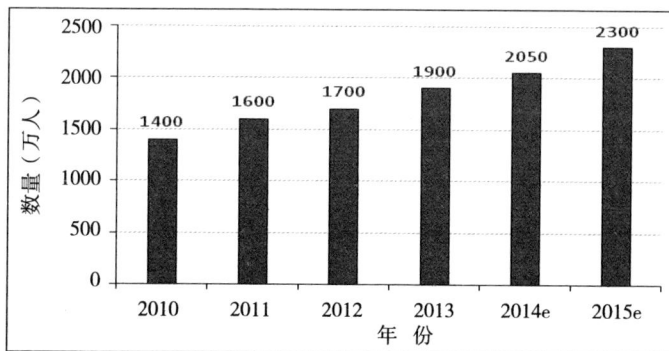

图13-2 2010—2015年使用第三方电子商务平台中小企业用户规模

数据来源：中国电子商务研究中心。

务交易额达 5.85 万亿元，同比增长 34.5%。其中 B2B 交易额达 4.5 万亿元，同比增长 32.4%。（如图 13-1 所示）网络零售市场交易规模达 1.08 万亿元，同比增长 43.9%。我国 B2B 电子商务服务网站达 12030 家，同比增长 5.5%。其中，依靠第三方电子商务平台的中小企业注册用户突破了 1950 万（包括同一企业在不同平台上注册但不包括在同一平台上重复注册）。如图 13-2 所示，近五年使用第三方电子商务平台的中小企业规模呈平稳增长趋势。

对于几个电子商务发展较快的城市，网络交易数量在全国范围内占比突出。国家发改委、商务部、财政部等部委联合分批确定了北京、深圳、广州、杭州、上海等 53 个城市为"国家电子商务示范城市"。根据阿里研究院联合社科院发布的《2013 年中国城市电子商务发展指数报告》的数据显示，在这 53 个城市的 B2B 网商数量（包括内贸和外贸）在全国中的占比超过 70%，零售网商数量占比超过 65%，网购消费者数量占比超过 55%。电子商务示范城市在电商发展中占有至关重要的比重，具有带动整体电子商务发展的重要作用。

移动互联网作为互联网的一大组成部分，其市场规模也增长迅速。根据艾瑞咨询的数据显示，2013 年中国移动互联网市场规模达到 1059.8 亿元，同比增速 81.2%。预计到 2017 年，市场规模将增长约 4.5 倍，接近 6000 亿。[1]

在创业孵化器方面，作为我国创新创业最为活跃的地区，中关村涌现出一批具有创新运作模式并具有专业水平的创业服务机构，例如车库咖啡、创客空间、创新工场，其服务项目涵盖投资、孵化、培训、媒体等多个环节，服务范围涉及项目发现、团队构建、企业孵化、后续支撑等全价值链的区域创业服务生态体系。中关村创业孵化器突破以往只提供物理空间和基础设施的传统孵化模式，为新创办企业提供包括资金、员工培训、企业宣传、企业交流对接、专业技术服务等软性服务项目。[2]

二、互联网创业的优势

（一）互联网创业初创资本要求相对较少

互联网创业对于场地、人员的要求都比较宽松，有的甚至只需要一台电脑、网线、虚拟主机再加一间小房间就可以开始互联网创业，网上开店的基本成本及

---

[1] 数据来源：艾瑞咨询http://news.iresearch.cn/zt/225500.shtml。
[2] 陈晴、安磊：《中关村创新型孵化器蓬勃发展》，《中国高新技术产业导报》2014年8月4日。

日常维护一年只需要 2000 元到 3000 元,这与传统企业的创业成本相比比较低廉。同时,互联网创业对于人员要求也相对比较简单。以互联网创业中最普遍的模式——开设网店为例,部分网点可能只配备一名人员进行网店的日常运营包括商品的运输等,这样简单的人员配置所产生的人员成本与传统初创企业相比相对较低。

(二)创新模式降低产品库存及营销成本

电子商务企业通过网上定制、团购、预售等营销方式,依靠"按需生产、以销定产"的创新模式,有效降低产品库存量,有效利用网络营销的手段降低营销成本。2013 年,淘宝卖家向产业带企业在线下单,形成的订单超过 3500 万笔。[1]小米手机就是典型的通过互联网创新模式降低产品库存并且减少营销成本的案例,其通过按需定制实现零库存;社会化媒体营销模式将营销成本降为零;电子商务的网店模式又降低了销售渠道成本。网络平台下单后,小米通过供应链采购零部件(如夏普屏幕、高通芯片、索尼摄像头等),再将这些零部件进行组装。[2]依照用户的需求定制手机。

(三)便于商家迅速抓住消费者的需求

互联网创业依托的是电子商务这个平台,而消费者的数据记录则是电子商务的一大优势。摒弃传统商业模式中消费者调查问卷、寻访调查等低效率的调查方式,电商通过一系列会员系统数据和用户搜索记录迅速捕捉消费者的需求。阿里巴巴就是依托消费者数据抢占商业先机的优秀案例,阿里通过统计用户的搜索关键词掌握当前绝大多数用户的需求倾向,并根据每位用户的搜索记录推荐商品,帮助用户迅速找到心仪的产品。其优质的用户体验缔造了庞大的用户群,截至 2013 年年底,阿里旗下的支付宝实名用户已近 3 亿,阿里旗下淘宝的注册用户接近 5 亿。[3]

(四)互联网有助于产业集群化发展

企业通过互联网快速获取信息,压缩中间渠道,低成本地开拓国内国外市场,极大地扩展市场范围。同时,电子商务通过信息共享,提高了"采购—设计—制造—零售—消费"整个供应链的运作效率,降低交易成本。通过对供应链的整合,

[1] 《在线产业带:为中国制造赋能》,阿里研究院2014年3月。
[2] 《解密小米手机:按需定制的轻资产模式》,2012年05月12日。
[3] 《2013年支付宝成全球最大移动支付公司》,阿里研究院2014年2月8日。

达到产业集聚的效果，增强产业中不同环节间的联系，促进产业集群发展。根据阿里研究院统计，截至 2014 年 3 月，在阿里巴巴、慧聪等电子商务平台上的在线产业带超过 250 条，包括广州服装、泉州茶叶、温州皮鞋、南通家纺等产业集聚。[1] 浙江省余杭家纺产业集群通过互联网平台，实现家纺产业 O2O 模式，整合各地区的家纺产业链资源，通过信息互通，促进链条中各商家的合作，有效节省了产业链成本。

三、互联网创业存在的问题

（一）运营中资金短缺问题

中小企业资金基础本身就比较薄弱，缺少有效资金的支持。许多互联网小企业选择风投的形式进行融资，但是风投所关注的往往是小企业的资金回报能力，而并不关注企业长远发展的能力，这也导致很多互联网企业难以得到风投的关注。很多互联网企业为了赢得消费者的青睐，在产品推出的最初时期都设计为免费性质，这一特点使得风投公司很难评估企业后续的资本回报能力，而放弃对部分互联网企业的投资。

（二）企业管理能力欠缺问题

部分互联网企业的商家在投资之初都是看中互联网公司"投入小、回报大"的特点而盲目跟风，对于创业项目的设立缺乏有效的市场调查作支撑，盲目仿效其他成功的创业项目，缺乏自身创造力，创业目标定位也比较模糊，缺乏企业发展长期规划。在公司运营方面，许多互联网商家更是缺乏基本的运营知识，企业运营管理能力较弱。

（三）企业间抄袭问题

互联网产品的核心竞争力在于创意和技术，但由于迅速拷贝软件的代码和设计比较简单，部分网络出现内容和设计上相似的现象，导致产品间恶性竞争的现象屡有发生。导致中小型网络企业存在研发产品被大型企业吞并的原因，一是由于部分中小型企业知识产权意识淡薄，对新开发出来的产品未做到及时注册专利；二是由于政策方面对于中小型网络企业的知识产权保护方面比较薄弱。由于网络侵权行为相较于传统知识产权犯罪行为更难于取证，若采用对传统犯罪行为的定

---

[1]　《2013年中国城市电子商务发展指数报告》，阿里研究院2013年。

性和定量因素则难以实施。在很多情况下，侵权行为所带来的危害及其影响不能单纯的使用违法经营数额来衡量。

（四）政策扶持力度不足问题

目前对于创业扶持方面的政策正处于起步阶段，部分扶持政策的配套措施还在完善过程中，某些扶持项目尚不符合联网企业的特点，缺乏对互联网产业的整体扶持。虽然中央和地方政府已经出台了部分针对小微企业的扶持政策，例如在小额贷款、场地提供、减免税负、就业服务等方面的政策，但这些优惠政策扶持的主要对象是实体经济，网络创业的个人和企业基本上还未被纳入创业就业扶持优惠政策体系中。

四、政策建议

（一）根据互联网企业特点，建立有效的融资体系

针对互联网企业的融资问题，政府应根据互联网企业的特点建立一套有针对性的融资体系，可以借鉴美国"硅谷银行"的模式，美国企业通过硅谷银行可以相对容易地获得资金支持，并借助银行市场和咨询服务开拓海外市场甚至是上市。目前国内尚没有专门针对高科技企业融资需求所设立的融资公司。建议政府通过扶持专门金融机构的模式，引导机构针对互联网企业开展融资扶持项目。

（二）对互联网商家加强培训，提升其运营管理水平

针对互联网创业项目定位模糊，企业主缺乏基本的企业运营知识的问题，建议政府或相关扶持机构定期为互联网商家提供线上或线下的培训。对于互联网企业主关注的问题进行有针对性的扶持指导，帮助商家有效发现和利用互联网领域的商机和信息，提高创业成功率。

（三）建立关于互联网企业的知识产权保障措施，加大行业内监督机制

在互联网企业知识产权保障方面，应结合互联网企业特点，对互联网企业主进行有针对性的知识产权保护知识普及，组织相关培训，通过实际案例分析，帮助企业主建立起基本的保护意识。调整相关法律法规中关于互联网侵权行为的定量和定性因素，扩充因素的维度，使调整后的法律法规更适用于互联网侵权行为。加强行业内监督机制，可选择性的进行举报奖励，有效降低互联网企业间的侵权

现象。

（四）出台具有导向作用的政策文件指导互联网企业发展

有效利用互联网企业促就业促转型的特点，增强政策导向作用，明确互联网企业下阶段的发展方向。加强对互联网企业的管理引导工作，使互联网产业成为带动国家经济有效发展的动力源。通过加强互联网企业和政府间的沟通，互相增进了解，一方面，政府部门了解互联网企业的真实需求和发展现状；另一方面，企业也熟悉政府部门的相关扶持政策，并能借助这些政策促进企业快速健康发展。

展望篇

第十四章   2015年国内外经济环境展望

第一节   全球经济依旧处于缓慢复苏阶段

回顾2014年，全球经济依然处于国际金融危机后的缓慢复苏进程中，虽然总体上延续了2013年以来较为温和的增长态势，但完全消化过去近十年积累的债务泡沫还需较长时间。伴随复苏的结构调整依旧进行、主要经济体发展冷热不均以及各种新挑战的不断出现都在不同程度上影响着世界经济增长。整体来看，世界经济呈现出低速稳定增长的局面，但低于年初各方预期水平。2014年4月世界银行预测世界经济增长率为3.6%，但6月份将预测值调低为2.8%。根据国际货币基金组织2014年10月份的最新预测数据，2014年世界经济增速与2013年持平，为3.3%，也低于原来预期。

2015年，考虑到制约全球经济增长的长期因素依然存在，我们预计全球经济将依然处于缓慢复苏阶段，世界经济增长难以大幅提升。按照国际货币基金组织（IMF）的预测，2015年世界经济增速为3.7%—3.8%，彭博社对全球明星经济学家的预测性调查结果为3.2%，渣打银行全球经济研究部的预测数据为3.4%。虽然各方预测数据不一，但2015年世界经济在2014年继续缓慢复苏已成各方共识。

表 14-1   三大机构对世界 GDP 增长率的预测（%）

	世界		发达国家		发展中国家	
	2014	2015	2014	2015	2014	2015
世行	2.6	3.0	1.8	2.2	4.4	4.8

（续表）

	世界		发达国家		发展中国家	
	2014	2015	2014	2015	2014	2015
联合国	2.6	3.1	1.6	2.1	4.3	4.8
经合组织	3.3	3.7	–	–	–	–

数据来源：wind 数据库。

第二节　发达经济体经济增长呈现分化局面

2014 年，虽然发达经济体推动了世界经济的缓慢增长，但发达经济体中，经济发展依然冷热不均。据世界银行的《世界经济展望》预测，2014 年发达经济体的增长率将达 2.25% 左右，高于 2013 年 1 个百分点。其中，美国受制造业回归、页岩气革命等因素推动，经济复苏势头强劲。2015 年 1 月 30 日美国商务部经济分析局 (BEA) 公布的数据显示，2014 年美国国内生产总值 (GDP) 增长了 2.4%，创 2011 年以来新高。2014 年整体来看，美国经济呈现显著的"低开高走"特征，GDP（按不变价格）在一季度下滑 2.1% 的形势下，三季度创出 5% 的新高，虽然四季度相较三季度有所下滑，但依然达到 2.2%。相比之下，欧元区经济受制于投资和出口不力等因素，表现较为疲弱，2014 前三季度 GDP 增速环比分别为 0.2%、0、0.2%，全年呈整体现出通货紧缩、经济停滞特征。日本经济也呈现出复苏乏力的特征，受内需大幅波动的影响，2014 年前三个季度增长分别为 6%、–7.1% 和 –1.6%。

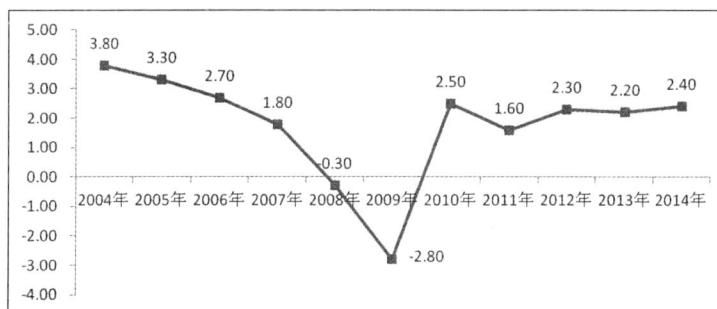

图14-1　美国2004年—2014年季度GDP（不变价格）增长率

数据来源：wind 数据库。

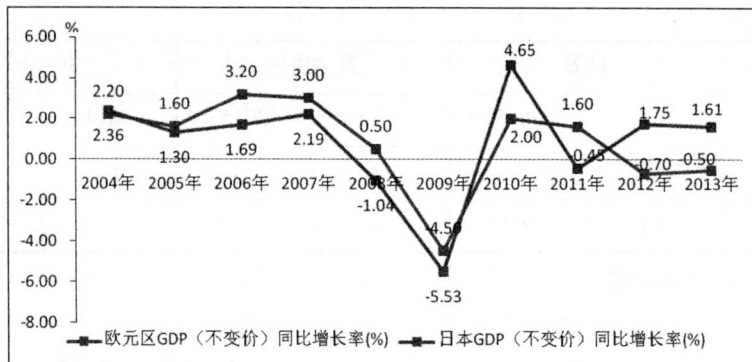

图14-2　日本、欧元区2004年—2013年GDP（不变价）同比增长率

数据来源：wind 数据库。

2015 年，我们判断发达经济体的两极分化现象将依然延续，美国虽不排除量化宽松货币政策退出后复苏进程反复的可能，但因为新型制造业复苏与科技创新这些长期积极因素的存在，经济延续强劲复苏的态势将成为大概率事件，IMF 预测 2015 年美国经济有望增速达 3.6%。而欧盟主权债务问题等消极因素依然存在，随着龙头德国的经济下滑以及意大利的经济衰退，经济增长依然面临较为复杂的局面，IMF 对欧盟 2014 和 2015 年经济增长预测值为 0.8% 和 1.2%。随着"安倍经济学"负面效应的逐渐显现，以往刺激政策的作用不断弱化，日本 2014 年增长近乎停滞，2015 年经济依然难以大幅提振，IMF 预测值仅为 0.6%。

第三节　新兴和发展中经济体经济增长依旧呈现放缓趋势

近几年来，新兴和发展中经济体增长率下降较为明显，已经从 2010 年的 7.5% 降到 2014 年 4.4%，在 IMF 的最新预测中，将 2015 年新兴和发展中经济体增速下调至 4.3%。2014 年全年来看，新兴经济体或者面临着经济增长速度放缓的困扰，或者陷于通货膨胀的泥沼。新型经济体中，印度的经济增长速度较高，2014 年 1—4 季度 GDP（不变价）增速分别为 6.14%、5.85%、6.04%、7.46%，但印度通货膨胀率依然处于较高水平，wind 的统计数据显示：截至 2015 年 1 月，印度 CPI 同比增速依然高达 7.17%。2015 年，考虑到新执政的莫迪政府对经济发展的高度重视，印度大力进行的结构性改革效果显现，以及各种刺激性政策的推出，印度经济有望继续保持稳定的复苏势头，根据世界银行和 IMF 的预测，2015 年印度经济增速将达 6.4%，普华永道的预测值甚至达到了 7%。但与此同时，经济刺激政策背景下，通货膨胀率也将继续保持高位，虽然自 2014 年 5 月以来推出的结构改革将通胀率从 2013 年 11% 一度降到了 2014 年 11 月的 4.12%，但随后 2 个月出现了较大反弹。综合多种因素，预计印度 2015 年通胀率在 6% 左右。

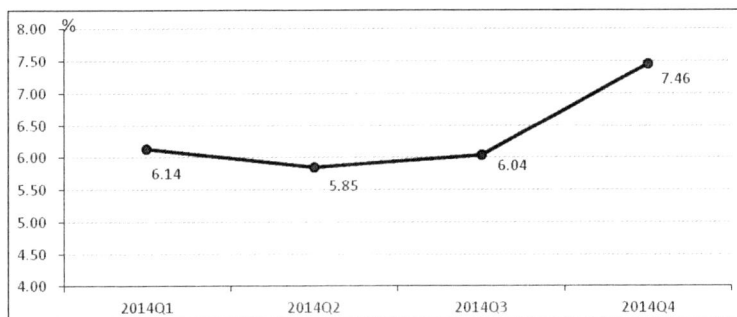

图14-3　2014年印度GDP（不变价）季度同比

数据来源：wind 数据库。

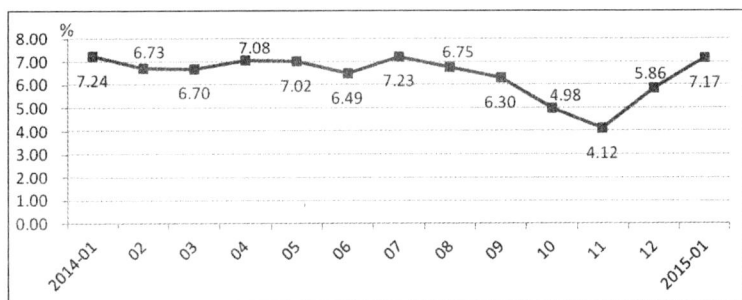

图14-4　印度CPI（产业工人）同比增长率（%）

数据来源：wind 数据库。

新兴经济体中，巴西经济持续低迷，身处滞涨泥沼。作为全球第七大经济体，巴西 GDP（不变价）2014 年前三个季度，同比增速分别为 1.92%、-0.87% 和 -0.24%，根据巴西央行的预测，全年经济处于近似"零增长"的境地。巴西央行 2015 年初发布的《焦点调查》报告的最新预测显示，2015 年经济增长率仅为 0.03%。经济停滞的同时，巴西通货膨胀率居高不下，央行预测 2015 年通胀率将高达 7.01%。

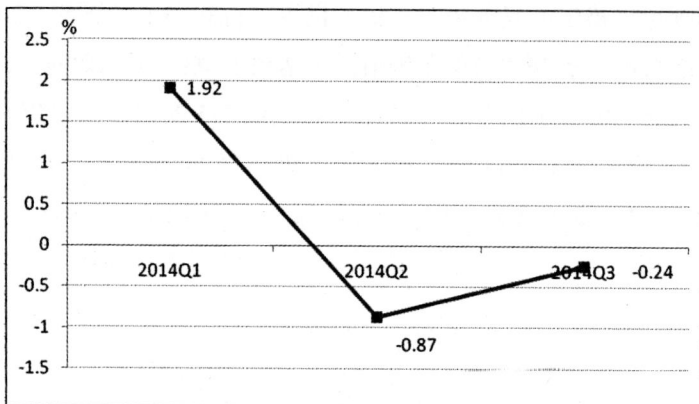

图14-5　2014年巴西GDP（不变价）季度同比

数据来源：wind 数据库。

作为金砖国家的俄罗斯，由于经济对能源的单一依赖较强，受国际能源价格暴跌、地缘政治危机以及西方国家经济制裁等因素制约，经济陷入困境。IMF 预测 2015 年俄罗斯经济将陷入衰退，经济增长率为 –3.0%。

此外，同为金砖国家的南非经济局面也不乐观，IMF 预测 2014 年南非经济增长率为 1.4%，2015 年也仅为 2.1%。相对而言，以东南亚国家为代表的亚洲新兴发展中国家依托较低的要素价格优势，受全球制造业转移因素推动，经济增长状况相对较好，IMF 预测其经济整体增长有望保持在 6%—6.5% 之间。

第四节　各国政策方向不一带来经济增长变数

2014 年，各国经济政策尤其是货币政策走势反差强烈。随着美国经济和就业数据的强劲复苏，2014 年 10 月 30 日，美国宣布结束始于 2012 年 9 月的第三轮量化宽松政策，至此，美国已经完全退出量化宽松。各方预计，美国将于 2015 年进入加息通道。而与此相反，欧元区和日本不断加大宽松政策力度应对通缩局面，欧元区 2015 年延续了 2014 年以来的宽松政策，3 月 5 日，德拉吉宣布欧央行购债计划将于 3 月 9 日开始，每月购买 600 亿欧元，QE 将延续至 2016 年 9 月之后。针对美国 QE 政策的退出，日本央行于 2014 年 10 月 31 日宣布继续保持并进一步放宽货币政策，随后在 12 月 19 日举行的金融政策决策会议上做出继续推行大规模量化宽松政策。加拿大和澳大利亚央行也明确表示 2015 年货币政策保持宽松态势不变。印度进入 2015 年以来,分别在 1 月中旬和 3 月 4 日进行了两次降息,每次 25 个基点。各经济体反差强烈的货币政策一方面反映着当前全球经济格局面临通缩与通胀压力并存的复杂局面,另一方面也为未来全球经济带来了新的变数。汇率方面,经济复苏支撑美元持续走强,引发国际资本回流,对中国等发展中国家产生汇率冲击,增加了未来经济的变数。

表 14-2　2014 年降息经济体

经济体	降息次数	累计幅度(基点)	当前利率水平(%)
匈牙利	7	90	2.10
智利	5	125	3.00
罗马尼亚	4	100	3.00
土耳其	3	175	8.25
以色列	3	75	0.25
欧洲央行	2	20	0.05
秘鲁	2	50	3.50
韩国	2	50	2.00
瑞典	2	75	0.00
冰岛	2	75	5.25
中国	1	25	2.75
波兰	1	50	2.00
泰国	1	25	2.00
越南	1	50	6.50
墨西哥	1	50	3.00

数据来源:国家统计局。

表 14-3　2014 年升息经济体

经济体	升息次数	累计幅度(基点)	当前利率水平(%)
俄罗斯	6	1150	17.00
巴西	5	175	11.75
新西兰	4	100	3.50
乌克兰	3	750	14.00

（续表）

经济体	升息次数	累计幅度（基点）	当前利率水平（%）
菲律宾	2	50	4.00
南非	2	75	5.75
马来西亚	1	25	3.25
加纳	1	200	21.0
印度尼西亚	1	25	7.75
马拉维	1	250	25.0
印度	1	25	8.00
土耳其（隔夜贷款利息）	1	425	12.00

数据来源：国家统计局。

第五节　新常态下国内经济增速平稳回落

历经 30 多年高速增长后，中国经济当前正处在由高速增长到中速增长的转换期，GDP 增长率 2014 年已经降为 7.4%，在技术创新难以获得根本性突破的情况下，受资本边际贡献率下降和劳动力供应下降、成本上升影响，中国经济中期潜在增长率不断下滑。增速换挡、转型阵痛、前期政策消化"三期叠加"影响下，经济下行压力较大。

以往拉动经济高速增长的"三驾马车"中，受制于产能过剩和环境约束，投资增速持续放缓，2014 年在前两个季度 16.3% 的基础上，三、四季度呈加速下滑趋势，三季度为 13%，四季度为 9.7%。

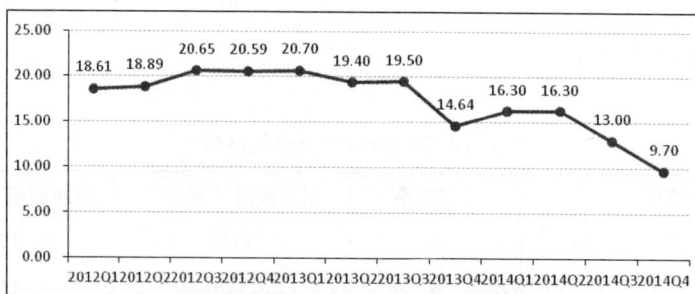

图14-6　固定资产投资完成额：实际当季同比

数据来源：wind 数据库。

受限于全球市场收缩，外贸进出口增速下滑，2014 年 1 月进出口增长率（同比）为 10.27%，到 2015 年 1 月已经降到负增长 10.9%。

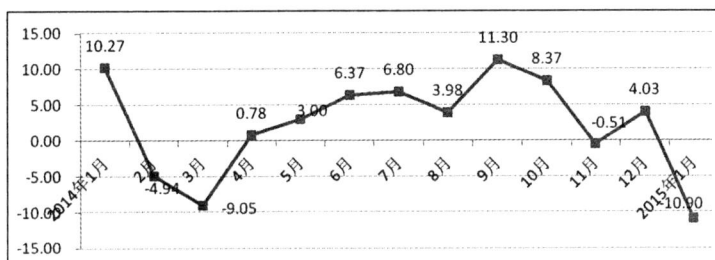

图14-7　我国2014年—2015年进出口金额当月同比

数据来源：wind 数据库。

由于内需相对不足，消费潜力迟迟未得到释放。社会消费品零售总额进入 2014 年以来持续下降，在 10 月份创出 11.52% 的新低后，虽然 11、12 月有所上升，但仍在触底阶段。

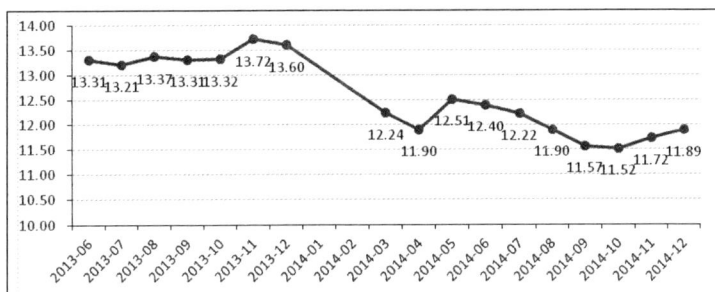

图14-8　社会消费品零售总额:当月同比

数据来源：wind 数据库。

基于这些原因，中国经济增速从 2010 年至今一直处于单边平稳下滑中。2015 年，由于制约经济高速增长的产期因素依然存在，经济增速会延续稳定放缓的趋势。出于调结构、促转型的大背景考虑，政府对经济增长也不再不仅仅关注速度，而是在稳增长的基础上更加关注经济质量的提升，因此主动性降速依然是 2015 年的主旋律。年初，政府将 2015 年经济增长预期调整为 7%，体现了对经济增速下滑的容忍力不断提高。各方对中国经济 2015 年的预测值也大体处于 6.5%—7.5% 之间，例如，IMF 预测值为 6.8%。

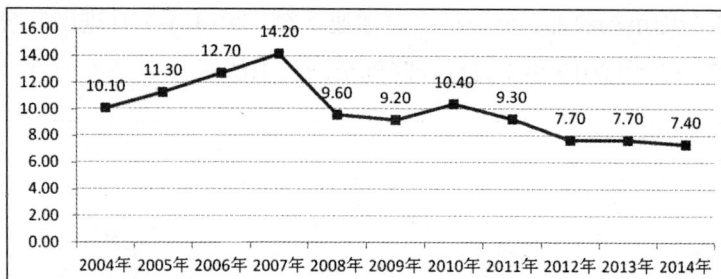

图14-9　我国2004年—2014年GDP年增长率

数据来源：wind 数据库。

第十五章　2015年中小企业发展态势展望

展望 2015 年，世界经济复苏进程走势不一，发达国家货币政策分化；国内经济增速下滑的"新常态"下，中小企业发展虽然存在一系列政策利好，但依然面临种种挑战。综合各种因素，我们对 2015 年中国中小企业走势作出如下判断。

第一节　对 2015 年中小企业发展态势的基本判断

一、国际经济缓慢复苏，中小企业出口有望低速增长

全球经济发展冷热不均，但总体有望维持低增长态势。美国复苏势头明显。2014 年三季度 PMI 数据创近年来新高，失业率已稳步下降。预计 2015 年，受能源成本下降、消费和投资增长企稳、国际资本回流三大因素支撑，美国经济有望继续回暖。欧盟经济受高失业、低通胀和结构问题牵制复苏乏力。但随着欧盟宽松货币政策和欧元贬值政策的实施，2015 年欧盟经济有望止跌回稳。2015 年新兴市场回升势头依然脆弱。总体来看，美国经济复苏大体可以抵消欧盟及新兴经济体经济复苏缓慢带来的国际需求下降。受出口退税、快速通关等一系列政策刺激以及人民币阶段性贬值影响，2014 年，中小企业出口情况好于整体出口情况，呈现温和回升迹象。随着我国与韩国、澳大利亚等相关国家自贸协定的达成，2015 年我国中小企业出口有望保持 2014 年以来强于整体的复苏势头，实现温和增长。

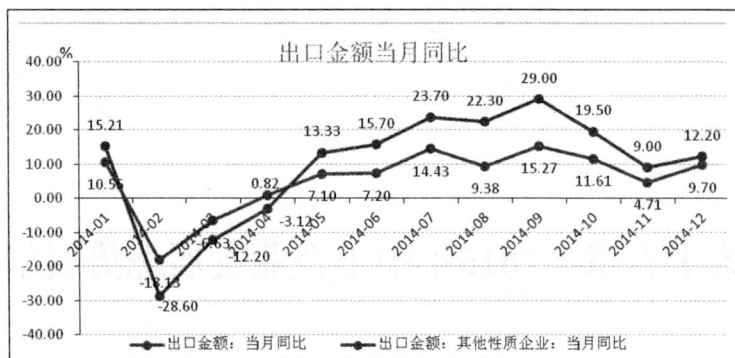

图15-1　2014年其他性质企业（以中小企业为主）当月出口情况（单位：亿美元）

数据来源：wind 数据库。

二、宏观经济增速下滑，中小企业国内市场空间承压

中国经济增速下滑已经超越阶段性波动范畴，成为未来一段时间的趋势性问题。截至 2015 年 1 月，工业品出产价格指数（PPI）延续同比负增长的趋势，已持续 35 个月当月同比负增长，同时，民间固定资产投资、社会消费品零售总额、工业增加值等一系列数据均呈现明显向下趋势，反映出经济下行压力逐渐加大，国内需求不足，制约中小企业国内市场空间。2015 年，随着经济增长和劳动生产率增长减速，住房、汽车带动的消费增长效应逐步减弱，预计最终消费支出和社会消费品零售总额实际增速将延续回调势头。国内消费需求增速回落影响着中小企业的市场空间。

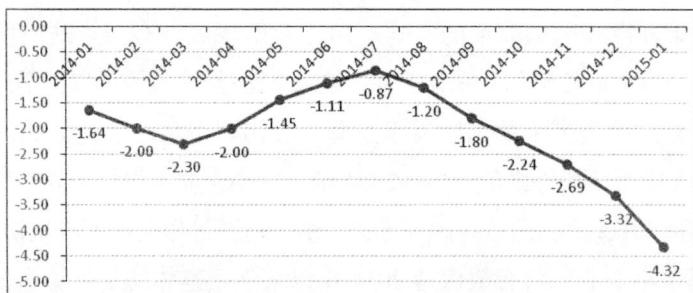

图15-2　PPI全部工业品：当月同比

数据来源：wind 数据库。

三、政策红利持续释放，中小企业发展环境不断优化

中小企业税费负担有望继续降低。针对中小企业经营成本高、税费负担重等问题，国务院2014年9月推出小微企业税收优惠措施，在现行对月销售额不超过2万元的小微企业、个体工商户和其他个人暂免征收增值税、营业税的基础上，从10月1日至2015年底，将月销售额2万—3万元的也纳入暂免征税范围。另外，近两年来，政府进行了一系列行政审批和税费整顿工作，取消清理了大量不合理收费，2014年11月召开的国务院常务会议决定实施普遍性降费，进一步为企业特别是小微企业减负添力，会议部署了四项具体减费举措，每年将减轻企业和个人负担约400多亿元。根据国家税务总局的数据，2014年，共有246万户小微企业享受了所得税优惠，减免金额101亿元，减免增值税政策和营业税优惠政策惠及2200万户小微企业，共计减免511亿元。2015年2月26日，李克强总理主持召开国务院常务会议，又推出了两项中小企业减负政策，一是进一步减税降费措施，从2015年1月1日至2017年12月31日，将享受减半征收企业所得税优惠政策的小微企业范围，由年应纳税所得额10万元以内（含10万元）扩大到20万元以内（含20万元），并按20%的税率缴纳企业所得税。二是企业将失业保险费率由现行条例规定的3%统一降至2%，估计将减负400亿元。可以预期，整个2015年，这一减税减负政策趋势将得以延续，中小企业税费负担有望进一步降低。

小企业融资环境将得到进一步改善。针对中小企业融资难问题，从中央到地方各级政府非常关注，各项政策不断推出，在原有"两个不低于"政策持续发力基础上，央行于2014年4月和6月连续两次实施了定向降准[1]，8月份又出台了《国务院办公厅关于多措并举着力缓解企业融资成本高问题的指导意见》。11月22号，央行实施降息政策，1年期贷款基准利率下调0.4个百分点。2015年年初，央行再次下调贷款利率，自3月1日起金融机构1年期贷款基准利率下调0.25个百分点。考虑到政策的累加效应不断放大、货币政策执行效果的时滞性以及各种新型融资渠道和金融产品的不断创新，预计2015年中小企业融资环境将得到较为明显的改善。另外，随着国内外环境的变化和各方面条件的成熟，2015年基准利

---

[1] 2014年4月份实施的定向降准适用于所有的县域农村商业银行和县域农村合作银行，准备金率分别下调2个和0.5个百分点，主要是这两类机构对"三农"贷款比例都比较高。6月份实施的定向降准则适用于符合审慎经营且"三农"或小微企业贷款达到一定比例的其他各类型商业银行，准备金率降幅为0.5个百分点。

率连续下调 2—3 次也成为大概率事件，这也有助于缓解中小企业融资贵难题。

中小企业服务体系建设成效将不断呈现。经过近几年的努力，全国中小企业公共服务示范平台及平台网络建设推进顺利，截至 2014 年 11 月，已经建立 500 家国家级中小企业公共服务示范平台，初步构建起"省级枢纽平台＋各地窗口平台"架构的覆盖全国的中小企业服务平台网络，为中小企业提供涵盖创业辅导、管理咨询、融资、技术创新、法律、市场拓展等领域的专业服务。各级财政资金对中小企业服务体系建设支持力度不断加大。可以预见，随着服务体系布局的不断完善、服务内容的不断拓展、服务手段的日益多元以及服务水平的不断提升，2015 年中小企业将能够更加便捷、高效地获得更低成本、更高质量的服务。

表 15-1　近两年来国家支持中小企业的主要相关政策一览表

序号	文件名称	文件号	发文机关	发文时间
1	《关于深化小微企业金融服务的意见》	银监发〔2013〕7号	银监会	2013年3月21日
2	《国务院批转发展改革委关于2013年深化经济体制改革重点工作意见的通知》	国发〔2013〕20号	国务院	2013年5月23日
3	《国务院办公厅关于金融支持经济结构调整和转型升级的指导意见》	国办发〔2013〕67号	国务院办公厅	2013年7月5日
4	《国务院办公厅关于金融支持小微企业发展的实施意见》	国办发〔2013〕87号	国务院办公厅	2013年8月12日
5	《中国银监会关于进一步做好小微企业金融服务工作的指导意见》	银监发〔2013〕37号	银监会	2013年8月29日
6	《国务院关于全国中小企业股份转让系统有关问题的决定》	国发〔2013〕49号	国务院	2013年12月14日
7	《关于促进劳动密集型中小企业健康发展的指导意见》	工信部联企业〔2013〕542号	工业和信息化部、国家发展和改革委员会、财政部、人力资源和社会保障部、商务部、海关总署、国家税务总局、国家工商行政管理总局、中国银行业监督管理委员会	2013年12月31日

（续表）

序号	文件名称	文件号	发文机关	发文时间
8	《关于全面做好扶贫开发金融服务工作的指导意见》	银发〔2014〕65号	中国人民银行、财政部、银监会、证监会、保监会、扶贫办、共青团中央	2014年3月6日
9	《关于印发〈农村金融机构定向费用补贴资金管理办法〉的通知》	财金〔2014〕12号	财政部	2014年3月11日
10	《中国银监会农村中小金融机构行政许可事项实施办法》	中国银监会令2014年第4号	银监会	2014年3月13日
11	《中国银监会关于2014年小微企业金融服务工作的指导意见》	银监发〔2014〕7号	银监会	2014年3月14日
12	《关于深入推进文化金融合作的意见》	文产发〔2014〕14号	文化部、中国人民银行、财政部	2014年3月17日
13	《中国银监会 中国证监会关于商业银行发行优先股补充一级资本的指导意见》	银监发〔2014〕12号	银监会	2014年4月3日
14	《关于印发〈中小企业发展专项资金管理暂行办法〉的通知》	财企〔2014〕38号	财政部、工业和信息化部、科技部、商务部	2014年4月11日
15	《国务院办公厅关于金融服务"三农"发展的若干意见》	国办发〔2014〕17号	国务院办公厅	2014年4月22日
16	《国务院关于进一步促进资本市场健康发展的若干意见》	国发〔2014〕17号	国务院	2014年5月8日
17	《国务院办公厅关于支持外贸稳定增长的若干意见》	国办发〔2014〕19号	国务院办公厅	2014年5月15日
18	《中国银监会关于调整商业银行存贷比计算口径的通知》	银监发〔2014〕34号	银监会	2014年6月30日
19	《关于大力支持小微文化企业发展的实施意见》	文产发〔2014〕27号	文化部、工业和信息化部、财政部	2014年7月11日
20	《中国银监会关于完善和创新小微企业贷款服务 提高小微企业金融服务水平的通知》	银监发〔2014〕36号	银监会	2014年7月23日

（续表）

序号	文件名称	文件号	发文机关	发文时间
21	《国务院关于加快发展生产性服务业 促进产业结构调整升级的指导意见》	国发〔2014〕26号	国务院	2014年7月28日
22	《国务院办公厅关于多措并举着力缓解企业融资成本高问题的指导意见》	国办发〔2014〕39号	国务院办公厅	2014年8月14日
23	《国务院关于扶持小型微型企业健康发展的意见》	国发〔2014〕52号	国务院	2014年11月20日
24	《中国银监会关于鼓励和引导民间资本参与农村信用社产权改革工作的通知》	银监发〔2014〕45号	银监会	2014年11月24日
25	《中国银监会办公厅关于印发加强农村商业银行三农金融服务机制建设监管指引的通知》	银监办发〔2014〕287号	银监会	2014年12月9日
26	《中国保监会、工业和信息化部、商务部、中国人民银行、银监会关于大力发展信用保证保险服务和支持小微企业的指导意见》	保监发〔2015〕6号	中国保监会、工业和信息化部、商务部、中国人民银行、银监会	2015年1月8日
27	《关于金融企业涉农贷款和中小企业贷款损失准备金税前扣除有关问题的通知》	财税〔2015〕3号	财政部、国家税务总局	2015年1月15日
28	《国务院关于促进服务外包产业加快发展的意见》	国发〔2014〕67号	国务院	2015年1月16日

四、创业热潮有望延续，中小企业群体有望继续壮大

为了实现中小企业"以创业促就业"，各级政府对中小企业创业的支持力度不断加大。首先，2014 年以来，国务院常务会议上多次提出鼓励支持"大众创业、万众创新"，凸显高层对创业的关注。其次，2014 年 3 月份我国开始实行注册资本登记制度改革，微观市场活力得到激发，注册企业数量及注册资本量都出现了

大幅度增长[1]，平均每天新登记企业约1万户。再次，各级政府大力推广中小企业创业基地建设，截至目前，全国31个省市区绝大多数已经建立起省级中小企业创业基地的认定和指导办法，对入驻企业提供房租减免、政府财政补贴、规费减免、税收减免、融资支持等优惠政策。全国19个省市530家省级创业基地调研数据显示，每个基地平均入驻企业为80家，入住最多达1502家，极大地促进了中小企业创业。另外，国家层面也正在酝酿出台部省共建中小企业创业基地相关政策，加大对创业基地的支持力度。预计2015年，随着各方政策的效果显现，创业活力将不断被激发，创业热潮有望得到延续，中小企业群体将不断扩大。

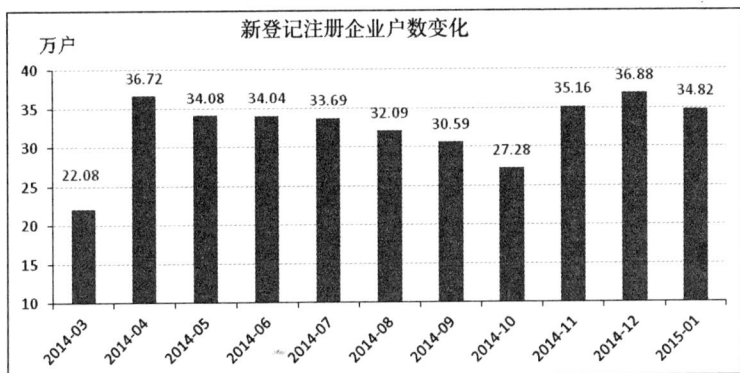

图15-3　2014年3月注册资本登记制度改革以来新登记注册企业户数（单位：万户）

数据来源：国家工商总局。

第二节　需要关注的几个问题

一、小型企业与大、中型企业发展境况差异显著

近两年来，制造业采购经理人指数PMI数据显示我国工业整体依然处于平稳状态，但小型企业与中型、大型企业发展境况差异显著，小型企业持续处于收缩区间。截至2014年12月，中国制造业采购经理指数（PMI）大型企业为51.4%，中型企业PMI为48.7%，小型企业为45.5%，小型企业PMI比上月大幅下降2.1个百分点，继续处于收缩区间。虽然2015年1、2月份有所回升，分别

---

[1]　根据国家工商总局统计，3-9月，全国新登记注册企业224.18万户，同比增长56.48%；注册资本（金）11.53万亿元，同比增长85.03%。

为 46.4% 和 48.1%，但仍旧处于荣枯线以下。预计小型企业的发展境况短期内难以根本性扭转，发展处境较为严峻。中小企业如何以创新求发展、以升级谋发展、以效率促发展，弥补自身市场劣势地位，仍将是 2015 年中小企业自身以及相关主管部门难以回避的问题。

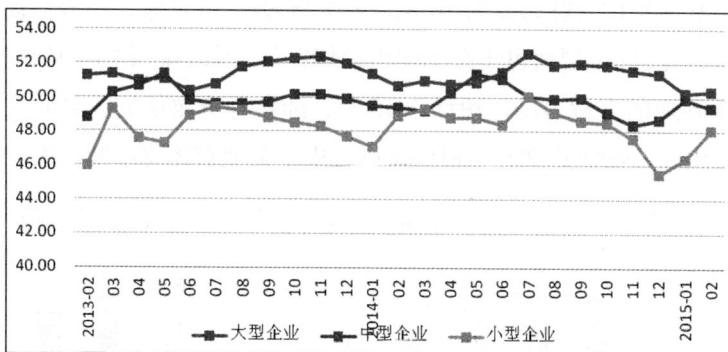

图15-4　2013年2月—2015年2月中国制造业采购经理人指数（PMI）

数据来源：国家统计局。

二、中小企业增长动力不足，转型升级任重道远

作为拉动中小企业经济增长的引擎，当前民间固定资产投资增速呈现放缓迹象。2014 年，民间固定资产投资累计同比增长 18.1%，与 1—6 月份累计同比增长 20.1% 相比处于下降的趋势，与 2013 年 1—12 月 23.1% 的累计增速相比差异巨大，民间投资推动中小企业增长的力量正在持续减弱。

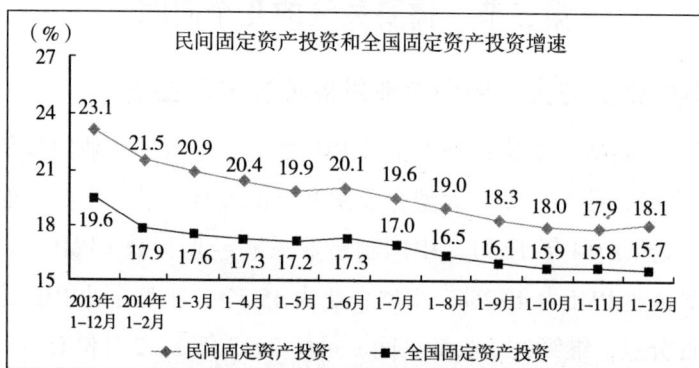

图15-5　民间固定资产投资和全国固定资产投资增速

数据来源：wind 数据库。

同时，中小企业内在融资需求开始下降。根据人民银行《2014年第3季度银行家问卷调查报告》："三季度贷款总体需求指数为66.6%，较二季度下降4.9个百分点。分规模看，大、中、小微型企业贷款需求指数分别为55.3%、62%和70.8%，较二季度分别下降2.6、2.9和2.1个百分点。"说明中小企业经济活跃度呈现降低趋势，内在融资需求不断下降。这些迹象反映了中小企业自身增长动力不足。另外，中小企业转型升级阵痛期尚未度过，国家统计局中国经济景气监测中心开展的经济学家信心调查结果显示，3/4的经济学家认为"三期叠加"对中国经济的影响从现在算起至少还会持续三年以上的时间。由此判断，2015年中小企业将依然面临增长动力下降、转型升级镇痛的挑战。

三、中小企业贸易摩擦形势严峻，亟需引起重视

当前主要贸易伙伴纷纷加大对我国出口产品的贸易救济调查，国际贸易摩擦加剧，导致我国出口优势不断削弱，明显加剧了中小企业扩大外需的难度。来自商务部的数据显示，2014年，共有22个国家和地区对中国出口产品发起贸易救济调查97起。其中，反倾销61起，反补贴14起，保障措施22起，涉案金额104.9亿美元。仅在2014年上半年，对我国发起的贸易救济调查数量同比就增长了20.4%，涉案金额同比增长达136%。美国对我国发起的"双反"调查案件数量最多，涉案金额最大，上半年美国涉华贸易救济案件数量是2013年同期的4倍，涉案金额是2013年同期13倍多。除此之外，金砖国家涉华贸易摩擦案件和金额分别增长90%和47.2%。考虑到主要经济体经济增速放缓、市场收缩引发的激烈竞争，预计2015年发达国家以及发展中国家对我国具有出口优势产品发起贸易救济调查的可能性仍然较大，亟需引起广泛重视。

四、扶持政策落实"最后一公里"问题依然突出

长期以来，政府出台的支持政策在落实实施过程中面临着各种各样的阻力，甚至是推进不下去，无法被贯彻落实。虽然国务院在2014年6—7月份开展了大规模的政策落实督查工作，但中小企业政策依然落实效果不尽人意，"最后一公里"障碍依然较为严重，阻碍了政策效力的发挥。"最后一公里"现象背后的形成原因复杂，既有主观认识层面问题，又有客观执行，还涉及现有体制机制层面以及政策本身科学性问题。基于问题原因的复杂性以及清除政策落实障碍任务的长期性和艰巨性，预计2015年中小企业各项政策将依然面临这一问题的困扰。

第三节　应采取的对策建议

一、加大政策落实力度，进一步改善中小企业发展环境

为解决政策落实"最后一公里"问题，保证中小企业发展的各类优惠政策能够实时落地，让中小企业真正享受到"政策红利"，一是要继续加强调查研究，切实摸清政策落实问题的症结所在，有针对、有重点地探索解决思路；二是要建立监督机制，加强政策评估和绩效考核，及时调查各项政策的实施效果，确保政策落到实处；三是探索体制改革，尝试将政策评估结果与地方政府业绩考核挂钩，提高政府对中小企业的重视程度，保障政策落地。

二、以创业基地为依托，增加中小企业创业活力

一是以中小企业创业基地依托，通过创业促进就业，稳定政府政策的斡旋空间，为政府调结构、促进转型升级提供缓冲空间；二是选择一批符合条件的创业基地，探索省部共建机制，集中政策优惠措施加大扶持力度，在短期内强化创业基地的示范效果；三是促进创业基地与现有中小企业公共服务平台网络、中小企业公共服务平台的有效对接，建立持续稳定的合作机制，整合资源，形成合力，共同推动中小企业创业。

三、加快服务体系建设，助力中小企业健康发展

一是加快中小企业服务体系建设，丰富服务机构的服务内容，建立健全服务机构的绩效评价机制；二是引导服务机构创新服务模式，充分利用微信、移动互联网等信息化手段，提升为中小企业服务的能力；三是以中小企业产业集群为抓手，立足对"专精特新"中小企业加大政策扶持力度，加速中小企业转型升级进程。

四、激发中小企业创新潜力，促进中小企业转型升级

应继续强化财政资金支持、税负减免、融资支持等方面的政策，支持中小企业创新发展，谋求升级。一是政府通过财政补贴、奖励，税收减免等政策鼓励引导中小企业加强新技术、新工艺技术改造，加大研发投入、加强产学研联合提高技术创新能力。二是积极加强大企业与中小企业的协作配套水平，通过建立稳定

的业务关系，提供技术、人才、设备、资金的支持，激发小企业的创新潜力，加快中小企业转型升级。三是积极引导中小企业集聚发展，通过集聚发展，优化产业集群发展环境，延长产业链条，加强企业之间的专业化协作水平，以促进中小企业提升技术创新能力，加快转型升级。

五、放开中小企业投资领域，拓展中小企业发展空间

一是进一步积极推进落实"非公经济 36 条"与"民间投资 36 条"，打破由于部门利益与地方利益导致的中小企业与大型企业之间不平等的市场地位，打破非公经济与中小企业进入各领域所面临的无形障碍，拓展中小企业发展空间。二是积极发展混合所有制经济。一方面，通过发展混合所有制经济促进非公有制企业与中小企业进入过去无力或无法进入的某些经营领域，扩大企业经营和发展空间。另一方面，通过发展混合所有制经济实现非公有制中小企业的股权多元化和治理结构现代化，建立现代企业制度，提高企业素质。

后 记

　　《2014—2015 年中国中小企业发展蓝皮书》是由中国电子信息产业发展研究院赛迪智库中小企业研究所编制完成。本书力图在客观描述中小企业发展情况、系统梳理中小企业发展相关问题的基础上进行分析和探讨，以期为读者提供一个中小企业发展领域的全景展示。

　　本书由樊会文担任主编，赵卫东任副主编。赵卫东负责书稿的框架设计，并撰写第十四、十五章内容。王成仁负责撰写第一、二章内容。王世崇负责撰写第三、五章内容。郭正权负责撰写第四、八章内容。龙飞负责撰写第六、九、十二章内容。张洁负责撰写第十、十一章内容。陈辰负责第七、十三章内容。赵卫东负责修改定稿。

　　在本书的撰写过程中，工业和信息化部中小企业司给予了精心指导和大力协助，在此向各位领导和专家的帮助表示诚挚的谢意。

　　通过本书的研究，希望对中小企业相关政府主管部门制定决策提供参考，为中小企业领域的研究人员以及中小企业管理者提供相应的基础资料。

赛迪智库

面向政府　服务决策

思想，还是思想
才使我们与众不同

《赛迪专报》	《两化融合研究》	《装备工业研究》
《赛迪译丛》	《互联网研究》	《消费品工业研究》
《赛迪智库·软科学》	《信息安全研究》	《工业节能与环保研究》
《赛迪智库·国际观察》	《电子信息产业研究》	《工业安全生产研究》
《赛迪智库·前瞻》	《软件与信息服务研究》	《产业政策研究》
《赛迪智库·视点》	《工业和信息化研究》	《中小企业研究》
《赛迪智库·动向》	《工业经济研究》	《无线电管理研究》
《赛迪智库·案例》	《工业科技研究》	《财经研究》
《赛迪智库·数据》	《世界工业研究》	《政策法规研究》
《智说新论》	《原材料工业研究》	《军民结合研究》
《书说新语》		

编　辑　部：赛迪工业和信息化研究院
通讯地址：北京市海淀区万寿路27号电子大厦4层
邮政编码：100846
联　系　人：刘颖　董凯
联系电话：010-68200552 13701304215
　　　　　010-68207922 18701325686
传　　真：010-68200534
网　　址：www.ccidthinktank.com
电子邮件：liuying@ccidthinktank.com